高校体育教学方法与实践研究

武承辉　丁旭飞　李永奇　著

吉林科学技术出版社

图书在版编目（CIP）数据

高校体育教学方法与实践研究 / 武承辉，丁旭飞，李永奇著． -- 长春：吉林科学技术出版社，2023.6
ISBN 978-7-5744-0625-4

Ⅰ．①高… Ⅱ．①武… ②丁… ③李… Ⅲ．①体育教学－教学研究－高等学校 Ⅳ．①G807.4

中国国家版本馆CIP数据核字（2023）第136504号

高校体育教学方法与实践研究

著	武承辉　丁旭飞　李永奇
出 版 人	宛　霞
责任编辑	李万良
封面设计	树人教育
制　　版	树人教育
幅面尺寸	185mm×260mm
开　　本	16
字　　数	280千字
印　　张	12.75
印　　数	1-1500册
版　　次	2023年6月第1版
印　　次	2024年2月第1次印刷

出　　版	吉林科学技术出版社
发　　行	吉林科学技术出版社
地　　址	长春市福祉大路5788号
邮　　编	130118

发行部电话/传真　0431-81629529 81629530 81629531
　　　　　　　　　　　　　　　　81629532 81629533 81629534
储运部电话　0431-86059116
编辑部电话　0431-81629518
印　　刷　三河市嵩川印刷有限公司

书　　号　ISBN 978-7-5744-0625-4
定　　价　80.00元

版权所有　翻印必究　举报电话：0431-81629508

前　言

　　大学是人生的一个重要过渡阶段，在学习生活之余，体育锻炼显得尤为重要。大学体育是大学教育的一个重要组成部分，在提升学生体质、增强身体健康等方面发挥重要作用。大学体育教学自改革以来，在理论和实践两方面都已取得很大成就，但要适应社会不断发展进步的新情况，大学体育就要在认清教学发展现状的基础上，继续深化改革，不断创新，取得更大的发展。

　　体育教学把教学的概念与体育的理论体系相结合，形成了全新的教学内容与教学方法。在实际的体育教学过程中，体育教学和其他学科一样，具有完整、成熟的体系，需要进行组织活动和管理活动。

　　本书从体育教学理论出发，对体育教学的概念、特点、本质、功能等进行了理论阐述，使人们对现代体育教学改革与创新有了理论依据。本书对教学改革的发展历程和趋势做了详细介绍，对体育教学的现状与创新进行了系统解释。具体内容包括高校体育教学绪论、教学方法研究、教学模式构建与应用、教师能力与师资培养、课程资源的开发与利用、科学运动训练实践的探索以及体育教学改革实践创新。

　　由于编写时间和水平有限，尽管笔者尽心尽力，反复推敲核实，但难免有疏漏及不妥之处，恳请广大读者批评指正，以便做进一步的修改和完善。

目录

第一章　绪　论 1
　　第一节　高校体育教学概述 1
　　第二节　高校体育教学目标与创新发展 7
　　第三节　高校体育教学的任务与原则 32

第二章　高校体育教学方法研究 36
　　第一节　体育教学方法概述 36
　　第二节　体育教学方法的手段 41
　　第三节　体育教学方法实践研究 55

第三章　高校体育教学模式建构与应用 72
　　第一节　体育教学模式的建构理论与应用 72
　　第二节　高校体育教学模式现状与发展 75
　　第三节　我国新型高校体育教学模式的建构 76

第四章　高校体育教师能力与师资培养 78
　　第一节　体育教师的专业能力 78
　　第二节　我国体育教师队伍建设与发展现状 80
　　第三节　高校体育教师资源的培养与管理 86

第五章　高校体育课程资源的开发与利用 95
　　第一节　体育课程资源开发与利用的意义 95
　　第二节　体育课程资源开发与利用的途径 100
　　第三节　高校体育课程资源的平衡与优化配置 105

第六章　科学运动训练实践的探索 109

第一节　科学运动训练常识 109

第二节　科学运动训练过程监控 123

第三节　运动负荷研究 124

第四节　训练运动处方与损失预防 126

第七章　体育教学改革实践创新 173

第一节　体育教学评价的改革策略 173

第二节　体育教学改革的创新路径 179

第三节　体育教学改革的策略分析 184

第四节　体育教学的创新实践路径 188

参考文献 194

第一章 绪 论

第一节 高校体育教学概述

一、课程和教学的概念

（一）课程的概念

关于课程的概念，众说纷纭。这是由于这个概念所指称的事实在不断地变化，而不同的学者又按照各自不同的课程价值观念来阐述课程的定义和内涵。

在国外，课程一词最早出现在英国教育家斯宾塞（H.Spencer）的《什么知识最有价值》（1859）一文中。课程是从拉丁语"currere"一词派生出来的，意为"跑道"（race-course）。根据这个词源，课程定义通常是指"学习的进程"（course of study），简称"学程"。课程的概念可以引申出两种不同的含义：当采用"currere"的名词形式"跑道"时，人们顺理成章地把课程理解为给不同学生设计的不同轨道，从而引出传统意义上的课程；而将"currere"理解成动词形式"奔跑"时，对课程的界定又着眼于个体认识的独特性和经验重构。在东欧国家，很少使用"课程"一词，而经常使用"教学计划"和"教学大纲"等词。在俄文中类似课程的词有两个，即教学内容和教程，后者很少使用。在此，教学内容包括教学计划、教学大纲、教科书和我们日常使用的课程概念基本一致。

在国内"课程"一词在我国始见于唐朝。唐朝孔颖达为《诗经·小雅·小弁》中"奕奕寝庙，君子作之"注疏："维护课程，必君子监之，乃依法制。"宋朝朱熹在论学时多次提及课程，如"宽着期限，紧着课程""小立课程，大作工夫""徐徐以俟之，莫立课程"等。唐宋时期提及的课程仅仅指学习内容的安排次序和规定，较少涉及教授方法上的要求和规范，因此只能称为"学程"。到了近代，由于班级授课制的施行，特别是赫尔巴特学派"五段教学法"的引入，人们开始关注教学的程序和阶段。这样，课程的内涵不仅涵盖"学程"，而且包括"教程"。在我国古代"课程"的含义有教学范围和进程的意思。由此可见，不同的国家或不同的时期对课程的理解千差万别。

随着教育科学的深入发展，课程的意义不断得以丰富，人们对课程内涵的界定，各持己见，形成了不同学说。例如，科目说、学科进程说、经验结果说、文化再生产说、社会改造过程说等。

在吸收前人研究成果的基础上，钟启泉等教授把课程定义为：课程是按照一定的教育目的，在教育者有计划、有组织的指导下，受教育者与教育情境相互作用而获得有益于身心发展的全部教育内容。

（二）教学的概念

关于"教学"一词，早在我国商朝的甲骨文中就已经出现了"教"字，如"丁酉卜，其呼以多方小子小臣其教戒"；甲骨文中也有了"学"字，如"壬子卜，弗酒小求，学"。"教学"二字连用为一词，最早见于《书·商书·说命下》："惟教学半。"到20世纪初，由于"废科举，兴学校"和班级授课制的客观要求，以及留日回国的学生对赫尔巴特思想的介绍，人们才对教师的"教"重视起来。新中国成立后，随着苏联教育家凯洛夫的著作在我国的翻译介绍，教学内涵又发生了新的变化。教学过程一方面包括教师的活动（教），同时也包括学生的活动（学）。教与学是同一过程的两个方面，彼此不可分割地联系着。教学是教师教和学生学的统一活动，教学永远具有教育的作用。这一学说在中国产生了较为持久的影响。

在国外，教与学最早也是同义的。后来，教育研究者基于分析的逻辑，即不是两者兼取（both-and）而是两者择一（either-or），就没有像汉语涵盖教与学两方面的"教学"的概念。教与学指的是两种不同的活动、两种不同的概念。与之有关的词是teaching，instructing（instruction）和learning，尽管有关teaching与instructing的释义存在分歧。在英国，instruction往往指特定技能的训练，意义接近training；而teaching则是指知识的传递和能力的训练。但是许多人认为这两个词可以相互代替，是同义的。

教学的突出特征在于它是一种特殊的教育活动。何谓教学？在广义上，教学就是指教的人指导学的人以一定文化为对象进行学习的活动。教的人包括教师，但不仅指教师，还指各种有关的教育者；学的人包括学生，但不仅指学生，还包括各种有关的学习者。但狭义上所说的教学就是学校教学，是专指学校中教师引导学生一起进行的，以特定文化为对象的教与学相统一的活动。在指称范围上，教学是特指各级各类和各种形式学校中的教学，一般在家庭中和社会上不用"教学"而用"教育"；另外，教师在教学活动中的角色是组织引导者，已不是传统意义上的"主宰者"，这是当代的新观念；同时，教学既不仅是"教"也不仅仅是"学"，而是教与学的统一，教融于学中，而学有教的组织引导。教学是教与学，不是只教，不是只学，更不是教加学，应该是教授和学习的统一，是教师和学生的共同活动，这两种共同活动是建立在"教授主旨是促使学习的活动"和"教授的证据在于学习"的理论上。这既阐明了教授与学习的关系，也暗示了教与学的统一。

因此，教学是在教育目的的规范下，教师的教与学生的学共同组成的一种教育活动。通过教学，学生在教师有计划、有步骤的积极引导下，主动地掌握系统的科学文化知识和技能，发展智力、体力，陶冶品德、增强美感，形成全面发展的品质。

二、体育课程和体育教学的概念

（一）体育课程的概念

课程作为一个正式的研究领域，在我国始于20世纪20年代初期。20世纪80年代以来，课程日益引起关注；20世纪90年代以后，"体育课程"一词才开始出现；之前，以体育课代之。最早采用"体育课程"一词的正规性文件是1992年原国家教委颁布的《全国普通高校体育课程教学指导纲要》。之后，"体育课程"一词开始逐渐取代"体育课"，出现在有关文件、专著和论文中。

由于课程定义众说纷纭，体育课程定义就显得难以界定。

"体育课"与"体育课程"虽只有一字之差，含义却完全不同。体育课是有目的、有计划、有组织的教学单位，是教学组织形式。教学组织形式是为了有效完成教学任务而形成的一种有利于教学活动开展的组织结构。体育课实质是班级授课制，即将学生大致按年龄、体能水平、专长、兴趣编成班级，教师根据教学大纲规定的教学内容和固定的教学时间表，面对一定数量的学生组成的班级进行教学的教学组织形式。用体育课的定义代替体育课程的定义，是对体育课程内涵的误解。

随着对体育课程的理解和研究的深入，我国体育理论学者开始对体育课程的定义和内涵进行界定。

已有体育课程定义的共同点就是体育课程外延的充分扩展。把列入学校体育计划的有组织、有计划的各种活动都包括在体育课程之内，从而形成大的体育课程观。随着人们对活动课程重要性的认识，把课外活动等相关的活动列入体育课程，弥补了学科课程的不足，使活动合法化、正规化。体育课程设置更加科学化，有利于体育课程的整体改革。

结合以上理解，可以将体育课程概括为：体育课程是以相关学科为基础，以体育知识、运动技能和方法为内容，以学生直接身体运动为形式，开展有计划、有组织的课内外活动，从而实现提高人体机能、发展学生身心健康目标的学校教育科目。

（二）体育教学的概念

对教学的内涵有了基本的认识之后，有助于我国体育学者理解和把握体育教学的内涵。从以下几个体育教学定义中，可以看出我国体育学者对体育教学内涵的基本认识。

《中国大百科全书（体育卷）》指出："体育教学是按教育计划、体育教学大纲，由教师向学生传授体育知识、技术与技能，有效地发展学生身体，增强体质，同时对学生进行思想、道德、意志、品质教育。这是一个有目的、有计划、有组织的教育过程。"

《学校体育大辞典》指出："体育教学是以体育课内容为中介的师生双方在教与学两个方面的双边活动。"

《体育大辞典》指出："体育教学是按一定计划和大纲进行有目的、有计划、有组织的教育过程。"

张洪潭认为："体育教学就是在体育教师与普通学生之间展开的运动技术传习活动。"

从以上四种对体育教学的定义来看，可分为两类：一是把体育教学看成教育过程，如《中国大百科全书（体育卷）》和《体育大辞典》中的定义；二是把体育教学看成活动或双边活动，如《学校体育大辞典》和张洪潭的定义。这里有几个问题值得商榷：

其一，把体育教学归为"有效地发展学生身体，增强体质，同时对学生进行思想、道德、意志、品质教育"，有层次错位之嫌。"有效地增强学生体质，同时对学生进行思想、道德、意志、品质教育"是学校教育的总体追求，作为教育组成部分的体育教学活动，理应与教育系统一致并真正体现教育的总体追求，但这并不等于说体育教学子系统应当把教育大系统的一般目标当作自身的特定目标。

其二，概念的内涵增多其外延就必然缩小。结合体育教学加上"有目的、有计划、有组织"和"有效地增强学生体质，同时对学生进行思想、道德、意志、品质教育"的限制，就缩小了体育教学的外延。体育教学本身具有的特性，与体育教学应当（或主观期望）具有某种特性（或达到的某种目标）是两个不同的方面。因此，不能只把达到某种目标或成功的师生的共同活动称为体育教学，而把未达到某种目标或未成功甚至拙劣的师生的共同活动不称为体育教学。

其三，张洪潭的定义与前三种定义有明显的不同。从逻辑学来讲，这是一个严谨的定义，但这个定义的外延过于狭窄。把"教的人"和"学的人"限定于"体育教师"和"普通学生"，不符合实际情况。另外，把教与学的内容仅规定为运动技术，这就意味着体育理论知识和体育锻炼原理传习活动不能称为体育教学。显而易见，这个定义把体育教学中教的人、学的人以及教与学的内容限定在狭小的范围之内，不能更好地解释当今体育教学的内涵和外延。

关于某一事物的概念，反映了该事物的基本属性，并且是区别于其他事物的基本属性，其基本属性成为概念的内涵，而具有此属性的对象集合称为概念的外延。要准确地表达概念，就要靠定义。所谓的定义，是指对于一种事物的本质特征或一个概念的内涵和外延的确切而简要的说明。

根据以上所论和下定义的规定，可把体育教学定义为：体育教学是在学校教育中，学生在教师有目的、有计划、有组织的指导下，积极主动地通过掌握体育课程内容，增进身心健康，提升体育文化素养，培养终身体育意识和能力的教育过程。

三、体育课程与体育教学的特点和关系

对课程、教学、体育课程、体育教学的内涵有了基本的认识后，再探讨体育课程和体育教学的关系就有了基础。只要弄清课程与教学的关系，体育课程与体育教学的关系也就迎刃而解。

（一）课程与教学的关系

长期以来，人们将研究的焦点集聚在教学理论内部的构建和完善上，忽视了课程与教学之间的关系。现在，随着课程理论和教学理论研究的深化，课程与教学的关系已逐渐派生出不同的观点。归纳起来有三种类型：相对独立说、相互包含说和相辅相成说。

课程和教学有着紧密的联系，但又存在着一定程度的差异，简单地把来自不同概念框架的两者之中的一个归结于另一个的亚系统或将两者截然分开的论断都是不科学的。总体而言，课程与教学间的关系可以描述如下：课程与教学既互相有关联，又是彼此不同的两个东西；课程与教学是两个既相互联系又彼此独立的东西；课程与教学可以分开来研究与分析，但无法独立地发挥功能。

总而言之，课程和教学是一个大系统中两个互动的子系统。课程是教育中最直接的社会系统，制订教学计划。而教学这一系统与教师和学生这两种主体结合后，教与学的两种个人化的系统加入这一大系统中。J.B.Macdonald 的表述更容易被接受，即"课程是为有目的的学习而设计的内容，教学则是达到教育目的的手段""课程理论与教学理论之间必然存在着各种联系和交叉重叠部分，课程理论必然会考虑到课程实施问题，而教学理论则肯定会涉及与教学方法相关的教学内容问题"。

这样，学校教育系统中诸因素在这种系统运行模式中充分发挥作用，课程和教学之间相对独立，又互动循环递进的关系也得到充分展示。

（二）体育课程与体育教学的特点

1. 体育课程的特点

（1）目的任务的特殊性。学校体育课程不像其他课程只承担某一个学科的目的任务，还承担着整个学校教育（德、智、体、美、劳）的一个重要方面的目的任务，即体育的目的任务，它是一种教育性的课程。

（2）科学基础的多样性。体育课程的内容主要是体育知识。体育知识由两方面组成，即体育认知性知识和运动操作性知识。体育认知性知识主要是指体育理论知识和原理，

运动操作性知识主要指运动技能方法和体育锻炼方法。体育课程是以操作性知识为主的课程。在体育课程的开发中要涉及社会科学、自然科学和管理科学的知识。正如美国著名的体育学者查理斯·A.布切尔所指出的："严格讲'体育'自身不是一种科学，它的目的和科学基础要从哲学、生物学、心理学、生理学和社会学等科学中获得。"因此，体育课程是以众多学科为基础的。

（3）课程时空的特殊性。从当代国内外学校课程设置来看，各级各类学校教学计划中都有体育课程，也是各年级连续开设的唯一的课程，有的还明确规定课外体育活动的时数。从空间上来说，体育课程不限于校内，还延伸到校外。

2.体育教学的特点

（1）理论与实践结合紧密。体育教学主要是传授操作性知识（运动技能和锻炼方法），而掌握操作性知识必须以相当数量的身体练习为主，在反复的身体练习过程中完成教学任务，而且练习必须在教师传授的认知性知识（体育理论知识）指导下进行，理论与实践结合紧密。

（2）脑力活动与体力活动共存。其他学科的教学主要是通过思维活动使学生掌握有关的知识，而体育教学不但要掌握体育理论知识，而且要分析运用这些知识，通过大量身体活动来掌握体育的操作性知识。在此过程中，发展身体、增强体质、增进健康，使脑力活动与体力活动结合紧密。

（3）承担一定量的生理负荷。由于体育教学是以身体活动为主，学生进行身体活动时，人体各器官系统（尤其运动系统、心血管系统、呼吸系统、神经系统）积极参与活动并密切配合，身体承受一定（有时是较大）的生理负荷，并因此产生身体的疲劳，加速机体的新陈代谢活动。这一特点，也是体育教学过程能增强学生体质的生物学依据。

（4）教学组织的动态性。体育教学主要是在运动场和体育馆进行，教学组织形式以个人练习和分组练习为主，教学组织、教学方法、教学手段根据需要时常变换，教学过程的组织具有复杂性和多变性，因此教学过程的控制具有一定的难度。从某种意义上讲，合理的教学组织是完成体育教学任务的保证。

（三）体育课程与体育教学的关系

1.体育课程与体育教学的区别

体育课程是为了实现学校的教育目标而制定的使学生获得增强体质和健康经验的方案。它包括课程目标、体育课程内容、体育课程时限、课外体育活动。体育课程是学校体育的实体和内容，规定了教师要教的和学生要学的内容，即"教什么""学什么""何时学"。体育课程是教和学的中介，在某种程度上预示了教学的方向，而体育教学是在教师指导下学生掌握体育课程内容的活动。在此过程中，增强体质、增进健康、培养体育素质。体育教学是一种活动，不是一种方案，是对体育课程的实施，要解决"如何教""如何学"的问题。

2.体育课程与体育教学的联系

根据上述区别,我们认为体育课程与体育教学的关系是目的和手段的关系。体育课程体现了学校体育的目标,体育教学则是实现这一目标的手段,它们侧重于教育的不同方面。体育课程就像是一幢建筑的设计图纸,体育教学则是具体的施工过程:体育课程总是在特定的教学中实现的,而体育教学总是在特定的体育课程基础上进行的。体育课程是指教什么的问题,体育教学则是指怎么教的问题,也就是将体育课程与体育教学分别归结为内容和形式。离开了教的内容,怎么教就无从谈起;离开教的形式,教什么就将完全落空。同时,教什么一定会影响到怎么教,怎么教也会制约着教什么。因此,体育课程和体育教学是相互联系、相互促进、相互制约、相互依赖、同时并存的。体育课程是体育教学的总体目标,是体育教学的全面设计;体育教学则是体育课程的具体设施,是体育课程的效果评价。

第二节 高校体育教学目标与创新发展

一、体育课程目标与体育教学目标的意义

体育课程目标和体育教学目标是体育课程和体育教学理论与实践中非常重要的问题。课程目标是对学生通过课程学习所要达到的预期学习结果的陈述,它一般是由国家的课程标准或课程指导纲要明确规定的。体育课程目标是指在一定的教育阶段,体育课程力图促进学生身心发展所要达到的预期程度或标准。标准功能是体育课程目标的主要功能,是指体育课程目标对体育课程的检查、评估产生的标准作用。具体而言,体育课程目标有以下主要作用:

第一,为体育课程内容和体育教学方法的选择提供依据。判断"什么知识最有价值"和"什么方法最有价值",界定课程的内容范围,均应以课程目标为重要依据。

第二,为体育课程与教学活动的组织提供依据。把体育课程组织成什么样的类型(如必修课程或选修课程),把体育教学组织成什么样的形式,在某种意义上取决于体育课程的目标。体育课程目标既决定了课程的性质和类型,也决定着教与学的组织形式。

第三,为体育课程实施提供依据。体育课程的实施过程就是实现体育课程目标的过程,因此,体育课程目标对体育课程的实施起着导向和激励作用,影响着教与学的方法与策略。

第四，为体育课程评价提供依据。评价什么以及如何评价都要以体育课程目标为具体依据，构成了对课程和教学进行价值判断的基本标准。

体育课程目标指向的是体育学习中不同方面的"一般反应模式"，体育教学目标则指向体育教学过程中的具体行为方式。体育教学目标来源于体育课程目标，是预期的学生学习结果或学习活动预期应达到的标准。体育教学目标是指体育教学活动主体预先确定的、在具体体育教学活动中所要达到的、利用现有技术手段可以测量的教学结果。需要强调的是，这个预期结果与标准是教和学双方都应共同遵循的，对教师来说是教授的目标，对学生来说则是学习的目标。体育教学目标是课程目标的进一步具体化，并由教师根据有关教育法规、《课程标准》和各方面实际情况制定，是指导教学活动设计、实施和评价的基本依据，对教学活动具有导向、指引、操作、调控、测评等功能。教学目标通常在"单元"或"课"的教学计划（方案）中按照课程目标方面分别陈述。

与课程目标一样，体育教学目标也是一定的教育观念在体育教学方面的体现，因而它们总是表现出一定的价值取向。这种价值取向既可能体现在整个体育教学目标体系中，也可能表现为某一具体教学目标的价值倾向。从理论上认识体育教学目标的基本价值取向，将有助于更好地制定体育教学目标。

二、体育课程目标与体育教学目标的关系

在具体的教育实践中，课程和教学是学校教育的两个重要组成部分，也是不可分割的两个部分。而在学校教育目标体系中，体育课程目标与体育教学目标联系最为密切，正因为如此，有人把二者混为一谈。实际上，体育课程目标与体育教学目标并不是相同的，它们之间既有联系，又有区别。

（一）体育课程目标和体育教学目标的联系

第一，相对于各级各类学校培养目标和学校体育目标，体育课程目标和体育教学目标都是子目标，它们共同为达成学校培养目标和学校体育目标发挥各自的作用；与此同时，体育课程目标的制定与体育教学目标的制定都必须以学校培养目标和学校体育目标为依据。

第二，体育课程目标与体育教学目标之间有着纵、横两个方面的联系。从纵的联系来看，体育教学目标是体育课程目标的子目标。换言之，体育课程目标的实现有赖于体育教学目标的实现，或者说体育课程目标是确定体育教学目标的重要依据。从横的联系来看，体育课程目标所涉及的方面，在体育教学目标中也应该体现。

第三，体育课程目标和体育教学目标之间有一个衔接点，这个衔接点就是体育课程的水平目标和体育教学的学年教学目标。体育课程的水平目标是确定学年体育教学

目标的直接依据，它们之间应该是一致的。学年体育教学目标实现了，体育课程的水平目标也就实现了。

（二）体育课程目标与体育教学目标的区别

体育课程目标和体育教学目标是有区别的。从对体育课程目标与体育教学目标的比较中可以看出，体育课程目标和体育教学目标在目标的制定、制定依据、使用范围等方面都是不同的。

如果从目标的性质进一步来比较的话，会发现二者之间也有很大区别。体育课程目标针对的是整个体育课程，着眼于学生的整个学习过程或学习阶段以及学习方面，是宏观的、远景的、粗线条的，且具有相对的稳定性；而体育教学目标针对的是一个学年（或学期）、一个单元、一堂体育课的具体教学情境，是微观的、现实的、具体的，具有相对的灵活性，确定后可以根据教学的具体情况进行调整。

三、体育教学目标的特点和功能

（一）体育教学目标的特点

第一，体育教学目标是教与学双方合作实现的共同目标，对体育教师而言是教授目标，对于学生来说是学习目标。体育教学目标表现为体育教师教学活动所引起的学生终结行为的变化，即着眼于教而落脚于学。

第二，体育教学目标是体育教学活动预期的结果。这种预期的结果存在于体育教学实践活动之前。布鲁姆认为，有效的教学始于教师知道希望达到的目标是什么。也就是说，在教学活动之前，体育教师即预见到体育教学活动可能促使学生在掌握体育知识、技能、方法以及身心发展等方面发生哪些变化。预期要达到的目标是否科学、具体、明确，能够直接影响体育教学活动的成效，是人们对体育教学活动结果主观上的一种期望。

第三，体育教学目标是通过体育教学活动可以达到的结果。相对于学校体育目标和体育课程目标而言，体育教学目标更加符合学校、班级、学生以及体育教师的实际与特点。

第四，横向上看，对照不同的学习方面将有不同的体育教学目标，各目标相互独立又彼此呼应；纵向上看，体育教学目标又是由学年（学期）教学目标、单元教学目标和课时教学目标构成，各目标之间层级分明、连续递增。下位目标是上位目标的具体化，上位目标只有在下位目标达成的基础上才能最终实现。于是，体育教学目标呈现出一个纵横交错、相互衔接的有机整体。

第五，体育教学目标最终要落实到师生具体的体育教学活动中。因此，只有在目标中详细说明学生在什么条件下，应该做什么，做到什么程度，才能为体育教学活动的具体操作提供导向,也才能为体育教学评价提供可测量标准。换言之,体育教学目标必须具体、可行,具有可测性。体育教师的教和学生的学的结果,通过一定的方法与手段进行测量和客观评价,才具有应用价值。

第六,体育教学目标应根据确切的教学内容、具体的教学条件、学生的学习特点、课时分配等因素综合制订。这就要求教师因校、因课、因班制宜,依其体育教学实际编制,内容和水平应有一定的弹性,以便灵活掌握。具有灵活性的教学目标能够更好地适应学生的身心特点,使其通过教学目标的实现来获得相应的身心方面的发展,具有不容忽视的重要意义。

(二)体育教学目标的功能

1. 激励功能

目标反映了人的愿望和努力方向,当明确的目标意识延伸到人的行为领域,并同行为相联系的时候,则形成动机和动力源泉。虽然体育教学目标并不完全是由任课教师和上课学生群体制定的,但合理的体育教学目标必定充分反映着教师的努力方向和学生的学习愿望。目标设置理论(美国马里兰大学管理学兼心理学教授 Etliwin A.Locke 于1968年提出来的)认为,目标本身具有激励作用,目标能把人的需要转化成动机,使人们的行为朝向一个方向努力,并将自己行为的结架与既定的目标相对照,及时调整和修正,从而能实现目标。因此,科学合理的体育教学目标必定可以指引教师的工作,必定可以激励学生的学习。体育教学目标激发动机功能的真正实现,也取决于其价值是否被学生认同及其难易程度是否适中。体育教学目标的价值要想被学生认同,就必须与学生的内部相一致。只有体育教学目标符合学生的内部需要,才能够激发学生的动机,引起学生的兴趣,从而转化为学生积极参与体育教学活动的动力。所以,明确、具体和切实可行的教学目标可以激励学生努力地学习。

2. 定向功能

既然体育教学目标是体育教学活动的预期结果,那么必然要制约体育教学设计的方向,为体育教学过程提供指导。体育教学设计是为实现预期的体育教学目标制定的策略,教师和学生对方法、手段及教学组织形式的选择,场地、器材的使用,教学情境的创设等等,都要以体育教学目标为依据,并指向一定目标的达成。因此,体育教学目标是"的",体育教学设计是"矢":只有有了明确的体育教学目标,体育教学设计方能切实有效。

明确的体育教学目标,还可以为体育教学中的师生活动指明方向,从而避免教学中的盲目性。这一功能主要是通过影响人的注意而实现的。明晰、具体的体育教学目标,将会引导师生的注意专注于与目标有关的因素上,尽量排除无关刺激的干扰,保证目标的顺利实现。一般来说,目标指向正确,产生正向效果;目标指向错误,导致负向效果。因此，教师必须在体育教学一开始，就向学生指明教学目标，并以此来引导学生，保证积极的教学效果。

3. 规约功能

体育教学目标不仅在方向上对体育教学起着指导作用，而且在具体的步骤和方法上具有规约作用。体育教学目标预先规定了体育教学的大致进程，体育教学的展开过程就是体育教学目标得以一一实现的过程。因此，清晰的体育教学目标有利于体育教师对教学活动的控制，有利于提高体育教学设计的预见性和科学性。

4. 衔接功能

如果制定好每一个阶段的体育教学目标，就可以保证阶段体育教学目标的总和等于总的体育教学目标，那么就意味着总的教学目标可以顺利完成；如果制定了不合理的阶段体育教学目标，就使得阶段体育教学目标的总和不能等于总的体育教学目标，那么就意味着总的教学目标没有完成。因此，正确地制定好各个层次的教学目标，层层目标衔接，是最终实现总目标的可靠保证。

5. 检验功能

体育教学目标是个到达点，是个标志。因此其本身就是鲜明的和可判断的标准，阶段性目标的达成与否是在教学过程中进行体育教学质量评价的标准；而总目标的达成与否就是在教学过程终结时进行体育教学质量检验的标准。所以体育教学目标确定之后，是否达成既定目标就成为测评教学效果的尺度和标准。在体育教学中，教学效果的检测和评价，就是以体育教学目标为依据，用客观的信息来显示教学效果是否达到或在何种程度上达到了既定的目标。因此，进行科学的评价首先要提供可行、可测的体育教学目标。如果缺乏科学、客观的衡量标准，测验的效度、信度、难度、区分度都将失去合理的保障，以此来衡量和检验的教学效果就会导致失误。从这个意义上来说，科学、合理的体育教学目标，是科学检验体育教学效果、确定客观评价的基础和标准。

四、国内外体育课程目标的改革发展趋势

体育课程目标就目标特征的内容和行为的统一性，可以分为身体发展目标、动作技能发展目标、认知发展目标和情感发展目标。体育课程目标是体育课程编制的始点，是进行体育课程评价的标准，也是体育课程实施的归宿。当前体育课程目标朝着多元化的方向发展，而且强调目标必须是操作性的，这就是所谓的"行为目标"。行为目标由于规定了应当达到的目标，因此，可以具体地确保每一个步骤的实施，而且便于第三者测量、评价，从而成为体育课程编制与教学过程的指针。当前国内外体育课程目标具有如下几点共同发展趋势。

（一）锻炼学生身体，增强学生体质，增进学生健康

有许多国家把增强学生体质当作体育课程的第一目标。如美国人把了解身体活动和健康之间的关系看作是最重要的认知目标，把加强自我意识和自我理解看作是最重要的情感目标，把培养参加娱乐活动的运动能力视为最重要的运动技能目标，把渴望获得和保持健康所必要的身体素质水平视为最重要的增强体质目标。德国是非常重视"增强学生体质"的。日本强调让学生适当参加各种活动，以培养其强壮的身体，同时设法培养学生坚强的意志。加拿大提出促进所有学生的身体健康及成长的目标。美国学者布切尔认为，体育课程以发展学生的身体为目的，让学生在教师引导下，向自觉学习的方向转化，通过体育锻炼提高身体素质，以提高健康水平。美国体育运动协会针对学生体质下降的情况，要求中小学体育教学必须提供学生每日不少于 30 分钟，并具有一定强度和密度的正规体育学习与锻炼，为此而提出的五个目标全都是围绕如何增强身体健康、保持学生体力的。可见，21 世纪学校体育课程发展的第一目标仍是"增强学生体质，增进学生健康"。

（二）重视传授体育与健康的知识、技能和方法，使学生具有一定的体育文化素养

当代学者多主张体育课程不能只注意暂时的体育实际效果，还要注意提高学生的体育人文修养。课程论学者陈侠教授在谈到"体育与课程"时说："学校体育应以培养儿童、少年、青年在品德、智力、体质等方面全面发展为目标，贯彻理论和实际结合的原则。既要讲述人体科学知识，又要取得锻炼身体的实际效果，还要使学生增强体育文化修养，受到思想品德教育，促进身心双方面的健康发展。"王策三教授认为，体育课的根本职能就是对学生保护身体健康和科学锻炼身体提供理论知识和方法的指导，至于在每周几节有限的课内对学生身体运动和体质发展所产生的影响，那只是第二位的事。由此可知，体育课程的内容包括掌握体育文化和卫生保健的基本知识。这一点还可以从调查中反映出来，86.8% 的老师认为"应增强身体锻炼知识教学，使体育与保健教育相结合"是当前我国体育教学改革的重点。世界许多国家都重视向学生传授体育卫生保健知识。苏联强调向学生传授卫生、医疗、体育运动方面的知识；日本要求老师教给学生重要的活动技能和技巧，并在各种复杂条件下运用它们的有效手段；美国要求学生掌握有关身体的知识，以便更好地控制自己的身体，更好地适应所处的环境；德国强调学生学习有关身体的知识，通过身体活动掌握运动和游戏进行的方法。

（三）重视培养学生终身体育的态度和能力，注意培养学生对体育的爱好和乐趣

培养学生对体育运动的兴趣和爱好及独立锻炼身体的能力，为终身体育奠定基础，这是各国体育课程改革的一个共同趋势。苏联注意培养学生参加体育锻炼的兴趣，力求达到身体完美。美国认为，培养锻炼能力要比提高运动技术及身体素质水平还重要，强调要使学生都喜爱体育，培养他们参加体育活动的兴趣；并在体育活动中获得愉快的享受，激发学生长期参加体育锻炼的兴趣和愿望，养成爱好锻炼的生活方式。美国学者布切尔指出，体育课程应基于参加者的需要、兴趣和能力，促进终身体育；通过参与体育活动获得乐趣，获得良好的自我感觉。日本则通过各种合理的运动实践，在提高运动技能的同时，使学生能体验到运动乐趣，培养开朗、健全生活的能力和态度，培养注意健康和安全的参加运动的态度。德国要求学生将体育课中学习的东西应用到校外，使学生喜爱体育运动。

（四）三维课程目标受到普遍重视

"知识与技能、过程与方法、情感态度与价值观"的三维课程目标是基础教育所有课程的价值追求，体现了素质教育的精神和要求。三维课程目标强调既要重视学生的知识和技能的学习，也要关注学生的学习过程和体验，促进学生掌握学习方法，提高学会学习的能力，同时还要重视培养学生积极的学习态度与价值观，促使学生热爱体育运动。三维课程目标突破了传统教学以"知识为中心"的价值观，知识和技能传授不再是课程和教学的唯一目标和最高目标。

（五）强调适应和发展学生的个性

课程目标的个性化，可以说仍然是"人本"理念的产物。所谓"个性化"，在教育视野里包括三层含义：一是指教育的人性化、人文化；二是指教育的个别化，如教育应考虑个体的身心特征，关注个体的天赋、特长、兴趣、爱好及价值取向等；三是指不同学校、不同学段或不同年级、班级的个性特色，如有个性特色的培养目标、专业设置，有个性特色的教学目标、内容、方法、手段等。各国都强调学生要懂得合作和竞争的意义，在促进个性形成的同时，培养良好的体育道德；通过运动表现自我，发展社交能力，促进对能力各异的人的理解，培养竞争精神。配合育人的总目标，把体育与品德教育、美育结合起来。体育既然是教育的一个组成部分，体育课程就必然要承担教育的一部分功能。

（六）有重点地全面整合体育教学目标

《体育与健康课程标准（2011年版）》提出："体育与健康课程教学在体现学习目标多元特征的同时，还应注意有所侧重。""强调运动参与、运动技能、身体健康、

心理健康与社会适应五个方面目标的有机整合。充分体现体育与健康课程的多种功能与价值。"在以往的教学实践中对课程多元目标贯彻落实时，教师往往把"五个领域"的目标全部写到教学方案中，不知道如何进行整合有些领域的目标，尤其是心理健康与社会适应方面的目标，与教学内容及组织教法脱节，形同虚设。在2012年举行的第五届全国中小学体育教学观摩展示活动中，教师大都以运动技能为重点，结合教材与教法的特点，把运动参与、运动技能、身体健康、心理健康与社会适应的目标有机地结合在一起，这样做既有利于重点目标的达成，也有利于其他目标的实现。有重点地全面整合体育教学目标，将是体育课程目标在实践应用中发展的一个趋势。

五、体育课程目标的纵向层次

体育课程目标在垂直向度上，具有层次性、线性、累积性的特点，包含了特殊性的至一般性的、切近的至高远的、现实的至理想的一系列目标。有的学者认为，根据课程目标的上下层次关系，可以依次将课程目标区分为以下不同的层次：课程的总体目标——教育目的，课程的总体目标的具体化——培养目标，学科领域的课程目标，学科领域的课程目标的具体化——教学目标。周登嵩认为，体育课程目标的层次可分为体育课程的总目标、体育课程的学习领域目标、体育课程的水平目标和体育教学目标。体育课程目标按层级排列，像一个金字塔，顶层目标是抽象的、整体的、普遍性的目标。底层目标是具体的、分化的、特殊的课程目标，数目繁多。底层目标逐步达成之后，课程总目标也就得以达成。宏观来说，体育课程目标体系由体育课程的总目标、体育课程的学习方面目标、体育课程的水平目标和体育教学目标四个纵向层次构成。

（一）体育与健康课程的总目标

体育课程的总目标面向某个教育阶段的全体学生，如义务教育、普通高中、高等教育等，是特定教育阶段大多数学生通过自己的努力都能够达成的体育学习目标。如我国全日制义务教育《体育与健康课程标准（2011年版）》的体育课程目标是：体育与健康课程对于实施素质教育，培养学生的爱国主义、集体主义精神，促进学生德、智、体、美全面发展具有重要意义。通过课程的学习，学生将掌握体育与健康的基础知识、基本技能与方法，增强体能；学会学习和锻炼，发展体育与健康实践和创新能力；体验运动的乐趣和成功，养成体育锻炼的习惯；发展良好的心理品质、合作与交往能力；提高自觉维护健康的意识，基本形成健康的生活方式和积极进取、乐观开朗的人生态度。

（二）体育课程的学习方面目标

学习方面是指在体育课程中，按学习内容性质的不同划分的学习范畴。学习方面目标是指期望各个学习方面达到的相应水平。如我国全日制义务教育《体育与健康课程标准（2011年版）》改变了传统的按运动项目划分课程内容和安排教学时数的框架，根据三维健康观、体育自身的特点以及国际上体育课程发展的趋势，拓宽了课程学习的内容，将课程学习内容划分为运动参与、运动技能、身体健康、心理健康和社会适应五个学习方面，并根据学习目标构建课程的内容体系。

（三）体育课程的水平目标

体育课程的水平目标是指不同年龄（学段）学生在各个阶段的学习中预期达到的相对水平。这是根据学校体育课程目标，对各个学段体育教学结果的不同规定，是各个学段都必须指向的、各自必须完成的目标，体现了根据不同年龄学生身心发展的特点实施体育课程的理念。其目的是在一定的阶段内，更好地加大教材内容的弹性，以满足学生、学校的不同特点、条件及实际需要。

（四）体育教学目标

尽管学科领域的课程目标有细化和可操作的趋势，但仍然是总体性的或阶段性的一般目标。而作为短期的某一教学单元以至于某一节体育课，通常称为中元或课的教学目标，实际上它们是学科领域的课程目标的进一步具体化。体育教学目标实际上是体育课程目标的延伸，包含在体育课程目标体系之中，是体育课程目标体系中不可缺少的重要组成部分。体育课程目标尤其是水平目标，是制订体育教学目标的主要依据。课程的教学目标又是单元教学目标的具体化，微观层次的课程目标。这一层次的目标通常分析到操作化的程度，往往与具体的情境联系在一起，对体现较抽象的课程目标的结果给予明确的界定，引导教学的展开。就体育教学目标内部而言，按照教学过程的持续时间，体育教学目标的结构分为学年（学期）体育教学目标、单元体育教学目标、课时体育教学目标三大目标，这些目标构成了其基本结构。

六、体育课程目标的横向关系

课程目标的横向关系实质上反映了各种目标的区分及其相互关系。"目标领域"是指预期学生学习之后所发生变化的内容领域，像教育目标这一层次上，我国通常用德、智、体或德、智、体、美、劳来划分目标领域。我国横向关系上的体育课程目标分类，是就某一层次的所有课程目标，依其领域的异同加以分类，以作为体育课程设计和开发的依据，其各目标领域之间没有先后层次关系。在我国全日制义务教育《体育与健康课程标准（2011年版）》中，课程内容划分为运动参与、运动技能、身体健康、心理健康与社会适应五个学习方面及目标。有学者将体育课程目标分为：身体发展领域（又分无病、健康两个层次）、认知领域（又分记忆、理解、应用三个层次）、动作技能领域（又分体验、模仿、组合、熟练四个层次）、情感领域（又分接受、兴趣、态度三个层次）。无论怎样划分目标领域，各领域对总的目标来说都应当具备逻辑上的合理性。它们之间在相互关系上虽然可能是并列和平行的，这样可使得课程目标更加具体、清楚和明确，但必须是一个相互联系的整体，每个方面都不能脱离其他方面而单独实现课程目标。

事实上，这些都是基于布卢姆等人的"教育目标分类学"理论、加涅的五种学习结果分类理论、霍恩斯坦的四种领域分类观点，加上促进身体发展这一体育基本功能提出的分类方法。但在现行课程编制中对目标领域与学习水平研究影响最大的是布卢姆等人的教育目标分类学。根据布卢姆的思想，完整的教育目标（课程目标）应当包括三个部分：认知领域、情感领域、动作技能领域，并且在每一个领域都进行了更为详细、由低到高的区分。

七、体育教学目标层次

学年（学期）体育教学目标、单元体育教学目标、课时体育教学目标建构了体育教学目标体系的纵向系列，上位目标为下位目标的确立提供依据、下位目标是对上位目标内容的细目化和具体化，并为上位目标的实现提供前提。它们相互呼应、彼此衔接，在体育教学活动中引导着学生的发展方向。

（一）学年（学期）体育教学目标

学年体育教学目标是根据"学段体育教学目标"确定的，是对该学段内每个学年（学期）体育教学活动的分解与不同要求，是在该学年（学期）学习结束时必须得以实现的目标。学年（学期）体育教学目标，在性质上属于计划性的，通常根据体育课程的总目标和水平目标的要求、各个学校的实际、学生的兴趣与爱好及体育课程内容的特点等来制订。该层次的体育教学目标主要是由各个学校的体育教研组或体育教师来编写的，一般出现在学校的体育教学计划中。

（二）单元体育教学目标

单元课程目标是指"各门课程教学中相对完整的划分单位，反映着课程编制者或教师对一门课程及其概念体系结构的总的看法，以及在此基础上对这种结构按照教育科学的要求，所做的分解和逻辑安排"。教师一般按照单元组织教学活动。单元体育教学目标就是依据"年级体育教学目标"和学期教学的分配计划，对安排在每个学年学期中的单元教学的具体要求。单元体育教学目标对指导教师的体育课教学具有重要意义。单元体育教学目标，主要依托各个体育课程内容，如通过某个运动项目的特性来制订，即不同体育课程内容的不同价值、功能、特点等，决定了其教学目标也是不同的。

（三）课时体育教学目标

　　课时体育教学目标，也称为体育课堂教学目标，在性质上属于操作性的，是最微观层面的体育教学目标。体育课程目标能否实现，也主要取决于该层次体育教学目标的达成度。课时体育教学目标，是由每堂体育课具体的教学内容以及学生具体的学习特点和需要所决定的。同时还要考虑一堂体育课的具体教学时空情境和条件（或具体的体育教学环境）等因素，其体现在体育教师的教案中。课时体育教学目标是体育教学目标体系中最具灵活性，也最活跃的要素，是一系列体育教学目标得以逐层落实的基础。

　　体育教学目标是一所学校在确定体育课程的实施方案并制定单元为基础的全年教学计划以后，由任课教师制定的，是教师制订学段体育教学目标、学年（学期）体育教学计划、单元计划和课时计划的根据。在过去，我国较为重视的是课时计划，并把一堂课看作是最基本的教学单位。其实一堂课是最基本的教学单位，却不一定是一个完整的基本教学单位，因为一堂课不能把一个教学系列完整地教给学生，有时只完成其中的一部分。只有一个教学单元才能把一个完整的教学系列教给学生。运用大单元进行教学是国外许多体育教学专家所提倡的教学方式，大单元教学比一般传统的体育课单元时间跨度要长得多，大单元教学一般由15~20节课组成，课时太少就难以达到良好的教学效果。现代教学理论对学生的认知性学习在体育教学中越来越被重视，而作为认知性学习基础的发现式学习法或假说验证式学习法都是一个较长的学习过程。对单元认识的变化也必然改变人们对体育课程内在规律的认识和体育教学过程的研究和改革。因此，我们认为单元教学的改革是现阶段我国体育教学改革的重要突破口之一，在改革的新形势下我们应当更为重视单元教学计划的构建和单元教学目标的制定。

八、体育教学目标制定的依据与要求

（一）体育教学目标制定的依据

1. 学校体育的主要功能

　　学校体育的功能影响着体育教学目标维度的确定，体育教学目标的制定，应突出其增强体质、促进身心健康、发展体能的本质功能。同时，也应全面考虑在体育教学本质功能的规定与影响下，体育教学目标所反映的体育教学多种功能的可能性依据。随着对学校体育多向功能的挖掘，教学目标的维度也将趋向多元化。

2. 学校体育目标与体育课程标准

　　学校体育目标体现了我国的教育、体育有关方针和政策的基本精神，以及国家、社会对学校体育的要求，是制定体育教学目标的重要依据。教育部颁发的各级学校体育课程标准，根据学校体育的总目标，制定了各个年级的教学目标和各项教材的教学目标，从而形成了体育教学目标体系，是制定体育教学目标的指令性依据。每一上位目标都是其下位各层次目标的累积，每一下位目标必是其上位目标的细化，因此，制定教学目标时，应以其上位目标，包括学校体育目标为依据。

3. 体育教学内容

体育教学目标的制定必须立足于对教学内容的认真分析，通过对教学内容基本结构与特点的整体把握，分析其中的教育元素，确定教学重点和难点，为建立体育教学目标奠定基础。

4. 学生的条件

体育教学的对象是学生，体育教学目标的制定必须根据青少年生长发育的不同阶段、不同时期身心发展的特点及其规律。主要包括学生的身心发展规律和已有的学习状态，以及学生对体育的兴趣、态度、需要、学习倾向性等个性因素提出相应的目标：这是制定体育教学目标的生理学和心理学的科学性依据。需要说明的是，目标的制定在考虑学生的群体特征时，还应充分考虑学生的个体差异性，使每个学生都能得到充分的发展。

5. 学校教学条件

教学条件是制约体育教学目标实现的重要因素。在制定体育教学目标时，应考虑学校现有的物质条件，主要指满足体育教学的场地、器材、设施等。当前，各级各类的学校、城市与乡镇的学校，甚至同一地区的不同学校，条件都千差万别，发展不平衡。为了确保体育教学目标具有可行性，在制定体育教学目标时，必须从实际出发，充分考虑学校的客观条件和可能性与可行性依据，以使所设计的目标更符合实际，更具可行性。

（二）体育教学目标制定的原则

1. 系统性原则

体育教学目标是由若干个具体目标组成的完整系统，各层次目标之间构成一个有机的网络，它们纵横有序，层次分明。制定任何一种教学目标都不是孤立的，应是一系列教学目标体系中的一个有机组成部分，和其他教学目标之间具有一定的关联性。在纵向上，要体现不同学段、不同学年、不同单元，以及不同课时之间的贯穿性和衔接性；在横向上，不同学习方面的目标之间应相互配合、彼此补充。这样纵横连贯地制定体育教学目标，才能保证体育教学的终极目标及其教育目的的实现和学校体育目标要求的实现。

2. 科学性原则

体育教学目标的科学性体现在五个方面：要体现体育学科的特点；要全面包括各个学习方面；根据教材的特点，突出重点和难点；具体、明确、可操作；难度要适中，所设立的教学目标应该是全班大多数学生经过一定的努力能够达到的。

3. 灵活性原则

体育教学目标可以由师生根据体育教学实际情况灵活制定，其内容和水平可以有一定的弹性，以便获得最佳成效。体育教学目标的灵活性是由复杂性决定的，同时又为体育教师创造性地开展体育教学工作提供了机会。灵活性的体育教学目标，可以更好地适应学生的学习特点，使其通过体育教学目标的实现获得身心方面更有利的发展。

4. 可测性原则

体育教学目标是对体育教学过程中学生身心发展状况的明确、具体、恰当的描述，而这种内心发展的状态应是利用现有技术手段可以进行定性或定量测量的，这样的体育教学目标的达成才能进行客观的评价。否则，体育教学目标将失去应有的意义。例如，只是使用"了解""掌握""熟练掌握"等词，缺乏质和量的具体规定性。这样的目标可测性、可比性都较差，就很难准确测量和评价最终的教学效果，也难以指导教师正确选择教学方法、妥善组织教学过程。

5. 发展性原则

体育教学的效果最终要落实并体现到学生的身上。体育教学目标的制定，既要着眼于学生现有的发展水平和学习需要，又要放眼未来，使学生升入下一阶段或将来走向社会能够健康地成长成才，获得健康完满的生活，并有能力终生从事体育。

（三）体育教学目标制定的要求

1. 反映体育教学的发展趋势，从实际出发，考虑需要与可能

制定体育教学目标要有长远的观点，反映体育教学的发展趋势，这样制定的教学目标才具有导向和激励作用。同时，制定体育教学目标又要从实际出发，全面准确地掌握学校体育教学内部与外部条件及环境，将需要与可能结合起来，才能制定出科学的体育教学目标。

2. 制定体育教学目标要系统把握，整体协调与衔接

体育教学目标是一个结构严密、层次分明、排列有序的系统。体育教学目标应具有整体性，注意不同层次和序列体育教学目标的协调与衔接。不仅要设立各类具体体育教学目标，还要使各层各类体育教学目标纵贯横联，形成一个完整和谐的系统，使之较好地体现体育教学目标的系统性、层次性、递阶性和联系性的特点。如小学体育教学目标制定得是否合理，将影响中学乃至大学体育教学目标。只有形成一个纵横连接的网络系统，才能充分发挥体育教学目标的系统功能。

3. 体育教学目标的表述力求明确、具体，尽可能量化

体育教学目标必须明确规定教学后所要达到的结果，必须用可观察的、可测量的

和具体化的量化指标加以描述：体育教学目标明确、具体、可量化，有利于加强体育教学工作的计划性，为体育教学实施，特别是检查与评价体育教学工作奠定基础。如果体育教学目标含糊不清，不便理解、把握，势必会影响体育教学内容的选择和体育教学方法的运用，以及体育教学策略的制定和体育教学评价。这样体育教学目标作用的发挥便受到了限制，从而影响体育教学效果。

4.体育教学目标必须分解成细致的操作目标

体育教学目标必须分解成细致的操作目标，才可使教学目标的要求落到实处，体育教学目标包括学习目标（母目标）、依据学习目标界定和编写行为目标（子目标）。行为目标是衡量学习目标达成与否的具体目标，学习目标的达成有赖于行为目标的逐一实现。所以，体育教学目标的细目分解直接关系着体育教学效果的优化和体育教学质量的提高，每个体育教师都应该具备细目分解的能力。

5.体育教学目标要有一定的弹性

体育教学目标受多种因素的影响制约，而诸多因素都在不断变化。保持体育教学目标的稳定性是相对的，而体育教学目标的发展、变化是绝对的。这就要求在制定体育教学目标时，要保持一定的弹性，以便依据实际情况进行必要的修改与调整。

九、体育教学目标制定的步骤和方法

（一）分析体育教学对象

分析体育教学对象首先要分析学生的学习需要。心理学研究表明，学生发展的内在动力是新的需要与原有水平之间的矛盾。新的需要与原有水平之间的差距，就会推动学生努力去学习，即产生学习的需要。在体育教学目标的制定中，学习需要是一个特定的概念，指有关学习的"目前状况与所期望达到的状况之间的差距"，即学生学习成绩的现状与体育教学目标之间的差距。换言之，对学习需要的分析就是分析体育教学中实际存在的问题，重点是分析学生的学习现状。

分析学习需要有内部需要评价和外部需要评价两种方法。通过这两种分析，若发现确实存在差距，也就存在了问题。于是必须对问题的原因及性质做进一步的分析，并在此基础上，再进一步分析解决问题的可行性。通过对学习需要的分析，找出体育教学中存在的问题及其原因，据此确定体育教学目标。

此外，还要对学生的一般特征、学习风格和学习的知识与能力基础进行分析，因为这些因素也制约着体育教学目标的实现。

（二）分析体育教学内容

要确保体育教学目标的实现，必须有合乎目标的体育教学内容。分析体育教学内容的目的在于确定体育教学内容的范围和深度，以及弄清体育教学内容中各项知识之间的相互关系，以便更好地安排体育教学程序。体育教学内容可分为不同层次，如可将体育教学内容分为课程、单元和项目等层次。分析体育教学内容的步骤是：单元体育学习任务的选择与组织→单元体育教学目标的确定→体育教学任务分类→体育教学内容的评价→体育教学任务分析→体育教学内容的进一步评价。

（三）编制体育教学目标

教学目标有多层次，这里说的是体育课堂教学目标的编制。

1. 目标分解

课时体育教学目标之上有体育课程总目标、体育课程学习方面目标、体育课程水平目标、学年体育教学目标和单元体育教学目标等层次。它们自上而下通过不断的具体化形成一个完整的体系。而与体育课堂教学目标关系最紧密的当数单元体育教学目标。首先要明确单元目标的属性，是精学类的单元还是简学类的单元，是开放型的内容还是封闭型的内容。在分解体育课堂教学目标过程中要注意以下问题：一是目标的整体性，要考虑每次课堂目标与课程目标、单元目标的联系；二是目标的灵活性，不能"一刀切"，针对不同学生基础制定符合实际的目标；三是目标的层次性，可以参考布卢姆的目标分类理论，体现出体育学习循序渐进的过程；四是目标的可操作性，教学目标应该是可测量、可观察的。

2. 任务分析

单元目标确定后，就可以根据单元目标进行任务分析。这里的任务分析实际上就是指对学习者为了达到单元目标的规定而所需学习的从属知识（技能、能力、态度、情感）以及它们的相互关系进行具体的剖析。根据单元目标来确定课时教学目标时，这种任务分析往往是与单元教学内容结合进行的，所以有的人又把这种任务分析称为教学内容分析。通常的做法是：从已确定的教学目标开始提问和分析，要求学习者获得教学目标规定的能力，他们必须具备哪些次一级的从属能力。而要培养这些次一级的从属能力，又需具备哪些再次一级的从属能力。这种提问和分析一直进行到教学起点为止。单元教学目标可分为认知、情感与技能等类型。单元教学目标的类型不同，据此进行任务分析就具有不同的特点。这样，形成了任务分析的多种方法，如归类分析法、图解分析法和层级分析法等。然后对任务分析的结果进行评价，即对所剖析的从属知识与技能及其相互的联系进行评价，删除与实现单元目标无关的部分，补充可能遗漏的内容。

3. 起点确定

教学目标不是对教师的教学行为的描述，而是指学习者的学习结果。既然如此，要制定合适的教学目标，就不能忽视对学习者的分析，对学习者的起点能力进行分析，即确定教学的起点。

教学起点的确定，直接关系着教学目标的作用发挥和教学的有效性。教学起点定得太高，则可能导致课时教学目标过高，使教学脱离大多数学生的实际需要，教学目标不但不能发挥作用，反而有可能带来副作用。教学起点定得太低，则会在学生已掌握的内容上或教学活动上浪费时间和精力。一般来说，确定教学起点，主要应对学习者进行以下三个方面的分析：

第一，分析学习者的社会特征。即对学生的学习习惯、学习方法、成熟程度、班级水平、心智发展水平及对所学内容的态度等都要有所了解。这些因素对教学目标制订的影响有不同的特点，有的是经常起作用的，有的是随着时间、内容的变化而变化的，有的影响大，有的影响小。这些都要求教师具体情况具体分析。对学习者社会特征的分析，有经验的教师采用观察、谈话、访问和调查等方法，就可以做出较为准确的估计。

第二，分析学习者的预备技能。即了解学习者是否已经掌握了新的相关知识和技能，这是进行新的学习的基础。在这里使用"技能—认知结构"一词，是受"认知结构"启发而产生的。技能—认知结构是指个体动作技能与观念的全部内容与组织，更具体地说，就是指个体关于某个体育学习领域的知识、技能与经验的原有基础。这个定义是由奥苏贝尔对认知结构的定义演变而来的，奥苏贝尔的认知结构主要指书本知识的特点，但体育学习中不得不考虑身体技能基础。奥苏贝尔发现在个体认知结构中有三方面的特性是因人而变的变量，故称之为认知结构变量。同理，讨论体育学习者时可以考虑技能—认知结构变量。

第三，分析学生的目标技能。即了解学习者是否已经掌握或部分掌握教学目标中要求学会的知识与技能。如果已经达到了部分目标，则这部分内容的教学没必要进行，这有助于在确定目标和内容方面做到重点突出、详略得当。

对学习者预备技能和目标技能的分析可采用观察、谈话等方法，也可采用测试的方法。在实际进行教学起点分析时，是否要对起点能力的三个方面分别进行分析，或是否要用测试的方法，都可以根据设计者的学科专业水平、经验以及对学习者的熟悉程度等情况灵活运用。

学习任务分析与教学起点的确定是密不可分的。没有学习任务分析，就无所谓教学起点的确定，没有教学起点的确定，学习任务分析就失去了终点。在制定教学目标时，这两方面的分析往往是同时进行的，两个步骤并不存在明显的先后关系。

（四）体育教学目标表述

在制定教学目标时，必须对学习者通过每一项从属知识和技能的学习应达到的行为状态做出具体、明确的表述，再将这些表述进行类别化和层次化处理。课时教学目标的表述除前面要求的需要非常具体、可操作、可测量和必须陈述学生的学习结果外，目标的表述还应反映学习结果的类型。下面结合课时教学目标的表述要求，介绍两种表述方法。

1. 行为观的表述方法

行为观的表述方法强调用可观察、可测量的外显行为来描述。这类方法很多，下面以"ABCD"模式学习目标编写方法为例进行介绍。该方法认为明确的行为目标主要包含四个要素，这是由马杰的三要素发展而来的，简称 ABCD 表述方法。ABCD 的含义分别是：

A（Audience），意指学习者。要有明确的教学对象，是目标句子中的主语。规范的行为目标的开头应是"学生……"，书写时可以省略。但目标表述的方式仍应较明显地体现出学生是行为完成的主体，如（学生）能说出单手肩上投篮的动作要领。如写成"教会学生……"或"培养学生……"则变为教师的行为。

B（Behaviour），意为行为。要说明通过学习后，学习者能做什么，是目标句子中的谓语和宾语，是目标中最基本的成分。行为的表述应具有可观察、可测量的特点，应使用明确的行为动词来描述。明确的动词有陈述、选出、比较、模仿、示范、改编、接受、服从和拒绝等。模糊的动词包括指导、了解、喜欢等。在表述教学目标时，应尽可能选用那些意义明确、易于观察的行为动词。陈述行为的方法是使用动宾结构的短语，行为动词说明学习类型，宾语说明学习的内容，通常在行为动词后面，加上动作的对象就构成了对行为的表述。

C（Conditions），意为条件。要说明上述行为在什么条件下产生，是目标句子中的状语。这是指影响学生产生学习结果的特定限制或范围，主要说明学生在何种情境或条件下完成指定的操作。对行为条件的表述，体育教学中常用的有：环境因素，包括对学习空间、学习地点的限制，如"在沙坑里完成纵跳"；作业条件因素，包括对器材的高度和重量的规定，以及允许或不允许使用器材、辅助手段等，如"用 2 公斤的实心球向前、后抛"，或"在同学的保护帮助下跳过山羊"；提供信息或提示，如"借助人体解剖图，说出……"，完成行为的情境，如"在课堂讨论时，叙述出……"。

D（Degree），意为程度。应明确上述行为的标准。指评定行为的最低依据，或学生对标所达到的最低水准，包括三类：一是完成行为的时间限制，如 1 分钟内完成几个动作；二是完成行为的准确性，如动作的正确率至少达 80%；三是完成行为的成功特征，如肢体动作的速度、柔韧性达到某一标准。

2. 内外结合的表述方法

ABCD 法虽然描述教学目标比较具体可测，避免了模糊性，但只注意行为的变化，忽视了内在能力和情感的变化，而有些心理过程无法行为化。学习的实质是内在心理的变化。因此，教育的真正目标不是具体的行为变化，而是内在能力或情感的变化，而内在的心理变化，如理解、欣赏、热爱和尊重等，不能直接进行观察和测量。为了能间接地测量、观察这些内在心理变化，需要列举反映这些内在变化的行为样品，使这个目标具体化，这就是格朗伦（N.E.Gmnluml）提出的内部过程与外显行为相结合的折中陈述方法的意义。例如，"球类运动中要培养学生的团队精神"这个目标可以表述为："学生具有一定的团队精神，能说出团队精神的大概意义，能在运动中与同伴进行适时的传接球的密切配合，能够指出运动中由于同伴的配合不当所造成的失误。"第一句话是对内部过程的表述，后面三句话是为了说明内部过程而表述的可观察、测量的外显行为。两者相结合的表述方法，既保留了行为目标表述的优点，又避免了行为目标只顾及具体行为变化而忽视内在心理过程变化的缺点，所以这种表述方法受到很多人的青睐。

需要说明的是，由于实际教学的复杂性和多样性，教学目标的拟写未必严格套用此法。一些教学目标的表述不能拘泥于某一种形式及其条条框框，而必须根据目标的层次、学习任务分析的结果以及学生的特点等情况具体分析，只要简洁明了容易理解就可以了。

十、体育课程内容的概念与特点

（一）体育课程内容的概念

课程内容是课程的基本要素，是课程内在结构的核心部分，影响着课程实施中教和学的方式，进而影响着教学目标的实现。不同的课程价值观、课程结构观和课程设计观对课程内容的理解也有所不同。人们认识课程内容也经历了一个不断深化的过程，一般很少有人再把课程内容直接视为教学内容，而且越来越多的人倾向于把课程内容看作是"静态"与"动态"知识体系相结合的知识系统，即认为课程内容是对相对静态的各门学科知识加以动态的处理、选择和建构的结果。

关于体育课程内容的概念，目前尚无相关界定，过去人们往往把体育课程内容等同于体育教学内容。从目前课程论与教学论的相关研究来看，学术界普遍认为课程与教学虽然有着密切的关系，但却分属于两个不同的研究领域。因此，课程内容和教学内容是两个不同的概念，二者之间不能相互替代使用。一般来说，体育课程内容规定了体育学科在某一阶段共同的统一的标准和要求，不是对教学内容的具体规定，较为抽象，不能为学生直接掌握，主要回答体育学科"教什么"的问题。体育教学内容是教师依据具体的教学目标和教学情境而形成的有效教学设计，是具体的、个别的，是教师和学生以及操作的对象，主要回答体育学科"用什么教"和"用什么方法教"的问题。

根据以上分析，体育课程内容就是依据体育课程目标，从直接和间接经验中选择，经过加工而形成的体育学科的知识体系，当代社会体育与健康生活经验和学习者体育学习经验的总和。

（二）体育课程内容的特点

体育课程是整个学校教育课程的有机组成部分，是实现学校教育目的和学校体育教学的主要课程。学校教育目的和学校体育目的，以及体育课程的学科价值就规定了体育课程内容的特点。

1. 基础性

体育课程面对的是各级在校学生，特别是九年义务教育阶段的学生。因此，体育课程内容的基础性特征明显。主要表现在体育课程应传授给学生基本的知识和技能，帮助学生形成广泛的运动兴趣和锻炼习惯，为终身体育奠定良好的基础。应使学生对健康知识有一定的了解与学习，为科学地进行体育锻炼、养成良好的生活习惯和促进健康成长奠定知识基础。

2. 身体实践性

体育课程内容应以身体练习为主要手段。通过体育课程学习、体育锻炼，增强学生的体能，促进学生运动技能的掌握和行为态度的形成，这是与其他文化课程相区别的根本特征。当然，体育课程的学习也有知识的学习、心理健康的教育和道德品质的培养，但是这主要是贯穿于身体练习的过程之中，并通过身体练习来达到。

3. 健身性

体育课程的学习过程也是对学生的身体施加负荷的过程。通过适宜负荷的身体练习，提高体能和运动技能水平，促进学生健康成长。具有一定负荷的身体练习是体育课程内容的基本特征，而适宜负荷的目的就是促进学生的健康成长，这与竞技运动训练的负荷追求运动竞赛成绩有着根本区别。

4. 综合性

体育课程内容的综合性主要体现在功能的多样性和目标的多维性上。功能的多样性就是指体育课程内容不但具有育人功能，而且融入部分健康行为与生活方式、生长发育与青春期保健、心理健康与社会适应能力，以及预防疾病、安全应急的知识和技能。目标的多维性就是指体育课程内容有利于促进学生的全面发展，不但要实现身体健康目标，还有增进学生的心理健康和社会适应能力等目标。

十一、体育教学内容的概念与特点

（一）体育教学内容的概念

体育教学内容是体育教学目标与体育教学实施的中介，是体育课程内容的一个有机组成部分。从体育课程内容与体育教学内容的关系角度看，体育教学内容主要涉及的是教师在体育课程实施——体育教学中"教授行为"的具体内容和学生"学习行为"的具体内容，以及二者如何互动的具体内容等。体育教学内容不仅包括体育教学过程中所有"教"与"学"的具体内容，还包括各种"教"与"学"活动的具体组织步骤。因此，体育教学内容就是在体育教学环境下传授给学生的体育与健康基础知识、运动技能和健身方法等体育知识体系以及学生所获得的体育与健康生活经验、体育学习的经验等"教"与"学"的具体内容，以及"教"与"学"活动的具体组织步骤。

（二）体育教学内容的特点

体育教学内容较之一般的教学内容既有共性特征，又有鲜明的个性特征。就其共性特征而言，体育教学内容与一般的教学内容一样，具有教育性、科学性和系统性特征。所谓教育性特征就是把体育教学内容作为对受教育者进行教育的媒体。因此，这些体育教学内容首先要具有教育性。体育教学内容的科学性主要是指体育教学内容是学校进行的有计划、有目的、系统的教学内容的重要组成部分，应与其他教育内容一样，具有很强的科学性。体育教学内容的系统性特征一方面体现在体育运动内在的规律使得体育教学内容所形成的内在结构上；另一方面体现在要根据教育目标、学生身心发育特征以及教学环境和条件等因素，系统地、逻辑地安排不同学校、年级的教学内容。

体育教学内容的个性特征即体育教学内容本身所具有的独特特征，包括运动实践性、健身性、娱乐性和非阶梯性。

1. 运动实践性

运动实践性是体育教学内容最突出的一个特征。因为体育教学内容大部分"是以有关身体运动的学习和身体运动的技能形成为主要培养目标的内容，是以运动为媒介，以大肌肉群的活动状态进行教育的内容"。通俗地说，就是仅仅依靠语言的传递，仅仅依靠看、想、听是无法学好体育教学内容的，必须通过学生从事运动学习和身体练习的实践活动，体会肌肉本体感觉的形成与动作记忆，解决学生的会与不会的问题。

2. 健身性

健身性就是体育教学内容的学习必然对身体形成一定的运动负荷，合理的运动负荷必然对身体产生锻炼的作用。合理安排身体练习的负荷，对增强身体健康的作用是其他课程无法比拟的。

3. 娱乐性

体育教学内容来自各种身体活动，而这些身体活动的绝大部分又来自人的娱乐活动，所以体育教学内容自然地就具有趣味性和娱乐性。特别是运动过程中所经历的竞争与合作、成功与失败的体验，给人的情感、情绪以深刻而丰富的影响。

4. 非阶梯性

非阶梯性主要是指体育教学内容之间没有较为清晰的由易到难、由简到繁的阶梯性结构，以及明显的从基础到提高的逻辑结构体系。

十二、我国近代体育课程与教学内容的变革

（一）清朝末年至民国成立前的体育课程与教学内容

第一次鸦片战争以来，我国体育课程伴随着中国传统教育近代化出现萌芽，逐步发展，最终于 1904 年（癸卯学制颁布）正式登上历史舞台，由此成为中国学校的一门正式课程。癸卯学制成为我国近代体育课程正式开端的标志。在近半个多世纪中，我国体育课程经历了萌芽、发展、正式形成的过程，教会学校、洋务学堂、变革的书院以及资产阶级所兴办的新式学堂在其中发挥了重要的历史作用。美国传教士狄考文 1864 年创办了山东登州文会馆，并开设最早的体操课。教会学校开设课程的情况大同小异，普遍开设课外体育活动和体操课；另外，棒球、足球和田径等体育课程也在部分教会学校得到开展。在第二次鸦片战争失败以后掀起的洋务运动中，陆续开办了一些洋务学堂，除了开设近代科学知识学科外，并设有体操科，这是中国人自己办的最早的新式学校。实际上，所开设的体操科以兵式体操、普通体操和田径运动项目为主，有击剑、刺棍、木棒、拳击、哑铃、算术竞走、三足竞走、羹匙托物竞走、跳远、跳高、足球、爬桅、游泳、平台、木马、单杠、双杠及爬山等项目。洋务派兴办学堂，设立了"中学为体，西学为用"的课程模式，其体育课程内容已经呈现出近代体育课程的萌芽。维新派人士，早在洋务运动时期就开始兴办了为资产阶级服务的学校。如张焕纶 1878 年在上海开办的正蒙书院（后改为梅溪学堂），就是一所早期反映资产阶级改良主义思想和要求的新式学校。正蒙书院通过开设德育、智育和体育来培养资产阶级新人，是第一所民办分科设教的普通学校。把体育作为分科课程，所开设体育课程内容有投壶、习射、击球、超距、卫生、习武以及军事训练等。1894 年甲午战争以后，民族危机日深，终至激起戊戌之变。康有为在《大同书》中系统地提出了各级学校体育课程方面的一系列设想，主张小学以体育为主，智育为次；中学要锻炼身体，不能专顾智育的学习；大学可加强德育和智育，但仍要锻炼身体。1891 年他在广州兴办万木草堂，"其为教也，德育居十之七，智育居十之三，而体育亦特重焉"。梁启超也积极倡导"德、智、体"，认为三者为不可或缺之物。可见，康梁二人特别重视三育并重，突出了体育作为学校教育的重要内容应受到重视。严复在 1895 年发表的《原强》一文中，把体、智、德三育作为国家民族富强的基础。在其担任总教习的北洋水师学堂不仅开设体操课，而且开展包括田径、器械体操、足球、击剑、拳击、游泳和爬桅等多项体育项目，在校内举行各种小型体育比赛，参加校际运动竞赛。严复提出的通过发展体、智、德三育来达到自强保国、救亡图存的目的的尚力思想，是中华民族遭遇空前的民族危机的背景下，对西方和日本强大的历史原因进行思考之后的产物，对 20 世纪最初 20 年的中国社会和中国体育产生了广泛而深刻的影响。

至此，中国近代体育课程雏形已经基本形成。其体育学科内容主要是德、日的兵式体操、普通体操和一些游戏。1904年1月清政府颁布并实施了癸卯学制（奏定学堂章程），标志着体育课程与教学内容发展进入了一个新阶段，中国现代体育制度正式确立。癸卯学制期间主要开设的体育课程内容有瑞典体操、德式的器械体操和轻器械体操、游戏性赛跑以及军事教练的基本动作。

（二）民国成立至新中国成立前的体育课程与教学内容

民国成立伊始，以孙中山为首的临时政府，对清末的教育进行改革，颁布了一些教育法令，史称壬子癸卯学制（1912年为农历壬子年）。壬子癸卯学制规定体操课程包括普通体操、兵式体操和游戏，其中以兵式体操为主，个别学校也开展了武术、田径和球类项目，有的学校还有课外体育活动。民国初的体操课程总体上沿袭了清末的体操课程，仍以兵士体操为主。体操课程内容安排的科学性也逐步提高，武术也成为正式的体育课程，并成为体育教学的重要内容之一。

1922年11月教育部公布了《学校系统改革令》，史称壬戌学制。壬戌学制是以实用主义为指导思想，依照美国学制拟定的。1923年又颁布了《新学制课程标准纲要》。壬戌学制和《课程标准纲要》把"体操科"改为"体育科"，废除了学校兵操，我国体育课程发展进入一个新的历史阶段。这一时期体育课时总数增加，体育课程设置得到应有重视，取消了男女差别。在内容上废除了中小学兵操，改以田径、体操、球类与游戏等为主要教材，从课程教学上开始重视体育教学法研究，出现了"三段教学法"。另外，开始着手体育教材建设，并于1928年以麦克乐、沈重威的名义出版了《新学制体育教材》。

1927年大革命失败以后，以蒋介石为首的国民党为巩固其专制统治，加强对教育的控制，国民政府教育部制定了一整套教育法令。据不完全统计，在国民党专制统治的22年中，与中小学体育课程直接相关的课程计划及课程标准就达34个之多，这客观上也促进了体育课程的制度化建设过程。这一时期，体育课程得到明显发展，体育教育的观念和体育课程内容日趋现代，体育教学方法手段日趋多样。尽管国民党颁布了许多体育课程的文件，但是这些规定只是纸上谈兵，无法解决体育教育中的实际问题，也不能说明当时的真实情况，在实施中并未产生多大实际效果。

十三、我国现代体育课程与教学内容的变革

中华人民共和国成立以来，我国基础教育课程的发展历经三代。即把1966年以前编制的教材称为第一代，把1985年以后编制修订的教材称为第二代，1999年以后编制的适合素质教育的教材称为第三代。王华倬据此把我国中小学体育课程的发展分为三代，即第一代体育课程、第二代体育课程和第三代体育课程。本节把体育课程与教

学内容的改革也分成三代。

（一）体育课程与教学内容的第一代发展阶段（1949—1985）

我国于1950年8月颁布了第一个体育课程锻炼标准《小学体育课程暂行标准（草案）》。1956年教育部颁布了新中国第一套体育教学大纲，即《小学体育教学大纲》（1956年3月）和《中学体育教学大纲》（1956年5月）。小学体育教材分为基本体操与游戏两大部分，其中基本体操包括队列练习和队形练习的基本动作、一般发展和准备的练习、走和跑、跳、投、攀登、爬越和平衡等。游戏按照活动量的大、中、小分类。中学体育教材分为基本教材和补充教材。基本教材是全国必须执行的教材，包括体操、田径和游泳三大项。补充教材是为适应地区气候条件不同、各地中学体育教学发展不平衡等而编订的。1961年，我国颁布实施了第二套全国通用的《体育教材》（体育教学大纲），确立了以"增强学生体质"为主要目标的课程体系，走出了原苏联模式，成为新中国第一代体育课程的重要特征之一。1978年教育部颁布了《全日制十年制中小学体育教学大纲（试行草案）》，规定学校体育是学校教育的重要组成部分，确定了"全面锻炼学生身体，增强学生体质""掌握体育的基本技术、基本知识和基本能力"和"向学生进行思想品德教育"等基本任务。其目的是培养现代化建设的合格人才，并将教材按运动项目进行了分类，首次详细规定了体育课程考核项目和标准，要求建立体育考核制度。这套大纲总体上体现了第一代体育课程的特征，是第一代体育课程的代表。但是，高度统一集中的大纲和教材，往往脱离了各地的实际，缺乏应有的灵活性和适应性，未能摆脱苏联以运动技术教学为主的课程模式的消极影响。

（二）体育课程与教学内容的第二代发展阶段（1986—2000）

1986年，我国颁布了《中华人民共和国教育法》。这一时期，我国逐步实行"一纲多本"，由"国定制"改为"审定制"，我国体育课程与教学进入了一个新的历史发展阶段。1987年，国家教委颁布新修订的《全日制小学体育教学大纲（六年制）》和《全日制中学体育教学大纲（六年制）》，确立"面向现代化、面向世界、面向未来"的指导思想，强调了教材的"多样性、灵活性和兴趣性"。在体育教学内容方面，该大纲根据运动项目和人体基本活动规律相结合的方法，对小学高年级和中学教学内容进行了分类，按人体基本活动能力对小学低年级教学内容进行了分类。其中小学体育教材包括体育常识和实践两部分，中学体育教材分为体育基础知识和实践两个部分。在考核方面采取了包括学习态度、理论知识笔试、身体素质和运动能力的结构综合考核办法。1992年11月，国家正式颁布实施了《九年义务教育全日制小学体育教学大纲（试行）》和《九年义务教育全日制中学体育教学大纲（试行）》。1996年12月，国家颁布了与义务教育阶段相衔接的《全日制普通高级中学体育教学大纲（供试验用）》。

2000年12月正式颁布,并于2001年9月正式实施了全日制小学、初级中学和普通高级中学《体育与健康教学大纲》。这部体育教学大纲,以"健康第一"为指导思想,重视和发挥学生的主体作用,重新构建了体育教学目标体系,以及必修和选修(限选和任选)的课程结构。在体育教学内容方面,这部大纲将小学六个年级统筹安排,重视田径教材,将武术列为必修教材,并按小、中、高三个阶段进行编排。初中教材在对内容进行必要删减的基础上,增加了体操课的内容。在成绩考核方面,淡化甄别、筛选功能,强化激励功能,实行优秀、良好、及格和不及格的四级分制,重视对学生的综合评价。尽管这套大纲对体育课程进行了较大力度的改革,与以往的大纲也有非常鲜明的区别,但这只是一部过渡性大纲,在2005年就被新的课程标准《体育与健康课程标准》所取代。第二代体育课程较之第一代体育课程有许多优点和特点,但是应试教育仍然居统治地位,适应素质教育的课程体系还远未完成。

(三)体育课程与教学内容的第三代发展阶段(2001年至今)

基础教育课程改革是进入21世纪以来我国教育领域最重要的改革举措之一。1999年6月,《中共中央国务院关于深化教育改革全面推进素质教育的决定》。2001年6月,《国务院关于基础教育改革与发展的决定》进一步明确了要"加快构建符合素质教育要求的基础教育课程体系"。按照党中央国务院要求,2001年6月,教育部制定颁发了《基础教育课程改革纲要(试行)》,研制了包括《体育(1—6年级)·体育与健康(7—12年级)课程标准(实验稿)》,并于2001年9月开始在全国范围内进行试验。2003年颁布了《普通高中体育与健康课程标准》,同年开始组织课程标准修订工作,2011年3月基本完成了修订任务。2011年年底颁布的《义务教育体育与健康课程标准(2011年版)》既体现了国家对新时期转变培养观念与模式的新要求,又坚持了自2001年以来基本素质教育的体育课程改革的正确方向,这也标志着体育课程与教学内容改革已经进入了第三发展阶段。《义务教育体育与健康课程标准(2011年版)》坚持了体育与健康课程标准以"健康第一为指导思想",以"学生发展为中心""激发学生的运动兴趣""尊重地区差异和个体差异"等为课程理念;坚持了运动知识与技能、过程与方法、情感态度与价值观三维课程目标,以及学习目标引领教学内容和方法的思想;坚持了教学内容与学生生活经验紧密联系、实践能力和创新能力的多样化的教学目标;坚持了具有反馈、激励和发展功能的多元评价等。可见,课程标准在课程名称、指导思想、目标体系、内容标准、教学时数与评价方法等方面,经过十年实践、总结、反思、调整和修改而得以不断完善,也越来越突出了中国特色、时代特征和国际视野等特征。

由于课程改革问题异常繁杂,尽管每次课程改革都是经过深思熟虑、有目的、有方法的行动,但是改革的过程总是那么曲折。与我国过去已经进行过的历次体育课程改革相比，当前正在进行的体育与健康课程改革更为广泛和深刻，其过程也更为艰难、曲折，必将是一个长期的过程。

十四、当前体育课程与教学内容的特点

《义务教育体育与健康课程标准（2011年版）》（以下简称《课程标准（2011年版）》）课程与教学内容的特点如下：

（一）《课程标准（2011年版）》具有表述课程内容的独特方式

《课程标准（2011年版）》课程内容的表述只是阐述学生通过体育学习和锻炼在某一学习水平上最终期望达到的程度，并不对具体的知识点和技术战术内容进行描述。学校应该根据《课程标准（2011年版）》的内容框架和学习要求，结合学校的实际，来整体规划某一运动项目到底应该教哪些技术和战术，学生掌握到何种程度等。此外，教学内容与学习目标"捆绑"在一起，是《课程标准（2011年版）》的又一特殊表述方式。

（二）《课程标准（2011年版）》重视规定性与灵活性相结合

宏观上，《课程标准（2011年版）》的规定性与灵活性是高度统一的。所谓规定性主要体现在指导思想、课程理念、课程目标、学习方面、学习内容框架、教学方式和教学评价等。例如，《课程标准（2011年版）》强调体育与健康课程要树立"健康第一"的指导思想，重视"以学生发展为中心""激发学生的运动兴趣""关注地区差异和个体差异"等课程理念，重视运动知识与技能、过程与方法、情感态度与价值观三维课程目标，重视运动参与、运动技能、身体健康、心理健康和社会适应五个学习方面，重视教学内容框架及要求，重视教学方式多样化以及学习价值多元化，重视开发和利用课程资源等。《课程标准（2011年版）》的灵活性主要体现为：在上述思想、理念等统一指导下，学校和体育教师可以根据自己的实际情况在具体的教学内容、教学手段和方法、教学组织形式、学习评价等方面灵活运用和组织实施。俗话说："教无定法，贵在得法。"在体育教学中具体的教学方法有很多，如自主学习法、合作学习法、探究学习法、游戏教学法、情境教学法、主题教学法、示范讲解法、循环教学法与比赛教学法等，究竟采用哪些教学方法更有助于学生的体育学习和健康发展，完全由体育教师根据学生的学习情况、教学内容特点等选用、组合或创编更适合的教学方法。

（三）《课程标准（2011年版）》为教材多样化奠定了基础

新一轮基础教育课程改革以来，《课程标准（2011年版）》突破长期以来我国基础教育基本上是"一纲一本"（一本教学大纲，一套教材）的状况，使得"一纲多本"成为现实。教材的多样化为各地各校结合实际情况，调动学校和教师的积极性和创造性，开展充满活力、生动活泼的有效教学，形成教学特色，促进教师的专业化发展等提供

了可能。体育教材内容非常丰富，而学生体育教学的课时有限，学生的体育基础兴趣爱好、个性风格等存在差异。因此应充分考虑学校的实际和学生的个性需求，突破千篇一律、千校一面的传统做法，实施教材多样化，满足学生的不同需求。

第三节 高校体育教学的任务与原则

一、高校体育教学的任务

（一）全面锻炼身体，增强学生体质是我国学校体育的首要任务

何为健康？世界卫生组织最新界定的健康标准是：健康不仅仅是没有疾病和不虚弱，而是生理方面、心理方面和社会适应方面都处于一种安宁安全的状态。大学生正处在青年期，机体的同化作用和异化作用基本平衡，生长发育日趋完善和稳定，生理机能和适应能力均发展到较高水平，是生命活动最旺盛的时期，也是身心发展的关键时期。在这个时期，通过体育教育，有效地促进大学生的身体形态结构、生理机能和心理的正常发育和完善，全面发展他们的身体素质和人体的基本活动能力，提高他们对环境的适应能力和对疾病的抵抗能力，从而以强健的体魄和充沛的精力完成当前的学业，迎接未来的工作。

（二）提高体育素养，培养终身体育能力

要想达到增进健康、增强体质的实效，就必须提高大学生的体育素养，即建立正确的体育意识，学习、掌握体育的基本知识、技术和技能，掌握科学锻炼身体的方法，养成自觉地、经常地锻炼身体的良好习惯，持之以恒，终身受益。

（三）培养良好的思想品德和健康的心理素质

思想品德教育是高等教育的一项重要内容，它贯穿学校教育的全过程。作为高等教育重要组成部分的高校体育，也必须根据体育自身的规律和特点，以体育丰富多彩的内容和形式对大学生实施思想品德教育。

通过体育教育，培养大学生勇敢顽强、艰苦奋斗、遵纪守法和团结协作的高尚品质，塑造他们拼搏进取、开拓创新等适应现代社会发展的心理素质，提高他们的审美、鉴赏、表达和创造能力，陶冶情操。形成文明的行为方式，树立良好的体育作风，自觉建立起科学、文明、健康的生活方式，促进大学生的综合素质全面发展。

（四）发展大学生的体育才能，提高运动技术水平

开展课余体育训练，提高运动技术水平，为国家培养高水平的体育人才，是高校体育教育的任务之一，也是把我国建设成为体育强国的一项战略举措。高校要在广泛开展群众性体育活动的基础上，对部分体育基础较好，并有一定专项运动才能的学生进行有计划、有组织的课余运动训练，不断提高他们的专项运动技术水平。这样不仅为高校培养了体育骨干，带动学校大众体育活动的开展，丰富校园文化生活，同时又能为国家培养竞技体育的后备人才。

二、高校体育教学的原则

（一）体育工作规划与发展

（1）全面贯彻党的教育方针，以服务立德树人为根本任务，将学校体育纳入学校全面实施素质教育的各项工作中，认真执行国家教育发展规划、规章制度及各项要求。创新人才培养模式，使学生掌握科学锻炼的基础知识、基本技能和有效方法，学会至少两项终身受益的体育锻炼项目，养成良好锻炼习惯。挖掘学校体育在学生道德教育、智力发展、身心健康、审美素养和健康生活方式形成中的多元育人功能，有计划、有制度和有保障地促进学校体育与德育、智育、美育有机融合，提高学生综合素质。

（2）统筹规划学校体育发展，把增强学生体质和促进学生健康作为学校教育的基本目标之一和重要工作内容纳入学校总体发展规划，全面发挥体育在学校人才培养、科学研究、社会服务和文化传承中不可替代的作用。制订阳光体育运动工作方案，明确工作目标、具体任务、保障措施和责任分工，并落实各项工作。

（3）设置体育工作机构，配备专职干部、教师和工作人员，并赋予其统筹开展学校体育工作的各项管理职能。实行学校领导分管负责制（或体育工作委员会制），每年至少召开一次体育工作专题会议，有针对性地解决实际问题。学校各有关部门积极协同配合，合理分工，明确人员，落实责任。

（4）加强学校体育工作管理，在学校体育改革发展、教育教学、教研科研、竞赛活动、社会服务等各项工作领域制订规范文件、健全管理制度、加强过程监测。建立科学规范的学校体育工作评价机制，并纳入综合办学水平和教育教学质量评价体系。

（二）体育课程设置与实施

（1）严格执行《全国普通高等学校体育课程教学指导纲要》，必须为一、二年级本科学生开设不少于144学时（专科生不少于108学时）的体育必修课。每周安排体育课不少于2学时，每学时不少于45分钟。为其他年级学生和研究生开设体育选修课，选修课成绩计入学生学分。每节体育课学生人数原则上不超过30人。

（2）深入推进课程改革，合理安排教学内容，开设不少于 15 门的体育项目。每节体育课须保证一定的运动强度，其中提高学生心肺功能的锻炼内容不得少于 30%；要将反映学生心肺功能的素质锻炼项目作为考试内容，考试分数的权重不得少于 30%。

（3）创新教育教学方式，指导学生科学锻炼，增强体育教学的吸引力、特色性和实效性。建立体育教研、科研制度，形成高水平研究团队，多渠道开展以提高学生体质健康、教学质量、课余训练和体育文化水平等为目标的战略性、前瞻性、应用性项目研究，带动学校体育工作整体水平的提高。

（三）课外体育活动与竞赛

（1）将课外体育活动纳入学校教学计划，健全制度、完善机制和加强保障。面向全体学生设置多样化、可选择、有实效的锻炼项目，组织学生每周至少参加三次课外体育锻炼，切实保证每个学生每天一小时体育活动时间。

（2）学校每年组织春、秋季综合性学生运动会（或体育文化节）。设置学生喜闻乐见、易于参与的竞技性、健身性和民族性体育项目，参与运动会的学生达到 50% 以上。经常组织校内体育比赛，支持院系、专业或班级学生开展体育竞赛和交流等活动。

（3）注重培养学生体育特长。有效发挥体育特长生和学生体育骨干的示范作用，组建学生体育运动队，科学开展课余训练，组织学生参加教育和体育部门举办的体育竞赛。

（4）加强校园体育文化建设，促进中华优秀体育文化传承创新。学校成立不少于 20 个学生体育社团，采取鼓励和支持措施定期开展活动，形成良好的校园体育传统和特色。开展对外体育交流与合作。通过校报、公告栏和校园网等形式，定期通报学生体育活动情况，传播健康理念。

（5）因地制宜地开展社会服务。支持体育教师适度参与国内外重大体育比赛的组织、裁判等社会实践工作。鼓励体育教师指导中小学体育教学、训练和参与社区健身辅导等公益活动。支持学校师生为政府及社会举办的体育活动提供志愿服务。

（四）学生体质监测与评价

（1）全面实施《国家学生体质健康标准》，建立学生体质健康测试中心，安排专门人员负责，完善工作条件。每年对所有学生进行体质健康测试，测试成绩向学生反馈，并将测试结果经教育部门审核后上报国家学生体质健康标准数据管理系统，形成本校学生体质健康年度报告，及时在校内公布学生体质健康测试总体结果。

（2）建立健全《国家学生体质健康标准》管理制度。学生测试成绩列入学生档案，作为对学生评优、评先的重要依据。毕业时，学生测试成绩达不到 50 分者按结业处理

（因病或残疾的学生，凭医院证明向学校提出申请并经审核通过后可准予毕业）。毕业年级学生测试成绩及格率须达 95% 以上。

（3）将学生体质健康状况作为衡量学校办学水平的重要指标。将体质健康状况、体育课成绩、参与体育活动等情况作为学生综合素质评价的重要内容。

（4）建立学生体质健康状况分析和研判机制。根据学生体质健康状况制定干预措施，视情况采取分类教学、个别辅导等必要措施，指导学生有针对性地进行体育锻炼，切实改进体育工作，提高全体学生体质健康水平。

（五）基础能力建设与保障

（1）健全学校体育保障机制。学校体育工作经费纳入学校经费预算，并与学校教育事业经费同步增长。加强学校体育活动的安全教育、伤害预防和风险管理，建立健全校园体育活动意外伤害保险制度，妥善处置伤害事件。

（2）根据体育课教学、课外体育活动、课余训练竞赛和实施《国家学生体质健康标准》等工作需要，合理配备体育教师。体育教师年龄、专业、学历和职称结构合理。健全体育教师职称评定、学术评价、岗位聘任和学习进修等制度。

（3）将体育教学、课外体育活动、课余训练竞赛和实施《国家学生体质健康标准》等工作纳入教师工作量，保证体育教师与其他学科（专业）教师工作量的计算标准一致，实行同工同酬。

（4）体育场馆、设施和器材等符合国家配备、安全和质量标准，完善配备、管理和使用等规章制度，能基本满足学生参加体育锻炼的需求。定时维护体育场馆设施，及时更新和添置易耗、易损体育器材。体育场馆、设施在课余和节假日向学生免费或优惠开放。

第二章　高校体育教学方法研究

第一节　体育教学方法概述

一、体育教学策略的概念和特点

（一）体育教学策略的概念

教学策略是教师为实现教学目的，完成教学任务，在对教学活动取得清晰认识的基础上，根据学习内容、学习者的知识水平和理解与认识能力以及学习过程等因素，对教学活动及其因素进行计划、评价和调控而采取的一系列执行过程，包括教学活动的认知过程、教学活动的调控过程和教学方法的执行过程。体育教学策略是体育教师为达到体育教学目的、完成体育教学任务，根据教学实际情况而采用的教学程序、方法、手段、技巧和控制方式，包括对教学全局发生作用的宏观教学策略和由教学方法与技能构成的微观教学策略两大类。

（二）体育教学策略的特点

1. 灵活性

体育教学策略的产生是为了解决现实的教学问题，掌握特定的教学内容，达到预定的教学目标，收到预期的教学效果。各种教学策略只有在具体的条件下才能发挥相应的作用，不存在适合一切问题和内容的万能的教学策略。同时，由于各种教学策略和需要解决的教学问题之间不存在一一对应关系。同一教学策略对不同的教学对象可能产生不同的教学效果，而将不同的教学策略运用到同一教学对象时也会有不同的效果。所以，选用教学策略时，要综合衡量教学目标、教学内容、教学对象和教学环境的具体情况。

2. 整体性

要形成有效科学的体育教学策略，必须针对具体的教学需求和条件，从整体上对构成教学的整个过程及其诸多要素进行综合考虑，最终形成方案，将教学理论和经验应用到教学实践中。

3. 可操作性

任何教学策略都是针对教学目标的每一具体要求而制定的，具有与之相对应的方法、技术和实施程序。教学策略要转化为教师与学生的具体行动，必须是可操作的，而不是笼统、含糊和抽象的。

4. 可调控性

由于教学活动元认知过程的参与，教学策略具有可调控的特点，教师要根据对教学进程及其诸多要素的认识总结，及时把握教学过程中的各种信息，及时反馈和调整教学进程及师生的教与学的方法和手段，以实现教学目标。

二、常用的体育教学策略

（一）优化体育课堂时间管理的策略

1. 保持合理的信息量，提升知识的有效性

从心理学的角度看，学生的体育学习是一个不断获取信息并加工处理信息从而不断调节、完善认知结构的过程。课堂信息量过少、环节松散会导致时间的浪费；信息量过多、密度过大，超越学生的接受能力，就会导致教学效益低。因此，教师要保持单位时间内适度的信息量。当然，教师课堂传授的体育知识要尽可能有效，要杜绝因讲授无用知识而产生的无效劳动。

2. 提高学生的专注率，增加学生的学习时间

专注率，即教学时间内学生专注于某项教学活动时间所占的百分比。提高学生的专注率旨在增加专注时间，使其尽量接近于分配时间。提高学生的专注率，一是要抓住可教时机及时施教；二是选择恰当时机处理学生行为，防止出现破坏课堂规则和形成冲突的情境。此外，还要在提高学生专注率的基础上提高过渡时间效率，保障教学各项活动的有机衔接。另外，体育教师通过适当的办法、生动形象的途径激发学生的学习兴趣和动机，也可以提高学生的专注率。

增加体育学习时间指教师将体育课中的时间更多地用在教学活动上。要做到这一点，可以从两方面着手：一是必须以教学为中心。体育课中有很多活动，包括教学活动和非教学活动，教师必须将教学时间紧扣教学活动上，尽量减少非教学活动上的时间。二是减少用于课堂管理和组织教学的时间。虽然课堂管理和组织教学工作是必不可少的，但应该控制在合适的范围内；否则，也可能造成时间的无谓损耗。

(二)安排运动负荷的策略

1. 安排每节课的教材和确定课的任务

教师在安排教材内容时,应合理搭配不同性质、不同强度和不同密度的教材。因为不同年级、不同教材、不同类型的体育课,其运动负荷是不同的。在教材内容的安排上,可以将负荷大和小的练习交替安排,如强度较小的走、投与强度较大的跑、跳等内容的组合。在课前的备课中周密地安排运动负荷,要重视并设计合理的运动负荷,针对不同的教材设计不同的运动负荷。例如,跑的项目和投掷项目的运动负荷不同,教师要在练习密度上加以调整。

2. 合理调节运动负荷

一般来说,一节课的运动负荷模式有标准型、双峰型、前高后低型和前低后高型等多种模式。但不管采取哪种模式,运动负荷总的调节策略应是高低结合、动静交替。在教学中,常用脉搏测量、询问法与观察法等来测量和了解运动负荷。

(三)减少和预防运动损伤的策略

1. 教师方面

加强专业思想修养,爱岗敬业,关爱学生,增强责任意识,估量每节课可能存在的安全隐患并准备相应的安全措施;加强专业理论和技术的学习,与时俱进,针对学校及学生的实际情况,采用适应性教学。制定各种规章制度并长期坚持,如体育课堂教学常规、场地器材安全制度、场馆使用制度、游泳池使用制度和学生体检制度等。科学合理地安排授课过程,选配内容要合理,高难度动作不安排在活动能力下降阶段,某一局部动作不宜安排较长、较大的运动负荷等,还应根据天气合理安排教学。正确的动作技术教学,教师上课时必须正确规范、科学合理地教学,使学生能熟练地掌握运动要领,预防运动损伤。提醒教学场地的安全性,如场地设施、保护器材设置是否牢固结实,沙池是否平整松软,学生着装是否适宜以及课堂中存在的其他安全隐患等,如在进行投掷练习时,必须讲授投掷规则、捡拾器材的要求和时机、排队等待的学生分列站好、强调注意事项与要求。有效的教学管理组织,加强组织纪律性教育,确保"安全第一""预防为主"的指导方针。

2. 学生方面

增强安全和自我保护意识,学会遇到意外事故时做自我保护,学生之间应学会在练习中相互保护帮助,提高身体素质,避免因素质差而引起运动损伤。注意准备活动和整理活动,降低运动中拉伤韧带、肌肉或扭伤关节的概率,减少慢性劳损的积累。

3. 场地器材的选择方面

改善场地设施条件,改善练习环境,修复或者更换损坏的器材,都可以减少学生受伤的概率。

（四）安排练习密度的策略

保持合适的体育课练习密度，是提高体育教学效果必须注意的问题。在实际教学中，由于影响课的密度的因素很多，如地区、季节、教学阶段、课的类型、教材、教学条件以及教学对象的性别、年龄、体质、体能和技能水平及精神状态等方面的差异都能对课的密度产生影响，因此难以用某一绝对标准来评定课的密度的合理性。既有研究成果中，关于体育课的练习密度以多大为宜，也观点不一。有的主张物质条件好、师资力量强的学校，练习密度为35%~40%。条件一般或较差的学校，练习密度在30%左右为宜。有的建议体育课的平均练习密度应达到30%以上，或认为以20%~30%为好，或有的主张应达到40%~50%。

在实际教学中，可以综合考虑以下三种因素：

1. 根据教学目标确定练习密度

每一堂课的具体教学目标不一样，其练习密度也应有区别。在讲授新课中，教学因素必然要多一些，包括教师讲解、示范以及相关必要的教法的时间以及学生观察、理解、分析动作的时间都要多一些，练习时间相对减少，练习密度可以降低。而在复习课和提高身体素质的课上，"教"的因素相对少了，练习密度可适当增加。

2. 根据练习强度确定练习密度

对于强度较大的练习，间歇时间可适当延长，即练习密度小一些，使学生能得到必要的休息和恢复。而强度较小的练习，则可以安排较大的练习密度。

3. 根据气候确定练习密度

夏天气温高，如果练习密度过高、运动量过大，可能导致心跳加剧、头晕恶心甚至中暑等情况，影响学生健康。而冬季气温较低，肌肉黏滞性增大，要以较大的练习密度和运动量才能让身体发热或活动开，以便从事体育学习和锻炼。

（五）促进师生交往的策略

良好的师生关系能使学生保持稳定的情绪、愉快的心境和敏锐的智力，适应周围的生活环境，与他人建立、保持和谐的心理状态。师生之间关系好，有助于更好地发挥教师的主导作用和学生的主体作用，提高教学效率。

要促进良性的师生交往，主要从建立正确的师生观入手。民主平等的沟通是建立新型师生关系的前提与基础。教师应该树立做"平等中的首席"的师生观，对学生一视同仁、平等对待，全面了解学生，走进学生的心灵。让学生从过去被动的执行者变为主动的参与课程设计的决策者。在学习内容的安排上，教师从决定学生应该学什么、怎样学的主宰者，转变为与学生合作学习的朋友。

体育教师要以发展的眼光来看学生，学会赏识学生，用鼓励性的语言评价学生的行为，同时还要注意培养和保护学生的自信心，维护学生的自尊。学生越能感受到教师的爱心，就越亲近和信任教师，体育教师的教学就越容易被学生理解和接受，从而诱发出符合教师期待的意志和行为，体育教学才能收到更好的教学效果。

与此同时，体育教师要树立自己的威信，赢得学生发自内心的尊重。要想使自己成为学生的表率和楷模，就必须以职业道德的规范严格要求自己，不断加强自我认识、自我教育、自我改造和自我提高。

（六）安排心理负荷的策略

在体育教学中，学生的心理负荷是指学生在学习和练习的过程中，神经系统保持紧张与兴奋的程度和时间的长短、心理能量消耗的多少等应激反应的总和，一般包括注意力、情绪和意志三方面的负荷。在体育教学中，只有运动负荷和心理负荷保持适宜，才能收到较好的教学效果。同时，学生的心理负荷变化具有一定的阶段性。一般而言，注意力高峰出现在课的前区 15 分钟处，情绪高峰出现在中前区 4～15 分钟处和后区 36～40 分钟处，意志高峰出现在课中 20～30 分钟处。

在体育教学中，教师要根据人体心理变化规律、教材特点、学生的实际以及器械、气候等因素合理确定课的心理负荷曲线。既要与教学进程相联系，又要与生理负荷相配合，使学生的心理负荷高低起伏并与生理负荷相互调节、相互补充。同时要注意休息和调整，使体育课对学生身心发展的影响更加全面、有效。

一般来说，体育活动中学生的情绪负荷要保持合适的强度和量，且需有积极愉快的情绪伴随，让学生在快乐中参与运动。学生的意志负荷也不应太大，应确定让学生通过一定的努力就能完成任务，从而体验到成功的喜悦，增强自信心。这就要求教师在安排教材时充分考虑学生心理发展的特征，所选的内容难易适度，富有兴趣性和直观性。同时还应循序渐进、因材施教。例如，由于大部分学生十分喜欢游戏，学生在游戏中的注意负荷、情绪负荷、意志负荷都较高。因此，在体育教学中教师应多安排趣味性、针对性强的体育游戏，再结合教师生动形象的讲解、示范来调动学生活动的积极性，提高学生锻炼的效果。一般来讲，注意负荷方面在基本部分的前半部分时，学生头脑较清醒，注意力比较集中。这时可安排新的、较难的教材，以增大学生的注意负荷。后半部分可安排注意负荷较小的或者复习的教材。情绪负荷方面，基本部分的前半部分不宜太大，以避免因学生情绪过度兴奋而影响新教材的学习，后半部分可通过适当的安排让情绪负荷达到高潮。意志负荷方面，学习新教材和较难教材时宜先大后小，复习旧教材或学习较易教材时则相反。总而言之，教师应采取适当的措施，处理和保持好学生注意负荷的张弛有序、情绪负荷的涨落有节以及意志负荷的合理变化。

（七）激发学生动机的策略

良好的动机能促成学生的学习需要，也是学生能否主动积极地进行体育学习和创造性的探索的决定因素之一。在教学实践中，体育教师可以通过激发学生的内在需求、创造外在诱因和激发学生的自我调节作用来激发和培养学生的学习动机。具体而言，可采取以下策略：

1. 了解学生的动机

只有把握了学生的学习动机，才知道怎样去调整。教师可以利用问卷调查、单独交谈和小组讨论等形式来了解学生的学习动机。从小处着眼，从尊重学生的人格做起，提高学生的自尊，以激励性评价促进学生的发展，从而更有效地激发学生的学习动机，并发挥最有效的影响和作用。

2. 提高学生的参与程度

一般而言，人们是否愿意在某任务上消耗精力，可能取决于以下原因：全身心投入的情况下预期成功完成该任务的难度大小，对所完成任务意义或价值的认识。如果学生觉得难度很大，成功机会很小，或者认为所完成任务没有任何价值与意义，他们就不会参与，也不会在任务完成上投入时间和精力。

教师需要帮助学生认识到学习不同内容领域的价值，并让学生相信，有投入就会有所收获。特别是对于体育成绩不理想或是性格内向的学生，教师要给予更多的关心和帮助，提高其主动参与性。可以通过以下途径来实现：一是将性格内向的学生分在一个小组，从而避免组织能力较强的学生的"话语霸权"，也能保证共同学习时"心理舒适地带"的存在；二是预先告诉性格内向的学生，教师期望他们做什么，让其更有安全感；三是在班级讨论中，尽量为他们创造成功的机会，体会到成功的快乐，从而激发更强烈的学习动机，提高其学习的积极主动性，提升教学效果。

第二节　体育教学方法的手段

一、体育教学方法的特点

（一）体育教学方法概述

体育教学方法是为了实现体育与健康教学的目标，根据教学内容、教学对象、教学环境与教学条件等因素，激发、组织、指导学生进行体育与健康学习活动所采取的有计划的教与学相互作用的活动方式的总称。当前，随着当前体育新课程的全面实施，各种新兴的体育教学方法出现并发挥着积极的作用。

（二）体育教学方法的特点

根据体育教学所要实现的不同任务或者目标，体育教学的时空条件以及体育教学以身体练习活动为主的特点，体育教学方法一般具有以下特点：

1. 体育教学方法能动员多感觉器官协同工作

在体育教学过程中，师生双方不仅需要通过视觉、听觉感受器接收信息，还要运用动觉、位觉和触觉等来感知自己身体的动作，尤其是通过本体感觉来感知自己身体运动时用力的大小、方向和动作的幅度。因此，比室内文化课更需要动员和运用多种感觉器官参与工作。

2. 体育教学方法能使运动和休息合理交替

在体育教学过程中，学生要接受生理和心理的双重刺激，承受一定的运动负荷。如果刺激时间过长，刺激负荷过大，则可能引起学生身体和心理的双重疲劳，而如果疲劳积累过深，也可能导致学习效率下降。所以，体育课需要减轻和消除所产生的疲劳。在这个过程中，体育教师可以运用转换练习、改变练习的难度、组合、条件和环境，改变休息方式、时间等因素的方法，保证学生的学习效果。

3. 体育教学方法能使感知、思维和练习活动密切联系

在体育教学中，学生需要运用视觉、听觉等感觉器官，接收教师发出的各种信息。这些信息传到大脑皮层，经过大脑的分析和综合，再以指令的形式传出，指挥身体进行相应运动。这其实是感知、思维和练习这三个环节的紧密结合。这种紧密结合反映了体育教学过程具有认知和实践、心理活动和身体活动紧密结合的特点，即体育教学活动既是身体活动，也是认知和实践、心理活动和身体活动的紧密结合。

二、体育教学方法的分类

（一）以教师的"教"为主的"教法"

1. 讲解法

讲解法是指教师运用语言向学生说明教学目标、动作名称、动作要领、动作方法和要求，以指导学生学习和掌握体育基本知识、技术和技能的一种方法。在体育教学中运用讲解法时，应当注意以下方面：

（1）讲解的目的要明确，具有教育性。教师应根据教学任务、内容、学生的接受能力及存在的问题进行讲解。讲解有计划性和针对性，能使学生较好地理解动作的要领、重点和难点。

（2）讲解的语言要生动、形象、简明、准确。教师讲解时口齿要清晰，用词要准确，讲解要简明扼要，善于运用形象的比喻和口诀。

（3）讲解要富有启发性。教师讲解时应善于提出问题，启发学生的积极思维。提出的问题要深浅适度，既有兴趣性，又有启发性，有利于培养学生积极参与的精神。

（4）讲解应注意时机和效果。根据教学的实际情况，把握好讲解的时机有利于提高教学的效果。例如，上课的开始部分，应首先讲清本次课的任务和教学内容，做到语言简明、声音洪亮。对于新教材，一般都在练习前进行讲解。在讲解动作重点、难点的时候可配合手势和语调变化，以提高讲解效果。当学生正在做练习的时候，特别是做静力性和危险性较大的动作时，一般不讲解，必要时可简短提示。

（5）讲解应与示范相结合。讲解与示范结合，能使学生在获得语言刺激的同时，感受到直观的动作形象，以促进其较快地形成运动表象。

2. 示范法

示范法是教师（或指定学生）以具体的动作为范例，使学生了解所要学习动作的结构、过程和要领的一种教学方法。示范法的种类较多，可按照一定的逻辑进行分类。

（1）按照示范的速度进行分类，可分为常速示范和慢速示范。常速示范一般在某种教材教学的开始阶段，为使学生建立完整的动作表象时使用；慢速示范通常是在为了更好地表现动作的结构和时空特征时使用。

（2）按照教师示范的方向进行分类，可分为正面示范、侧面示范、背面示范和镜面示范。正面示范是指教师做身体练习时正面向着学生进行的示范，通常是为了表现人体的左右移动；侧面示范是指教师做身体练习时侧面向着学生进行的示范，通常是为了表现人体的前后移动；背面示范是指教师做身体练习时背面向着学生进行的示范，通常是为了表现较为复杂的身体练习技术；镜面示范是指教师在与学生做同一个身体练习、同一个节拍的条件下，以自身所出的左或右肢体与学生正好相反，同时正面向着学生进行的示范，通常用于技术结构简单又利于学生模仿的身体练习，如徒手体操或广播体操等。

此外，教师的示范还可分为完整示范和重点示范、正确示范和错误示范、高位示范和低位示范等。

运用示范法的注意事项：

其一，示范要正确。良好的示范应该准确、熟练、放松、优美，对学生建立正确的动作表象，提高学生的练习兴趣和主动积极性具有重要的作用。在课前，体育教师应当认真地准备示范动作，以确保教学中示范的质量。

其二，示范要有明确的目的。教师示范要有明确的目的，每次示范前，应根据教学任务的目的和要求以及学生的具体情况考虑示范的内容和方法，以利于提高直观教学的效果。

其三，示范位置要适当。示范的位置与身体练习的特点、学生队形和天气情况等相关。通常情况下，示范位置的选择应让全体学生无干扰、易观察，同时教师又易于管理课堂。

其四，示范要紧密结合讲解。示范与讲解结合的形式有三种：一是先讲解后示范，多用于新教材的教学；二是先示范后讲解，一般在复习旧教材时使用；三是边讲解边示范，多用于技术简单或学生较熟悉的练习。

3. 演示法

演示法是教师在体育教学中通过展示各种实物或直观教具，让学生通过观察获得感性认识的教学方法。在中小学的体育教学中，较为多见的演示手段包括可活动的人体模型、战术板、图片和图画等小道具，另外还有幻灯、电影和计算机等。

（二）以学生的"学"为主的"学法"

1. 练习法

练习法是指学生在教师的启发、指导下，根据体育教学的任务和要求，有目的地反复进行身体练习的方法，包括重复练习法、变换练习法和循环练习法三种形式。

（1）重复练习法。重复练习法是在不改变身体练习的技术结构和运动负荷的表面数据的条件下，进行反复练习的方法。重复练习法是学习技术、发展体能的最基本的方法。根据练习中是否有间歇，重复练习法又可分为连续重复练习法（或称为持续练习法）和间歇重复练习法。一般而言，一些周期性的运动项目和发展耐力的身体练习，如游泳和中长跑，通常采用连续重复练习法。对于一些非周期性的运动项目，如篮球的连续传接球练习等，可以赋予周期性的特点，也可采用连续重复练习法。

运用间歇重复练习法要根据教学的任务和学生的特点确定间歇的时间。如发展速度和速度耐力的重复跑，在练习中不仅应对其运动负荷的外部数据和技术提出要求，还应根据学生的身体条件，对练习与练习之间的休息形式和间歇的时间提出具体要求。在体育教学中，对于中小学生（特别是小学生）来说，间歇重复练习法的间歇时间应以学生的身体恢复为标准，这一点与专业运动训练中的间歇训练法有很大区别。

（2）变换练习法。变换练习法是在变化的条件下反复进行练习的一种方法。变换练习法中所讲的条件是指身体练习的要素、身体练习的组合、器械的高度与重量以及练习的环节等。通过变换练习，可提高学生中枢神经系统的灵活性，刺激人体更快地适应，从而有效地提高人的体能，提高学生的体育学习兴趣。

根据练习中是否有间歇，变换练习法又可分为连续变换练习法和间歇变换练习法。连续变换练习法普遍适用于周期性的运动项目，如变速跑。对提高同一种身体素质的练习，教师还可以通过改变练习的器械和环境来提高学生的学习效果，如把平时在练习场地内的耐力跑改变成越野跑，把举哑铃变为双杠屈臂撑，等等。

（3）循环练习法。循环练习法是根据练习的任务和需要，教师预先选定若干练习手段作为练习站（点），学生按规定的顺序和练习的要求，依次逐站（点）进行练习的方法。循环练习法是重复练习法和变换练习法的结合形式,其特点是有多个练习手段、练习过程循环、运动负荷较大、练习的程序和要求可根据练习的任务和学生的特点以及教学的条件进行设计。

2. 游戏法和竞赛法

游戏法是指为了完成教学任务而运用的各种各样的游玩娱乐性质的练习的方式。其特点不仅有一定的生活情节和思想性、娱乐性,还具有竞赛因素和趣味性、观赏性,能引人入胜。游戏法形式生动活泼,内容丰富多彩,操作简便易行,是广大青少年学生最感兴趣且乐于参与的活动之一。游戏法有一定的规则要求,能激励学生充分发挥个人和集体的智慧,有利于学生体能、智能和品行的发展,是完成体育教学任务重要而有效的辅助手段。

竞赛法是按照比赛的规则,充分发挥学生的体育技能和体能,通过相互竞争以决定胜负的练习方法。其特点是规则清楚、竞赛激烈,能充分动员学生的体力、智力,发挥学生的技能和潜能以及心理适应能力,可培养学生的良好个性和优良的道德意志品质。运用游戏法和竞赛法时必须注意:一是要有明确的目的。在运用游戏法和竞赛法时,应根据教学目标和学生特点选择并周密细致地组织活动。二是调控好运动负荷。在运用游戏法和竞赛法时,学生大多比较兴奋,运动负荷较易超量。因此,教师应根据规则及其要求、教学内容、时间和场地大小等条件,调控好运动负荷。三是注重对学生的思想和智力的培养。教师在学生活动前,应讲清楚具体的要求。在活动中应认真观察学生的表现,及时指导学生的练习,发展他们的智力和运用技术、战术的能力,并能适时地进行思想品德教育。四是活动结束时需要进行必要的讲评。

3. 自主学习法

(1)探究学习法。探究学习法是体育教师在教学中精心创造条件,向学生直接提出问题或者激发学生提出问题,并以问题为主线,有意识、有目的地引导学生在体育与健康课程学科领域中或者体育活动中获得体育与健康知识、发展和提高运动技能、培养情感与态度、拓展体育素养的一种教学方法。

(2)合作学习法。合作学习法是以教学目标为导向,以异质小组为基本组织形式,以教学中各种动态因素的互动合作为动力资源,以团体成绩为奖励依据的一种教学活动和策略体系。

(3)念动学习法。人的运动技能的形成过程与想象中的技术有直接关系,而用语言或默念的方法对技术动作进行描述,可加深大脑的影响。利用这一原理,将动作要领的描述与回忆同时进行,并在加深理解技术动作的基础上,通过练习,使学生学会自我调节和自我控制,这种学习方法就是念动学习法。

（三）以师生共同参与、互动完成为主的教学方法

1. 情境教学法

在传统的体育教学实践中，一些教师往往只注重知识和技能的传授与训练，而忽视对学生态度、兴趣和欣赏能力的培养，而这些方面在人的成长中又具有非常重要的作用。现代教学理论和实践强调在教学中运用以陶冶情操和欣赏活动为主的教学方法，运用情境教学法就有这方面的意义。

2. 纠正错误动作与帮助法

纠正错误动作与帮助法是体育教师为了纠正学生的动作错误所采用的教学方法。在体育教学中，学生的技能提高是伴随着动作错误的不断出现与不断纠正而进行的。体育教学中的纠正动作错误和帮助，不仅是学生掌握运动技能的需要，也是避免运动损伤的需要。

分析学生产生动作错误的原因，常见的有五个方面：不认真、敷衍了事和概念模糊、受原有技能的干扰、运动能力较差以及在疲劳情况下进行学、练。

纠正错误动作与帮助的具体方法有：一是运用语言和直观方法，使学生建立正确的动作概念，要用生动而准确的描述性语言和手势等帮助学生明确动作的顺序、要领，运用各种诱导性、转移性练习，防止原有技能干扰。二是根据错误动作的性质，可采用限制练习法、诱导练习法和自我暗示法等进行纠正。

纠正错误动作与帮助时应注意：在指出动作错误之时，要充分肯定学生的进步，以利于学生接受和增强改错的信心，切忌讽刺挖苦学生。纠正主要的动作错误，有时主要的动作错误被纠正了，相关的动作错误也就随之消除。要合理使用各种方法纠正动作错误。

三、体育教学组织的概念

体育教学组织是指体育教学活动中师生相互作用的结构形式，是师生的共同活动在人员、程序和时空关系上的组合形式。采用合理的体育教学组织形式，有利于提高体育教学的效率，并使各种有效的教学方法和手段得以在相应的组织形式中运用，也有利于促进教学活动的多样化，从而实现教学的个性化。

四、体育教学组织的基本形式

体育教学组织形式，就是为了完成特定的体育教学任务，体育教师和学生根据一定的体育教学思想、教学目标和教学内容以及教学主客观条件组织教学活动的结构。采用合理的体育教学组织形式，能够提高教学工作的效率并使各种有效的教学方法和

手段得以在相应的组织形式中运用。体育教学组织形式处于动态的发展变化之中，其改变总是同体育教学方法的改革乃至整个教学体系的改革紧密联系。

（一）集体教学

1. 班级授课制

（1）班级授课制的概念。班级授课制是由一定数量、年龄、文化程度和体育基础的学生组成教学班，教师根据规定的教学内容、教学进度和教学时间表，对学生进行集体教学的一种组织形式。班级授课制也叫作课堂教学，具有五个"固定"的特点：一是学生固定。按照学生年龄、文化程度和体育基础分成固定人数的班级，通常由30～50名学生组成。二是教师固定。一般由同一名体育教师对同一班级进行教学，教师对该班体育课全面负责。三是内容固定。教师根据课程标准和教材向学生传授统一的体育教学内容，统一教学进度；四是时间固定。有统一的教学日历，有统一的作息时间表，保证了课与课之间的合理衔接。五是场所固定。有相对固定的运动场地或场所。

（2）班级授课制的优越性。可以大规模地向全体学生进行体育教学，一位教师能同时教许多学生，扩大教师的教学规模，有助于提高教学效率，而且使全体学生同步前进。

以"深"为教学活动单元，能保证学习活动循序渐进，并使学生获得系统的体育健康知识，保证了教学的系统性。

固定的班级人数和统一的时间单位，有利于学校加强教学管理。

在班集体中学习，学生彼此之间由于共同目的和共同活动集结在一起，相互观摩、启发、切磋和评价。学生可与教师及同学进行多向交流，互相影响，从而增加信息来源与教育影响源。

有利于学生多方面的发展。班级授课制不仅能比较全面地保证学生获得系统的体育与健康知识、技能和方法，提高身体素质，提高运动能力，也能保证对学生进行多方位的非智力因素的积极影响。

（3）体育课班级授课制的局限性。教学活动多由教师主控，学生的主动性、积极性和独立性受到一定制约。学生主要接受现成的体育知识，其探索、发现和创造能力难以得到锻炼。由于时间、内容和进程都固定化、形式化，难以容纳和适应更多的教学内容和方法。由于以"课"为活动单元，而"课"又有时间限制，往往将某些完整的教学内容和教学活动人为地分割以适应"课"的要求，割裂了教学内容的系统性。由于强调整齐划一，难以照顾学生的个别差异，不利于因材施教。正是因为班级授课制有以上局限性，人们才努力寻求新的教学组织形式。

2. 分组教学制

分组教学是教师把学生按体育运动能力或成绩分为不同的组别进行学习的组织形式。在体育教学中，一般可以采用以下分组形式：

（1）性别分组。这是按男女分组分别进行教学，特别是高年级男女生，其身体和心理等方面存在较大的差异，有一些运动项目不宜采用混合分组形式。

（2）帮教型分组。根据教学的需要，在体育教学中，可以组织部分学生直接对其他学生进行帮助，形成帮教型分组。例如，有一定专项技能的学生可以在自己所擅长的练习中帮助其他较差的同学，有时还可以指定学生进行"一帮一"的辅导。

（3）同质分组。这是指分组后同一个小组内的学生在体能和运动技能上大致相同。这种分组方法在教学中常自觉和不自觉地得到运用。例如，在短跑练习中，学生总是要找与自己速度差不多的同学一起跑。在进行耐力跑练习时，一圈刚过，队伍就已经分成了几段，这时形成的"集团"就是典型的同质分组。同质分组的优点在于能增强活动的竞争性，符合学生争强好胜的性格，提高学生参与活动的兴趣。但是，同质分组也有其不足之处，如易在学生中形成等级观念和造成"弱势"人群的自卑感等。因此，教师在首次进行同质分组前要给学生讲解清楚。

（4）兴趣分组。兴趣分组即教师根据实际情况确定一节课中几种练习内容，让学生从中选择自己感兴趣的项目进行练习。这种分组适用于男女合班教学，且教学内容、教学目标有着明显的性别差异，有利于培养学生的特长，发展个性，有利于培养学生的体育锻炼习惯，尤其适用于有一定基础的高年级学生及毕业班。

（5）友伴型分组。在体育课分组教学中，体育教师安排关系较为密切的同学在一起练习，这就是友伴型分组。在体育教学中采用友伴型分组，可提高学生的学习热情，使每一名学生都可能体验到体育活动的乐趣。与关系密切的同伴在一起练习，学生的心理会放松，并能得到友情的支持。例如，一名不会打篮球的学生处在一个友伴群体中，若其友伴用友好的态度热情地鼓励他一起打球，并给予指导和帮助，他也会很放松地与友伴一起活动。

（6）异质分组。这是人为地将不同体能和运动技能水平的学生分成一组，或根据某种特别需要将不同体能和运动技能水平的学生安排在不同的组内，从而缩小各小组之间的差距，以利于开展游戏和竞赛活动。例如，在进行接力跑游戏前，通常把跑得较快和跑得较慢的学生合理地分配在各个小组里，以确保游戏的公平性，此时形成的小组就是典型的异质分组。

（7）健康分组。健康分组即教师根据学生各自的健康状况进行分组的组织形式，如体胖组、体弱组和近视组等。这种分组形式更有利于因材施教。

（8）随机分组。这种分组可以通过电脑对姓名的随机排列、猜"手心手背"、玩"包剪锤"、抓阄、抛硬币、报数尾数，甚至采用扑克牌的数字排列或者红黑方梅等分组方法，带有很大的随机性，挑战与机遇并存，很适合游戏和竞赛等活动。

以上各种分组形式并不是孤立的，有时一节课上会综合运用多种分组形式。在实际教学中还有许多其他分组形式，如按身高、年龄、性格和纪律性等分组方法，体育教师可结合实际情况灵活选择，合理把握。

（二）个别教学

个别教学是体育教学组织的基本形式之一。其优点是可根据每个人的能力和特点进行不同的教学指导，纠正个别学生在技术掌握上的个性错误。由于每个人的兴趣、爱好不同，在体育组织教学形式中个别差异是普遍存在的。随着现代教学理论的突破和教学实践的探索，体育教学个别化的趋势也日益强烈。个别教学能充分照顾到每一个学生的不同情况和特点，从而适应并注意学生的个性发展，激励学生主动积极地参加学习活动，培养学生按自己的实际情况自我学习、自我发展。在个别教学的组织中，学生除了直接与教师发生联系外，学生之间也存在着密切联系。在教学中，让学生自由结成"友伴群体"，按教师的要求去锻炼。在互为教练、互相帮助的过程中，更好地发挥学生学习的自主性、积极性和主动性。

五、体育教学组织的基本过程

（一）体育课的准备

1. 钻研教材，设计教法

教材是一堂课的依据和内容，组织教法是如何上好一堂课的重要保证。熟悉教材、钻研教材和研究教法是提高体育课堂教学效果的重要环节。体育教师应认真钻研课程标准和教材，明确教材的意义、任务、特点、内容与要求，不断总结教学经验。设计的教法要灵活，手段要多样，让每个学生有充分发挥自己特长的机会，从而体验到获得成功的快乐和喜悦。

2. 了解学生，准备场地器材

全面了解学生是提高体育教学效果的根本保证之一。教师要分析学生的不同年龄特点、身体健康水平、体育基础和心理状态等因素，要因人而异地采取相应的教学手段，达到提高课堂教学效果的目的。对待怯懦、胆小、反应慢的学生应多表扬和鼓励，培养他们的自信心。对待活泼、爱自我表现和情绪波动大的学生应少表扬，多引导他们发挥其特长，做好每一个练习，培养他们善于集中注意力的良好品质，促使他们不断增强意志、精益求精，从而更好地完成学习任务。

3. 编写体育教学设计

教学设计的编写是体育课准备的必备环节，主要从教学时间、教学对象、教学内容、教学目标、教学过程和时间安排、教法和学法、练习次数和时间、场地器材的规划以及运动负荷的预计等方面着手。

4. 预计体育课的实施效果

对于课的效果预评，应遵循定量和定性预计相结合的原则。定量指标主要包括课的最高心率、平均心率与练习密度等方面，定性指标以学生的情感、态度、交往等方面为主要指标。

5. 安全措施的规划

安全措施的规划是体育教学圆满完成的重要保障。教师要高度重视体育课的安全教育规划，特别是进行器械体育课的教学时，对安全教育和安全措施的采用必须详细具体，以确保教学的安全。

（二）体育课的实施

1. 有明确的发展体能、技能的目标

发展体能、重视运动负荷是体育课教学独有的理论和实践问题。良好的力量、耐力、速度、柔韧、平衡、协调性等身体素质，不仅是青少年健康成长的重要方面，而且是提高学生体育基本技术水平和运动能力的基础。发展体能和提高运动技能水平是相互促进、相互制约的关系，有时只有具备了一定的体能素质才能掌握和完成某项技术动作，而某些动作技术的反复练习过程也能够发展相应的体能。因此，为了提高学生的兴趣和教学效率，应尽量避免过多使用单一、专门的体能练习手段来提高体能，而要多结合运动技能的学习和练习发展相关的体能。

2. 有科学、正确、时效性强的教学内容

在新的社会历史条件下，体育教师要打破传统的"教教材"的观念，树立发展、开放的教材观。教师不能将教材的内容原封不动地"硬塞"给学生，而是要不断学习现代教育教学理论，结合学生的发展水平，把握教材、使用教材，优化教学内容，促进教学内容的现代化。教师要摒弃某些比较陈旧的、不符合学生身心发展的体育项目，增加具有较强时代性的、青少年喜闻乐见的体育项目，如跆拳道、街舞等具有现代元素的体育项目，以提高学生的兴趣，提高其参与的热情。

3. 运用合理的教学方法

关于体育课的教学方法有很多，每一种教学方法都有其优势，有其最合适的适用范围，也有其不足之处。教师在选择时应遵循"教学有法、教无定法、重在得法、贵在创法"的十六字方针，密切结合学生的实际情况和诸多教学条件的实际情况，合理运用教学方法。

4. 合理分配体育课的时间

体育课时间分配的合理性主要依赖于两个因素：一是教师在教学中实际所用的时间是否充分；二是学生专注的时间量。如果教师所用的时间充分恰当，学生注意力集中时间长，效果就会比较好；反之，如果上课时干扰太多，肯定会影响教学效果。

在体育教学中，合理分配时间表现在：一是培养学生的时间意识和高效利用时间的观念。二是体育教学活动最大限度地指向教学内容，教师花在维持课堂纪律方面的时间尽量减少，而调控、偏离教学内容的谈话，过多地讲解与示范，过多地纠正学生错误等行为，都是不当的时间花费，甚至是时间的浪费。三是将更多的时间花费在与教学内容相关的师生互动的过程中，花费在和学生从事学习直接相关的活动上，如增加学生的练习时间，合理安排练习站点和路线，减少学生的练习等待时间；增加学生的比赛时间，减少维持学生秩序、讲解规则、队伍调动方面的时间以及与学习无关的活动上的时间。四是制订周密合理的教学计划，防止体育教学突发事件的发生或恰当、及时地处理各种突发事件，将突发事件耽误的时间减少到最低限度。五是经常评价体育教学时间的利用情况，分析时间浪费的原因，总结经验，减少时间浪费的发生概率。

（三）体育课的评价

体育课的评价是体育教学组织过程的最后一个环节，其目的是要及时发现体育教学过程中存在的问题，以发挥评价的反馈、激励、教学等功能。体育课的评价主要包括教学设计的评价、教师教的评价及学生学的评价，当前呈现出评价主体多元化、评价内容多样化的趋势。

六、体育教学组织形式的发展趋势

（一）班级授课制仍是基本组织形式

迄今为止，班级授课制本身的优势仍是其他教学组织形式无法代替的。班级授课制自创立到运用已有数百年历史，虽然不断遭到批评，但至今仍没有哪种教学组织形式能完全取代它。班级教授课制教学效率高，而且有利于学生之间互相学习、互相交流情感，更有利于培养团结协作的集体精神及学生健康个性品质的形成。班级授课制在不断完善与更新，并在同其他体育教学组织形式相结合的过程中，显示其强大的生命力，仍将是体育教学的基本组织形式。

（二）班级教学规模小型化

班级教学至今仍是世界各国教学的基本组织形式，而要最大限度地发挥课堂教学的优越性，尽可能地因材施教，班级规模的合理性是一个重要的条件。在小班教学中，由于学生人数少，教师的备课量较小，而且不用花大量的时间去管理学生和维持课堂纪律，从而使教师从繁重的日常琐事中解放出来，更能集中精力搞好教学工作，有利于提高教学效果和质量。另外，在小班的课堂教学中，教师增加了与每一个学生接触的机会，并能及时解答学生的疑难问题，每个学生也有更多的机会参与教学活动，有利于因材施教。

（三）教学组织形式多元化

传统的教学组织形式只局限在学校里。科学技术的发展，打破了学校教学的专一格局，使得教学组织形式越来越现代化。在现代社会，单纯追求学校课堂教学形式的完善是不够的，人们把触角伸向课外甚至校外并研究其组织形式，以此作为正规教学的补充和扩展。目前，各种课外、校外活动形式多样，内容丰富多彩，吸引了各种年龄和各种爱好的学生参加。

（四）体育教学组织形式从"教"向"学"的方向发展

传统体育教学组织形式一般是使用传统的体育教学手段，完成特定的教学内容的一种体育教学组织形式。教师处于"中心"地位，而学生只能被动地接受学习。这种体育教学组织形式使我国绝大多数学生逐渐养成被动消极的学习习惯。新的体育教学组织理念主张从教学思想、教学设计、教学方法以及教学管理等方面均以学生为中心。这种教学组织形式有利于激发学生的学习兴趣和进行合作学习，有利于培养学生的主动发现和探索精神，有利于情境创设和对大量知识的获取与保持。

七、体育教学手段概述

（一）体育教学手段的概念

体育教学手段是师生在教学中相互传递信息的工具、媒体或设备。随着时代的变迁和科学技术的发展，教学手段经历了口头语言、文字和书籍、印刷教材、电子视听设备和多媒体网络技术五个使用阶段。传统教学手段主要指教科书、粉笔、黑板、挂图等，现代化教学手段是与传统教学手段相对而言的，指各种电化教育器材和教材，即把幻灯机、投影仪、录音机、录像机、电视机、电影机、VCD 机、DVD 机、计算机等引入体育课堂，作为直观教具应用于体育课的教学中。

（二）体育教学手段和体育教学方法的区别

体育教学方法是在体育教学过程中，教师和学生为实现体育教学目标和完成体育教学任务而有计划地采用可以产生教与学相互作用的、具有技术性的教学活动和行为方式，是每节体育课中体育教师必须采用的。每节体育课中不可或缺的行为方式，更多的是以一种"无形"的方式体现出来。体育教学手段是体育教学中师生传递信息和加强学习的辅助性工具，一般表现为"有形"的实物形态；在没有教学手段的情况下，教学任务也能完成，但是有了教学手段，教学任务会完成得更为理想，学生的学习效果会更好。

（三）现代体育教学手段的分类

现代教学手段是利用现代技术储存和传递教学信息的工具，如幻灯片、投影仪（片）、录音机（带）、电影机（片）、电视机（节目）、录像机（带）、计算机、影碟机等。大致可以分为以下四类。

1. 电声类

电声类包括收音机、录音机、扩音机、激光唱机以及相应的教学软件。该类教学手段能够录取语言和声音，根据需要重放；能够将声音放大，扩大教学面；传递信息迅速，不受时空限制。

2. 电光类

电光类包括幻灯机、投影仪等以及相应的教学软件。该类教学手段能使学生在静止状态下观察扩大的图像；能将某些实物、标本放大显示，放映时间可长可短，不受限制，教学软件的制作较为简单；投影片还可以当成黑板使用。

3. 影视类

影视类包括电影放映机、电视机、录放像机、影碟机、闭路电视系统、广播电视系统、卫星电视系统以及相应的教学软件。该类教学手段能够带给学生视觉和听觉两方面的信息，能以活动的图像，逼真、系统地呈现事物及其变化发展的过程，能调节事物和现象所包含的时间要素，将缓慢地变化或高速的动作清楚地表现出来，能将实物扩大或缩小，具有速效性、同步性和广泛性的特点。

4. 计算机类

计算机类包括程序学习机、多媒体教学系统以及相应的教学软件。该类教学手段能长期储存大量教学资料，供师生在任何时候提取检索；能把学生的反应记录下来，进行综合分析；能为学生创造良好的自学条件，使其按照自己的水平和能力进行学习；能进行远程交互学习，实现资源共享。

（四）现代教学手段的特性

1. 重现性

重现性是指教学手段不受时间、空间的限制，能将记录、存储的内容随时重新使用的性质。不同教学手段的重现能力是不同的，如实时的广播与电视瞬间即逝，难以重现；录音、录像与电影手段能将记录存储的信息反复重放使用；幻灯、投影与计算机课件也能根据教师与学习者的需求反复重现。

2. 表现性

表现性是指各类教学手段表现客观事物的时间、空间、声音、颜色以及运动特征的性质。由于信息不是事物本身而是事物的表征，而不同的教学手段用不同的符号去表征或描述事物，因而对事物的运动状态与规律具有不同的表现力。

3. 传播性

传播性是指教学手段把各种符号形态的信息传递到一定空间范围内再现的性质，有无限接触和有限接触之分。如计算机网络和有线电视系统能将信息传送至较为广阔的范围，而幻灯、投影、录音、录像等只能在有限的教学场所播放等。

4. 参与性

参与性是指在应用教学手段时，学习者有参与活动的机会，包括行为参与和感情参与。如电影、电视、广播等教学手段，具有较强的表现力与感染力，容易引起学生情感上的反映，从而激发学生感情上的参与；而多媒体计算机的交互作用，能使学习者在上网学习过程中根据本人的学习需要控制学习进程。因此，这是一种行为与感情上参与程度高的教学手段。

5. 可控性

可控性是指使用者对教学手段操纵控制的难易程度。幻灯、投影、录音、录像及计算机手段等比较容易操纵，并适合于个别化学习；而广播、电视等能按播出的时间去视听，学习者的自主性不强，且不易操纵。

八、现代体育教学手段的运用

（一）体育教学手段运用的基本模式

1. 辅助式

辅助式是指体育教师根据体育课的任务和要求，主要借助于教学媒体向学生讲授理论知识或传递教学信息，师生进行双向反馈所采用的模式，要求教师选择恰当的媒体和运用正确的方法。在体育教学中，各种新授课经常采用这种模式。

2. 直接式

直接式是指学生在体育教师的统筹安排下，直接借助于教学媒体进行体育学习。这种模式一般适合于具有一定身体锻炼或体育与健康理论知识基础的学生。

（二）现代体育教学手段的选择和运用

1. 体育教学手段选择和运用的基本原则

选择教学手段的基本原则是根据教学手段来促进教学目标的达成并对具有的潜在能力进行选择和利用。这个潜在能力就是指教学手段本身的特性和教学功能。

2. 体育教学手段选择和运用的具体原则

（1）根据学习目标类型和学生特征选择和利用教学手段。

（2）没有一种"万能"的教学手段，即没有一种手段对所有的教学目标都是最佳的，各种手段都有其长处和短处。一种教学手段对某一教学目标来说，可能会比其他手段更有效，但这种手段对于另一教学目标也许就不合适。同时，新的教学手段的产生也不会代替旧的教学手段，它们应作为整个教学资源中的组成部分，各尽其能。

（3）在选择教学手段时，应考虑其易获得性。在现实条件下，应考虑学校或地区能否获得、学生是否可以接触到、教学手段获得使用的手续是否烦琐等因素。

（4）应考虑教学手段的成本效益。通常要考虑使用教学手段可能得到的效益与制作或使用教学手段时需要付出的代价（时间、人力、物力等）的比值。一般来讲，教学效果相同的手段，选择代价低的。

（5）教师必须熟悉所选择和利用的教学手段的内容、技术操作和特性。选择教学手段最终是要使教师在课堂教学中应用，如果教师对教学手段的使用不熟悉，同样实现不了教学手段对教学的促进作用。

第三节　体育教学方法实践研究

一、体育课程实施的意义

（一）体育课程实施是体育课程改革的重要环节

一场完整的体育课程改革通常包括课程设计、课程实施和课程评价三个环节。课程设计是体育课程改革的起始环节，是指研究制定体育课程改革的理想及实现这种理想的具体方案。体育课程的设计包括体育与健康课程标准的研制、体育教科书的编写、地方体育课程方案的制定等内容。课程方案设计好以后就应该进入课程实施环节。课程改革的实践过程包括三个不同阶段：第一阶段是做出使用课程计划的决定，称为"发起"或"动员"阶段；第二阶段是实施或最初使用阶段；第三阶段是常规化或制度化阶段。如果说课程设计与课程实施存在先后顺序的话，那么课程实施与课程评价则是同步并行的。课程评价并不仅仅是对课程实施的结果进行评价，还包括对课程设计质量和课程实施过程的评价。根据发展性评价理论，课程评价的目的是促进教师和学生的主动发展及课程建设的不断完善。从课程改革的角度看，体育课程评价的目的在于了解体育课程设计和实施的情况，及时总结体育课程设计和实施过程中的经验，发现存在的问题与不足，通过课程评价为改进课程设计，促进体育课程的有效实施提供建设性意见。

从体育课程计划与体育课程实施的关系来看，两者是理想与现实、预期的结果与实现结果的过程之间的关系。如果说体育课程设计为体育课程改革的成功提供了可能，那么，体育课程实施就是把这种可能变为现实的过程。

（二）体育课程实施是体育课程价值生成的实质性环节

从体育课程价值和意义的生成来看，关键在于课程实施。体育课程的价值主要体现在增进学生身心健康和提高学生的体育文化素养两个方面。健康，体现着人类对自身前途和命运的基本关怀；体育，是体现这种基本关怀的最佳执行者。追寻健康，体育是最积极、最有益、最有趣的方式。

体育课程对于学生健康成长的重要作用在我国已经达成了共识，"健康第一"已成为我国体育课程的指导思想，增进学生的身心健康已是我国体育课程的重要目标。体育课程实施的根本目的在于达成体育课程目标，在于促进学生身心健康的协调发展，离开了这一目标，体育课程实施将滑入舍本逐末的误区。与此同时，体育课程实施在致力于提高学生在校期间健康水平的同时，也要注重提高学生的体育文化素养，关注学生体育与健康知识、技能、方法的学习和掌握，培养学生终身参与体育的意识和能力的学习。

要确保体育课程健康促进价值的生成，体育课程能否得到有效实施是关键。如果体育课程改革的重点仅仅停留在课程设计阶段，仅仅沉醉于描绘体育课程改革的美好蓝图，而对体育课程实施过程视而不见，体育课程的健康促进价值和体育文化素养的养成价值便会成为海市蜃楼。

（三）体育课程实施是体育教师专业发展的过程

体育课程改革的关键在于有效的课程实施，体育课程实施的关键在于体育教师的实际运作。体育教师对新课程的理解和参与是实施新课程的前提，因为他们最终决定着体育课程实施的走向。体育课程实施是体育教师根据具体的课程情境，对课程目标、内容和方法进行调适的过程。如果体育教师对新课程缺乏兴趣，担心实施新课程会影响自己经验积累而形成的优势，就不可能主动参与课程实施过程，不可能积极地调适体育课程实施方案，体育课程改革将很难取得成功。

在新课程的实施中，体育教师专业水平发展得越充分，按照课程实施的具体情境进行调适的可能性就越大，体育课程实施的水平也越高。促进体育教师的专业发展是体育课程实施的关键所在，提高体育教师实施新课程的兴趣和能力，是体育课程改革成功的重要保证。既要深化体育教师专业教育的改革，又要使广大体育教师明确体育课程改革的意义和目标，充分调动他们的积极性，使体育课程实施的过程变成体育教师主动发展的过程。

二、体育课程实施的本质

(一)课程实施本质的两种主流观点

关于课程实施的本质,至今还没有形成一致的看法,比较具有代表性的观点主要有两种。一种观点认为,课程实施是指把新的课程计划付诸实践的过程。课程实施研究所关注的焦点是课程计划实际所发生的情况,以及影响课程实施的种种因素。这也是20世纪80年代美国学者富兰(M.Fullan)等课程理论专家的观点。另一种观点认为,课程实施即教学,课程实施内在地包含着教学,教学是课程实施的主要途径。这是持"大课程论"学者的观点。第一种观点将课程实施的本质归属为一个动态的过程,在我国这也是被普遍接受的一种观点。教学是课程实施的主要途径,尽管教学在课程实施中占有核心地位,但还有学生自学、社会考察等其他方式来达到实施课程的目的,简单地把课程实施等同于教学的观点是值得商榷的。

(二)从课程层次理论看体育课程实施的本质

20世纪90年代初,当课程实施研究在美国成为一个蓬勃发展的新兴领域的时候,美国课程理论专家古德莱德提出的课程层次理论深刻地触及课程实施的本质。古德莱德认为,课程可以分为五个层次,处于不同层次的课程,其含义是不一样的。一是观念层次的课程(ideological curriculum)。这是尚处于观念之中的课程,往往由研究机构、学术团体和课程专家所倡导。这类课程是否产生实际影响,要看它是否被官方所采用。二是社会层次的课程(societal curriculum)。这是指由教育行政部门规定的课程计划、课程标准和教材,也就是被列入学校课表中的课程,即正式的课程(formal curriculum)。该层次的课程远离学习者,国家和地方通常通过各种政策法规和课程指南来确立教学科目、教学内容、教学时间、教科书和其他材料。三是学校层次的课程(institutional curriculum)。该层次的课程通常以学科的形式组织起来。这类课程大部分源于国家和地方确立的"社会层次的课程",并经过学校的修改。四是教学层次的课程(instructional curriculum)。这是教师规划并在课堂上实际实施的课程。教学层次的课程体现了教师对课程的理解,也体现了教师在课堂上对课程的实际运作,是"理解的课程"(perceived curriculum)与"运作的课程"(operational curriculum)的统一。五是体验层次的课程(experiential curriculum)。这是学生实际体验到的课程。尽管经历了同样的课程学习,但不同的学生会获得不同的学习经验或体验。这也是所有课程层次中最重要的课程,是被学生内化和个性化了的课程。该层次的课程是对课程组织的最终检验——每一个学习者究竟受到了怎样的影响。观念层次的课程和社会层次的课程属于课程设计/课程采用阶段,而学校层次的课程、教学层次的课程和体验层次的课程则进入课程实施阶段。课程变革不仅包括制订和采用课程计划,更根本的还在于课程实施过程。课程的实际含义不仅指各种各样的课程资料，更根本的还在于学校的运作、教师的实践和学生的体验。

从古德莱德的课程层次理论来看，体育课程同样具有含义不同的五个层次。随着我国社会的不断发展，人们越来越认识到学生身心健康协调发展的重要性，研究机构、学术团体和课程专家倡导体育课程要促进学生的健康成长，这就形成了观念层次的体育课程。随着人们对体育课程健康促进价值认识的日益深化，"健康第一"的思想广泛地渗透到我国 21 世纪体育与健康课程标准的制定和体育教材的建设之中，这便是社会层次的体育课程。各级各类学校根据课程方案和体育与健康课程标准开设的体育课和大课间体育活动等属于学校层次的体育课程，而体育教师在课堂教学和大课间体育活动等实施中让学生真正体验到的体育课程，则是教学层次和体验层次的体育课程。无论是观念层次的体育课程，还是社会层次的体育课程，只有学校真正开设了，教师真正运作了，学生真正体验了，才能有效地促进学生的身心发展。

从课程层次理论看，体育课程实施的本质是指把体育与健康课程标准和课程方案付诸实践的动态过程，是提高学生健康素质和体育文化素养，养成体育生活方式的基本途径。这一过程既是体育与健康课程标准和计划的编制者与体育课程实施者之间相互影响、相互作用的过程，体育教师和学生主动发展的过程，也是调和各种体育课程因素，创新体育课程文化的过程。研制好的体育与健康课程标准和课程方案，必须经由课程实施这一环节才具有现实意义，才能发挥体育课程促进学生身心健康发展的作用，才能为体育课程评价提供反馈信息。

三、体育课程实施的含义

（一）体育课程实施是学校与体育课程设计相互适应的过程

学校是体育课程实施的基本场所，也是影响体育课程实施效果的重要因素之一。当前我国体育课程改革的一个重要特点是，国家放宽了对中小学体育课程管理的硬性规定，实行国家、地方、学校的三级管理体制。三级管理体制既有利于国家的宏观管理和指导，也有利于地方和学校实施课程的自主性和灵活性，真正体现体育课程实施统一性与灵活性的结合。

体育课程的有效实施，一方面，强调国家体育课程方案和体育与健康课程标准对地方、学校及学生的适应性。国家制定的体育与健康课程标准要充分考虑我国的国情、教育和社会发展的需要，充分考虑我国广大地区在经济、文化、生活习惯、民族风俗等方面的差异，力求使体育与健康课程标准具有广泛的适应性。另一方面，学校也应主动适应体育课程实施的需要。在充分考虑当地社会、经济发展具体情况的基础上，结合本校的客观条件、体育传统和优势以及学生的兴趣和需要，积极开发和利用各种课程资源，制定适合本校的体育课程实施方案，主动推进新课程的实施。

（二）体育课程实施是促进学生身心健康协调发展的过程

体育课程对于全面提高学生身体、心理和社会适应能力的整体健康水平，促进学生健康成长具有重要价值。体育课程实施的目的在于促进学生身心健康的协调发展，离开了这一目标，体育课程实施将陷入本末倒置的泥潭。学生的健康发展是体育课程实施的具体着眼点和最终落脚点，体育课程实施必须面向全体学生，既要考虑学生已有的发展状况和发展条件，又要科学估计学生未来发展的最大可能。也就是说，体育课程实施要"目中有人"，要着眼于学生身心健康的协调发展。

《国家中长期教育改革和发展规划纲要（2010—2020年）》明确指出："坚持全面发展。全面加强和改进德育、智育、体育、美育。坚持文化知识学习与思想品德修养的统一、理论学习与社会实政的统一、全面发展与个性发展的统一。加强体育，牢固树立健康第一的思想，确保学生体育课程和课余活动时间，提高体育教学质量，加强心理健康教育，促进学生身心健康、体魄强健、意志坚强；加强美育，培养学生良好的审美情趣和人文素养。加强劳动教育，培养学生热爱劳动、热爱劳动人民的情感。重视安全教育、生命教育、国防教育、可持续发展教育。促进德育、智育、体育、美育有机融合，提高学生综合素质，使学生成为德智体美全面发展的社会主义建设者和接班人。"体育课程是促进学生身心健康协调发展的有效途径，是提高国民健康素质和健康水平的基础。体育课程实施既要致力于提高学生在校期间的健康水平，也要关注学生健康意识和终身体育能力的培养，这将增进学生健康并贯穿于体育课程实施的全过程。

（三）体育课程实施是体育教师主动实现专业发展的过程

体育课程实施是体育教师根据实际情况对课程目标、内容和方法进行调适的过程。新课程的实施为教师的"教学创新"提供了广阔的舞台，无论"文本课程""实施课程""心得课程"都需要教师去体验、去创造、去落实，课程改革的成败归根结底取决于教师。从这个意义上讲，教师即课程。体育课程的实施是一个体育课程与教学新文化的再创造过程，体育教师将由课程计划的执行者转变成体育课程的决策者和建构者，由体育教学的管理者转变成学生身心发展的指导者和合作者，由裁定学生体育学习成绩的法官转变成学生健康成长的促进者。从某种意义上讲，体育课程实施的过程是体育教师主动实现专业发展的过程。

四、体育课程实施过程的实质

(一)体育课程实施是一个相互理解的过程

教师与课程设计者之间的理解是体育课程能否有效实施的前提条件。一般认为,教师与课程设计者之间的理解主要指教师能在多大程度上领会课程设计者的思想、把握课程设计者的主旨,并能在课程实施中加以具体落实。通常情况下,好的课程实施就是教师准确无误地领会课程专家(设计者)的意图,并忠实地履行体育与健康课程标准和既定的课程方案。这是一种单向的理解观,即只是强调教师对课程设计者的理解,而忽视课程设计者与教师之间的相互理解。

教师与课程设计者之间是一种理解关系,课程的实施过程也是教师与课程设计者之间互相理解的过程。实质上,教师对课程的理解正是通过其与课程设计者的分享、合作、交流、沟通而获得的。当前正在进行的"自下而上"的校本课程开发模式不仅反映了这一趋势,而且与哲学解释学的理解观是相一致的。在"自下而上"的课程实施中,教师与课程设计者能够直接对话、交流,能就某一问题进行深入探讨,双方都是体育课程开发的主人,都能进行相互理解并分享彼此的经验和智慧。在相互理解的过程中,双方不断达成新的共识,并最终在新的理解的基础上,不断修改、充实,形成新的课程文本。

(二)体育课程实施是一个互动对话的过程

体育课程实施过程是教师与课程设计者进行互动对话的过程。新课程的设计与开发,应通过教师与课程设计者双方的共同参与,探讨课程计划,并提出各自关于体育课程的不同意见,最终以对话的方式不断取得双方的理解。这意味着教师与课程设计者不应是单独的、分工的、相互分离的课程工作者,而应是共同参与到课程研制、开发与实施过程中的合作者。加拿大课程研究者怀特雷(Thomas Whiteley)指出,课程研究人员与从事教学的教师之间的"功能性分离"是课程设计的缺陷。为了弥补这一缺陷,他主张进行"课程实施前的共同研究",即教师与课程设计者之间通过对话、交流而实现理解。由此看来,教师理解课程的过程也是教师与课程设计者进行对话的过程。

体育课程实施过程同时也是师生互动对话的过程,师生对话是教学中课程实施的重要途径。在课堂教学中,师生通过对话,共同探讨课程文本,并建构其自身不同的理解,最终形成新的共识。师生对话是一种特殊的对话形式,有其独特的内涵。师生对话是指师生双方在互相尊重、信任和平等的基础上,通过语言而进行的双向交流和沟通活动。师生对话的核心,是师生作为平等的主体之间的坦诚相见,是师生双方共同在场、互相关照、互相包容、共同成长,这不仅仅是师生之间交往的一种方式,更是弥漫、充盈于师生之间的一种教育情景和精神氛围。在这一过程中，学生的主体地位得以体现，体育课程的价值通过师生之间的对话得以生成。

（三）体育课程实施是一个意义建构的过程

强调提高学生的健康素质和健康水平，是 21 世纪我国基础教育体育课程改革的基本特征。这一基本特征应该从两个方面进行理解：一方面，体育课程应该从过于强调"强身健体"的生物学功能和注重运动技能的传授与学习，而忽视学生心理素质的提高和社会适应能力的培养，转向身体健康、心理健康和社会适应能力的协调发展和共同提高；另一方面，体育课程既要关注学生在校期间健康促进的阶段效益，还要以终身体育思想为指导，注重学生健康促进能力的培养，关注学校体育的远期效益。简而言之，促进学生健康成长，服务于学生未来健康工作和幸福生活的需要，是体育课程的意义所在。

切实提高学生的体质健康水平，促进学生的健康成长，帮助学生奠定终身体育的基础，是体育课程的应有之义，而体育课程实施正是建构体育课程意义的重要过程。学校体育是增进学生身心健康的有效途径，是提高国民健康素质和健康水平的基础，这一观点在我国已基本达成共识。《中共中央国务院关于深化教学改革全面推进素质教育的决定》指出："健康体魄是青少年为祖国和人民服务的基本前提，是中华民族旺盛生命力的体现。学校教育要树立健康第一的指导思想，切实加强体育工作。"正是在"健康第一"思想的指导下，21 世纪我国基础教育体育课程改革提出：要促进学生在身体、心理和社会适应能力等方面健康、和谐的发展，从而为提高国民的整体健康水平发挥重要作用。

五、体育课程实施策略的分类

课程实施策略是指为了实现课程改革的目标，预先根据课程愿景和可能出现的问题制定的实施方案，并在实现目标的过程中，根据形势的发展和变化修订实施方案，最终实现课程改革的目标。美国课程专家麦克尼尔认为，课程实施的策略可以分为自上而下策略、自下而上策略和自中而上策略。自上而下策略是以国家和地区为中心的，采取这种策略来实施课程变革，要求学校中的其他因素要与改革相一致，否则，改革将会受到阻碍或只是暂时得到实施；自下而上策略是作为自上而下策略的对立面提出来的，该策略是以当地或以教师所关心的问题为起点来进行变革的；自中而上策略是基于对前两种策略的扬弃而产生的，这种策略认为，自上而下策略过于依赖附带的奖赏，如别人的认可、事业的进步和对不依从者的威胁，而自下而上策略以个人或群体对改革的倾向为先决条件，如学校文化本身是传统的、守旧的。

麦克尼尔关于课程实施策略的分类是以课程实施的不同主体作为发起者的，分别对应于不同的课程价值取向。即自上而下策略强调忠实取向，主张以国家或地方为中心；自下而上策略强调课程创生取向，主张以教师和学生所关心的问题为起点；自中而上策略作为二者的折中，强调相互适应取向，主张以学校为改革的基本单位是最适当的。然而，我国体育课程实施策略的分类并不能以此为依据，因为我国体育课程实施的主流价值取向是忠实取向，同时兼顾相互适应取向，而课程创生取向对现阶段我国的体育课程来说是超越现实的。体育课程实施需要各个层面的通力合作，可以分为不同层面的实施策略，即宏观策略、中观策略、微观策略。

六、不同层面的体育课程实施策略

（一）高起点低重心的宏观策略

1. 国家是体育课程实施的发起者

长期以来，我国实行的是集权式课程管理体制，全国使用统一的体育课程计划和体育教学大纲，学校、教师缺乏开发、实施课程的自主权；教师形成了根深蒂固的观念，即体育课程实施是忠实地执行课程计划的过程。因此，我国的课程实施策略一直是单一的、发生在国家水平的自上而下策略。尽管目前我国体育课程管理呈现出共享课程决策、共同参与课程开发的民主化趋向，尽管自上而下策略难以顾及学校的具体情境与教师的能力和看法，但在实施一个目标明确一致、设计精确的体育课程计划时，这种策略无疑是最有效的。因此，在宏观层面来讲，国家应被确定为体育课程实施的发起者。

2. 学校是体育课程实施的基本单位

强调国家是体育课程实施的发起者，强调忠实取向是我国体育课程实施的主流取向，意味着体育课程实施的高起点。不过，无论采取哪一种课程实施策略，也不管采用哪一种价值取向，由于学校在教育中所处的特殊位置，决定了任何一次体育课程改革，都必须经由学校这一环节，体育课程的理想才可能转变为现实。这一点是不以采取的课程实施策略和价值取向为转移的。如果说体育课程改革的起点在国家，那么，体育课程实施的重心无疑在学校。

（二）追求实际效果的中观策略

1. 紧紧抓住体育课程的本质目标，不能舍本逐末

体育课程目标是体育课程实施活动期望达到的预期结果，是开展计划、实施、评价等体育课程实践活动的重要依据，是衡量体育课程实施效果的重要标准。随着人们对学校体育认识的不断深化，体育课程目标也呈现出多元化的发展趋势，主要包括增进健康、增强体质的目标，教育的目标，掌握运动技能的目标，提高体育文化素养的目标，竞技的目标，休闲娱乐的目标，终身体育的目标，促进学生个性发展的目标等。

面对多元化的体育课程目标，越来越多的人开始感到无所适从，因为他们不明白究竟哪个目标才是体育课程的核心追求。特别是"三维健康观"的提出和实践，似乎淡化了体育课程"强身健体"的本质功能。实际上，促进学生的体能发展，才是社会发展对体育课程的时代诉求。不要动辄以"生物体育观"片面否定发展学生体能的重要性，否则就会滑入舍本逐末的误区。从中观层面来看，体育课程的实施应该牢牢抓住"强身健体"这一本质目标。

强调体育课程目标要高度关注学生身体健康的发展，并不意味着要淡化运动技能的教学和漠视学生的情感体验。身体健康水平的提高与运动技能的学习和掌握及体育兴趣和能力的培养是一种相辅相成、相互促进的关系。体育课程目标的制定应该重点突出、主次分明，体育课程实施应该力求做到"汗""会""乐"。"汗"，即强调体育课程实施活动必须具有一定的运动负荷，有利于促进学生的身体健康；"会"，即强调要促进学生运动技能的掌握和体育文化素养的提升及终身体育能力的培养；"乐"，即要做到寓教于乐，使学生充分体验体育课程的乐趣，进而培养学生的体育兴趣。

2. 体育课教学要讲究实际效果

在新课程的实验中有学者提出，传统的体育教学方法重视教师的教，忽视学生的情感体验，最终导致许多学生不喜欢体育课。因此，体育教师要注重激发学生的体育学习兴趣，使学生在有趣的气氛中和愉快的体验中获得更多的知识和技能，指导学生进行有效的学习。只有这样，体育教学才能取得最大的效益。

然而，任何学习方式的运用都不是毫无限制的，再好的学习方式也不能滥用。例如，自主学习在活跃教学气氛、激发学生的学习兴趣、帮助学生体验教学的乐趣等方面有其特殊的作用。但是，就是这种好方法如果使用无度，整堂课甚至整个学期都让学生自主学习，必然会淡化教师的主导作用，降低教学的效率。再如，如果过度使用探究学习，就可能使教学效率大打折扣，甚至可能把体育课上成研究课。此外，自主学习、探究学习、合作学习在促进学生的体能发展和技能掌握方面的作用并不十分明显，这也是体育课教学需要正视的问题。美国课程论学者加里·鲍奇曾经指出，正像木匠、电工和水暖工等必须为特定的任务选择合适的工具一样，教师必须为某一学习结果选择合适的教学策略。只有充分认识各种学习方式的利弊，根据教学目标、教材特点等合理选用学习方式，才能扬长避短，真正提高教学效果。

体育课的运动负荷和练习密度是实现体育课程目标的重要因素，是促进学生体能发展和技能提高的必要保证。因此，体育教师从事体育课教学必须重视运动负荷。课前，在了解学生与钻研教材、教法的基础上，认真设计课的练习密度和练习强度。课中，对学生承受运动负荷的情况，应随时做出正确的判断，并根据教学的实际情况及时加以调整，以保证教学的顺利进行和学生的身体安全。但是，不能把体育课的运动负荷设计与实施绝对化、机械化。重视和合理安排体育课的运动负荷，是为学生更加有效地学习和掌握运动技能与锻炼身体服务的。

3. 重视课外体育活动的重要作用

体育课教学与课外体育活动是体育课程实施的两条主要途径，这两条途径相辅相成。对于体育课程的有效实施来说，体育课固然重要，但课外体育活动也必不可少。不能狭隘地把体育课程改革理解为体育课的改革，因为仅仅通过每周开设的有限的体育课时很难实现体育课程目标。

七、落实体育课程实施策略的要求

（一）坚持高起点与低重心并重的宏观策略

体育课程实施应该坚持高起点与低重心的宏观策略，因为这样既有利于保证国家体育课程意志的真正落实，又有利于区别对待各中小学生千差万别的体育课程情境。不能把体育课程实施理解为按图索骥式的单向度线性过程，在强调忠实执行国家体育课程计划的同时，各地、各学校也应发挥各自的主观能动性，因为学校才是体育课程实施的基本单位。

（二）坚持重形式更要重效果的中观策略

无论体育课程的目标分化为多少个，其本质目标始终只有一个，那就是"强身健体"。体育课程实施应避免重形式而轻实效的现象，体育教学方式的选用要充分考虑各种体育教学方式的特点和作用，服务于实现促进学生体能发展和运动技能提高的需要。无论是体育课还是课外体育活动，都应该强调"汗""会""乐"。要切实提高体育课程实施的实际效果，就必须保障课外体育活动的时间，发挥课外体育活动的重要作用，从而使体育课程实施不仅有效果，而且有效益，更要有效率。

（三）坚持尊重学校具体体育课程情境的微观策略

体育课程在学校这一微观层面的具体运作，无论是课程目标的确定，还是课程内容的选用及课程实施方案的制定，都要关注各地区、各学校在课程情境方面的差异。体育课程在学校的具体运作主要包括理解与内化、酝酿与准备及运作与体验三个阶段。体育教师要正确理解国家体育课程改革的精神和基本理念，发挥相关人员的集体智慧，精心设计本校体育课程的实施计划，使体育课程实施的过程成为学生体能发展与技能提高的过程。

八、体育课程实施的主要途径

（一）体育教学是体育课程实施的核心途径

体育教学是体育课程实施的核心途径，在基础教育体育课程改革日益深入的时代背景下，体育教学应树立与现代体育课程相适应的教学观念。

1. "健康第一"的体育教学价值观

随着我国科学技术的迅猛发展，生产力水平的日益提高，以及经济社会的不断进步，人们的日常生活发生了极大的变化，物质生活条件大为改善，精神生活越来越丰富。生活在现代社会的人们享受着人类历史上前所未有的物质文明成果，但科技的进步和经济的发展在给人们生产与生活带来舒适与方便的同时，也给人们的身心健康带来了前所未有的威胁。当代中国社会的发展影响着人们的身心健康，也给体育课程与教学的功能和价值赋予了新的时代内涵。

"健康第一"是指体育教学首先要服务于学生的健康成长；从"生物体育观"到"二维健康观"，从增强体质到增进健康，适应中国社会进步的体育教学正在建立以健康促进为主导的价值观念；过去比较重视增进学生身体健康这一维度，而对促进学生的心理健康与社会适应维度重视不够。有人批评这种倾向只重视体育课程教学显性的生物学效果，而忽视隐性的心理学和社会学效果，现"纯生物体育观"的表现，见物不见人，这种批评不无道理。体育新课程积极倡导世界卫生组织提出的"三维健康观"，无疑是一种进步。然而，在关注学生身体健康、心理健康和社会适应协调发展的同时，体育课程与教学改革始终要高度关注学生的身体健康，增进学生身体健康仍然是体育教学所要关注的焦点。

2. 技能引领的体育教学内容观

运动技能的教学不仅是实现体育课程目标的重要途径和主要载体，而且运动技能的掌握和提高也有助于激发学生的体育兴趣，有助于终身体育习惯和能力的培养，有助于健康生活方式的养成。正是由于运动技能的教学在体育课程中具有重要的作用，美国、日本、俄罗斯、英国等国家普遍重视运动技能的教学。因此，体育课程在实施过程中，要树立运动技能引领的教学内容观，要优化运动技能的教学。在体育课程实施的实践工作中，要从促进学生身心健康发展的目标出发，精选有助于发展学生的身心健康、有助于学生养成体育锻炼习惯的运动技能，改变教学方法训练化的做法，进行竞技运动的教材化改造，不过分追求运动技能传授的系统性与完整性，不苛求技术动作细节。

体育新课程的一个显著变革是没有规定具体的教学内容，但这并不意味着运动技能的教学不重要。恰恰相反，这体现了新课程对运动技能教学的重视，为运动技能的个性化教学创造了广阔的舞台。因为我国幅员辽阔，全国各地的季节气候、人文习俗、经济发展、教育水平、体育基础等千差万别，运动技能的教学不应该也不可能千篇一律。因此，在体育教学过程中，教师要善于分析学校本身的体育课程情境和学生的体育学习需求，恰到好处地选择运动技能，重视通过运动技能的教学全面达成体育课程的目标。

3. 交往互动的体育教学过程观

当代体育教学观念认为："体育教学应在师生平等对话的过程中进行。""学生是体育学习的主体。""教师是学习活动的组织者和引导者。"这些表述强调体育教学过程是师生交往、共同发展的互动过程。在这个过程中，以体育教师为主导，以学生为主体是一种辩证的统一。要最优化教与学的基本功能，既要把以学生为主体作为实施体育教学的基本点，又要使体育教师为主导成为实现学生为主体的根本保障。体育教师要教学生不知道的、教学生体会不到的、教学生不可能想到的，也就是说在学生最重要之处、最需要之时，给学生以指导和帮助，使学生迈上一个更高的认识层次，为学生以后的发展铺设台阶、注入动力、奠定基础。由此引导学生积极主动地学习，使体育教学过程成为学生在体育教师引导下主动的、富有个性的认知过程。

交往互动的体育教学过程观意味着学生主体性的凸显、个性的表现及创造性的解放；意味着教师的教学不再仅仅是体育基础知识、运动技能及体育方法的传授过程，而是与学生一起分享理解的过程，是教师专业成长和自我发展的过程。交往还意味着教师角色定位的转换：教师由教学中的主角转向"平等中的首席"，从传统的知识传授者转向现代的学生发展的促进者。新课程倡导的自主学习、合作学习和探究学习正是以教学过程是师生交往、积极互动和共同发展的过程为基础的。

需要指出的是，提出体育教学是师生交往和积极互动的过程，并不意味着要淡化教师的主导作用，而是要优化教师的主导作用。

4. 促进发展的体育教学评价观

自20世纪70年代以来，以美国和日本为代表的西方国家开始反思传统体育教学评价的弊端；随着美国和日本等西方国家学校体育的不断发展，其体育教学评价的改革与发展呈现出共同的发展趋向。

（二）课外体育活动是体育课程实施的重要途径

从体育课程的内在含义来看，体育课程并不仅仅是指体育课或体育教学，体育课程内在地包含着课外体育活动；如果说体育课主要以学科课程的形式开展教学活动的话，那么，课外体育活动更多地属于活动类体育课程。以体育课为主的学科类体育课程和以课外体育活动为主的活动类体育课程正如车之双轮，鸟之双翼，相辅相成，相得益彰，不可偏废。

1. 需要大力推广的大课间体育活动

自教育部推广大课间体育活动以来，大课间体育活动的积极作用日渐得到了认同，广大城乡学校开展了积极的尝试，积累了许多有益的经验。例如，在活动内容上，要以本校活动为主，形成各校自身的特色，把民间和民族传统的体育项目纳入大课间活动内容，如小组合的武术操、秧歌操、健身操、跳竹竿舞、滚铁环、打陀螺、玲珑球、跳龙舞等。同时，也可将中小学生喜闻乐见的一些新兴体育项目如街舞、滑旱冰等纳入大课间活动。在运动负荷上，应以适宜的温和型的中小负荷为主，这既有利于提高学生体能水平，又不影响学生下一节文化课的学习。

大课间体育活动改变了过去那种一成不变、单调枯燥的课间操形式。在时间上，由原来的 15 分钟延长到 25～30 分钟；在功能上，由调节心智功能拓展改为健身和育人功能；在内容上，充实学校的自编操、武术操及各种小型多样的体育活动与体育游戏；在参与形式上，由原来的"教者发令，学者强应"改为全体师生共同参与。大课间体育活动具有较强的综合效益，既有利于发展学生的体能素质，又有利于学生运动兴趣的激发和运动技能的提高，促进终身体育习惯的养成，还有利于良好心理品质及社会交往能力的培养。不仅如此，在师生共同参与的形式下，不仅有助于师生之间的沟通与交往，有助于新型师生关系的建立，而且有助于提高教师的健康水平，从而有助于提高教师的工作和生活质量。

2. 升华校园体育文化的体育节

节日意味着喜庆、欢乐、祥和，体育节则是以体育活动为主题，全体师生共同参与的节日。体育节意味着获胜不再是唯一的目的，意味着由敬而远之到亲身体验，意味着由竞赛到健身、育心、休闲、娱乐的转变，意味着以人为本的体育教育思想的回归；意味着校园体育文化的升华。体育节践行"重在参与"的奥林匹克精神，其目标在于促进全体学生的健康成长，在于提高学生的体育文化素养，在于形成具有本校特色的校园体育文化。体育节有助于改变传统校运会"少数人干，多数人看"的现象，每逢学校体育节，加油声、呐喊声响彻校园，场面之热闹是任何其他校园活动都难以比拟的。体育节能起到展示学校体育成果、提升班级凝聚力的积极作用，体现了素质教育倡导的全体性和主体性，符合学校体育健康第一的指导思想和休闲化、娱乐化、大众化的发展方向。

体育节的参与对象，具有广泛的全民参与性，师生同乐，甚至可以邀请家长参与，办成亲子体育节，其影响更为深远。体育节的活动内容，既可以是学生喜闻乐见的竞技体育项目，也可以是休闲娱乐健身性更强的大众体育项目，还可以是趣味性和挑战性很强的新兴运动项目。体育节的时间安排，可以是连续的 2～3 天甚至一个星期，也可以是间歇的分散安排。

（三）隐性体育课程是体育课程实施的辅助途径

"隐性课程"一词与课程一样，其含义分歧而不统一。在我国课程理论界，隐性课程的称呼各种各样，主要有隐形课程、潜在课程、隐蔽课程、非显性课程、非正规课程等。隐性课程（hidden curriculum）是与显性课程（manifest curricdum）相对应的范畴：如果说显性课程是学校教育中有计划、有组织地实施的正式课程（formal curriculum）或官方课程（official curriculum）的话，那么，隐性课程则是学生在学习环境（包括物质环境、社会环境和文化体系）中所学的预期或非计划性的知识、价值观念、规范和态度。这些当然是非正式的、非官方的课程，具有潜在性（latent）。显性课程与隐性课程共同构成学校课程的全貌。隐性课程具有暗示性、多样性、无意识性、长期性和间接性等特性。

随着体育课程研究的日益深入，人们开始意识到隐性体育课程的作用，对隐性体育课程的研究也日渐增多。然而，对隐性体育课程的含义、特点及其开发的基本原则和方法等还没有形成较为一致的认识。例如，有些人热衷于在体育教学的范畴内探讨隐性体育课程的问题，这就不符合隐性课程的含义和特性，因为体育教学显然是有目的、有计划和有组织地进行的，属于显性课程和官方课程。相对于体育教学和课外体育活动两个体育课程实施的主要途径来说，隐性体育课程的开发理所当然地属于辅助途径，但其作用不容忽视。例如，校园体育文化的建设和体育教师的言行举止，很可能对学生产生潜移默化的影响，这种潜移默化的影响有时甚至超过了体育课、课外体育活动等显性的体育课程。因此，加强隐性体育课程的研究，有助于丰富体育课程实施的途径，有助于体育课程目标的全面实现。

九、体育课程在学校实施中的基本步骤

（一）理解与内化阶段

倡导课程共建是当前体育课程改革的一种趋势，新课程的实施为体育教师的课程实践提供了创新的舞台。无论是体育与健康课程标准，还是体育课程方案和体育教科书，都需要体育教师去理解、去体认、去再造、去落实。相对于以往的"体育教学大纲"而言，当前正在实施的《体育与健康课程标准》无论是在课程理念、课程目标、课程内容、课程评价，还是在课程实施方面，都有了很大的变化。体育教师不应该机械地"照本宣科"，实际上也不可能"照本宣科"，因为在新课程的条件下，体育教师已由体育课程计划的执行者转变为体育课程的建构者。"建构"并不是随遇而安，更不是为所欲为，而是建立在一定理论基础之上的一种课程行为。虽然新课程强调课程决策者、课程计划制定者及课程实施者之间的相互理解和互动对话，但进入操作层面的理解，在很大程度上是指体育教师对体育课程改革的精神、体育与健康课程标准的主旨及体

育课程计划制定者的意图的理解。体育教师对新课程的正确理解，是体育课程成功实施的前提条件。

体育教师作为联系学生与体育课程的桥梁，是体育课程实施的重要主体，是体育课程新理念能否成功实施的关键因素。无论体育课程改革的思想多么先进、计划多么周详，如果没有被体育教师很好地理解并推行下去，体育课程改革效果就很可能事倍功半甚至无功而返。新课程倡导"健康第一"的指导思想，体现体育课程的时代性，强调以学生发展为中心，关注每个学生的发展……旨在通过教学方式的变革，促进学生学习方式的改变。这些新的课程理念，并不是体育教师在传统的体育教学中所熟悉和经常运用的，需要体育教师的重新学习、理解和内化，以实现由课程理念向课程行为的转变，提高适应新课程要求的能力。

（二）酝酿与准备阶段

经过理解和内化的课程理念要外化课程行为，要进入教师运作和学生体验的阶段，还必须经过酝酿与准备这一中间环节。酝酿主要是指对具体的体育课程实践工作进行思考与协商，思考主要是教师的个体行为，而协商则是集思广益的集体行为。任何一所学校，在实施体育课程的时候，都必须考虑如何结合本地区和本学校的具体情况，确保体育与健康课程标准和体育课程方案等"文本课程"转化为切实可行的课程实践；这需要体育教师树立课程意识，具备课程开发的技能，实现由"传技型"体育教师向"建构型"体育教师的角色转变，通过与学校领导及同事的交流和沟通，初步构思体育课程实施的设想。

体育课程实施的准备工作主要包括学校课程方案和体育教学工作计划的制订，课程决策是当今世界课程改革的一个普遍趋势，这种趋势既体现在课程管理体制的变化中，也体现在课程方案的制定中。在新的课程管理体制中，国家、地方和学校各司其职、各负其责。教育部对体育课程进行总体规划，制定体育课程的管理政策和体育与健康课程标准；省级教育行政部门依据国家课程管理政策和本地实际情况，制订本省（自治区、直辖市）实施国家课程的计划，规划地方课程；学校在执行国家课程和地方课程的同时，应视当地社会、经济发展的具体情况，结合本校的传统和优势以及学生的兴趣和需要，开发或选用适合本校的课程。需要指出的是，新课程的实施方案和教学计划与传统意义上的体育教学工作计划，无论是形式上还是内容上都存在很大的区别。新课程强调课程方案与教学计划的制订要树立明确的目标意识，要把学习目标的达成作为主线来安排教学，而不是以教学内容的系统性来设计教学方案。

（三）运作与体验阶段

运作与体验是体育课程实施过程的核心环节，经由这一环节，体育课程的价值才能得以生成：运作是指教师的运作，体验是指学生的体验。教师运作的课程与学生体验的课程，既相互区别，又相辅相成。从体育课程实施的过程看，无论是以专家为主体设计开发的国家课程和地方课程，还是学校自行开发的校本课程，都必须经过教师的理解和运作才能转化为学生体验的课程。日本课程学者佐藤学教授认为，无论是作为"公共框架"的课程，还是作为学校"教育计划"的课程，在课堂情境中只能靠"教师的课程"——被每一位教师的意图、解释、构想、设计所演绎的课程——来发挥其现实的功能。

教师的运作与学生的体验是高度统一的，这种统一的实质是交往与互动。交往与互动意味着教师角色的转换：教师由教学中的主角转向"平等中的首席"，从传统的体育知识与运动技能的传授者转向学生身心健康发展的促进者。当体育课程由高度统一走向民主共建，由封闭走向开放，由专家走向教师，由学科走向学生的时候，体育课程就不再只是"文本课程"，而是教师脚踏实地运作的课程，是学生实实在在体验到的课程。

十、体育课程实施路径的基本要求

（一）正确解读国家体育课程的基本理念，明确学校体育课程的目标

在我国，教育部制定的体育与健康课程标准是经过一段时间的研究、实践和科学论证而形成的，从总体上看，具有科学性和可行性。不过，不要以为学校体育课程的开发就是体育教师忠实地执行体育与健康课程标准的简单过程，因为在实施过程中必须有一个理解的过程，教师的课程实践行为总是建立在一定理解基础之上的。

在新课程的实验过程中，有专家在观摩课后点评说："这堂课好就好在淡化了运动技能教学，我们学生要掌握的是运动技能而不是运动技术：前滚翻不必要求滚成直线，两膝不分开，起立要迅速，站稳手上举；学习投篮不必关注能否命中；学习支撑跳跃，不必考虑技术环节，学生能从器械上爬过去就是好样的……"如此解读《体育与健康课程标准》，必然导致轻视运动技能与体育文化的学习，排斥发展学生的身体素质，贬低教师的主导作用,否定体育学习的终结评价，最终把体育课程教学引向虚无的境地。实际上，《体育健康课程标准》课程目标的第一条就明确规定：通过体育与健康课程的学习，学生将增强体能，掌握和应用基本的体育与健康知识、技能、方法。由此可见，正确解读国家体育课程的基本理念，明确学校体育课程的目标是何等的重要。

（二）充分调动课程资源，制订切实可行的实施方案

体育课程在学校层面实施的范围和水平，一方面，取决于课程资源的丰富程度；另一方面，取决于课程资源的开发和运用水平。虽然我国学校体育课程实施的条件得到了不断的改善，但仍然难以满足体育课程实施的需要。

（三）课内与课外双管齐下，确保体育课程落到实处

尽管体育课的教学是实施体育课程的核心途径，但并不是唯一途径，体育课程的实施效果赖于课程与课外双管齐下。近几年来，不少学校在体育课的教中进行了积极的尝试，深化了对新课程的认识，为体育与健康课程标准的修订积累了宝贵的经验。然而，不能狭隘地把体育课程改革理解为体育课的改革，因为仅仅通过每周2～3节体育课很难实现体育课程目标，也无法达到教育部的"每天锻炼1小时，健康工作50年，幸福生活一辈子"的要求，学校体育界对体育课程究竟是学科课程还是活动课程的看法并不一致，其实，以体育课形式出现的体育课程类似学科课程，而以课外体育活动形式出现的体育课程则属于活动课程，学科课程性质的体育课与活动课程性质的课外体育活动应齐抓并进，才能更有助于实现体育课程目标。

然而，课外体育活动在我国并没有受到应有的重视。长期以来，课间体育活动仅限于学生做操，并且多年来同做一套广播体操，在偌大的中国几十年竟没什么变化，其内容单一、乏味，形式机械、呆板。

第三章　高校体育教学模式建构与应用

第一节　体育教学模式的建构理论与应用

一、发现式的体育教学模式

（一）含义及教学指导思想

其也被称为"问题解决式教学模式"或"创造式教学模式"等，是主张通过体育教学，使学生既懂又会，并使学生通过学习运动的原理，掌握灵活的运动学习方法，提高体育教学"智育"因素。这种理性的为终身体育服务的教学模式，主要遵循在体育教学中学生认知的规律来考虑教学过程。

（二）教学过程的结构特征

这种教学模式在设计时，先将运动教材中有关原理和知识进行归纳和整理，组成"课题串"和"问题串"，每个问题都有其验证、讨论和归纳的方法，然后将几个大的问题分别放在各节课中；课的教学过程一般有问题提出、验证学习、集体讨论、归纳问题、得出结论等几个学习阶段，运动的学习和练习则紧密地穿插其中，多采用提问、设疑、讨论等教学方法。

（三）具体案例

教师进行跨栏跑教学，单元按课题"什么是跳栏、跨栏、跑栏""跨栏为什么要攻栏""攻栏的要素""如何练习攻栏的动作""你的同伴的攻栏动作如何"等相互有关联的问题，放在8个课时的单元中进行教学。如第三节课时，课题是"攻栏的要素"，教师先让学生测量自己起跨点到栏的距离和下一栏第一步着地点与栏的距离，以诱导学生认知攻栏的技术结构，在实地验证和讨论中得出攻栏与速度、身体柔韧性与技术之间的关系，使学生找到练习的方向，并实践如何理性地进行运动学习的过程与方法。

二、注重发展学生主动性的体育教学模式

（一）含义及教学指导思想

这是概念比较广泛、类型多样的一类教学模式，"主动性教学""自主式教学""自练式教学""学导式教学"等大概都属于这类教学模式。这类教学模式都主张尊重学生的自主性和自发性，强调给学生以自主学习的空间和机会，使强制性的死板的教学转变为生动活泼的教学，从而提高体育教学质量，培养学生学习积极性和主动性。

（二）教学过程的结构特征

由于激发学生主动性的途径和方法很多，因此"主动性"教学模式过程也较多，但它们的共同特点是都有一个可以让学生发挥主动性的教学环节。有的是让学生概括教学内容进行准备活动，有的是让学生在一定程度上自选学习方法和进度，有的是让学生进行自主的相互评价，等等。当然，根据教学对象和教学条件这些环节可长可短，形式也可以灵活多样，采用的比较多的方法有小组学习、自练和使用学习卡片等。

（三）具体案例

教师让学生两人一组轮流设计一堂课，并在教师指导下，担当课中一半时间的教学。学生首先要根据教师提出的基本要求将设计出来的教案交教师批改，教师批发后交还给学生备课，上课时，教师进行必要的指导。一个学期后，每位学生都担任过一节课的教学，同学们也在相互的配合中知道了应如何主动地学习，进一步激发学生的学习主动性，培养学生的组织能力。

三、注重让学生体验成功的体育教学模式

（一）含义及教学指导思想

"成功体育教学模式"，是近年来国内"成功体育"教学思想指导下开始逐步形成的教学模式。在国外，如日本和澳大利亚都有类似的体育思想和相近的教学模式，是一种主要面向学习有困难的学生，主张让每位学生都体验到运动学习乐趣积累小的成功为大的成功，以形成学生从事体育运动志向和学习自信心的教学模式。该教学思想有如下特点：①主张让学生多体验成功但不否认过程中的失败；②既强调竞争的作用也重视协同的作用；③主张将相对评价与绝对评价相结合；④主张营造温暖的集体学习氛围；⑤强调既懂又会的学习效果。

（二）教学过程的结构特征

其教学过程的结构特点是在单元的前期和后期都有一个经过改造过的练习或比赛

方法。这些方法多采用"让位""相对评价"等手段将练习和比赛变成一个使技能好坏的同学都能参加和享受到成功乐趣的活动。通过引进环节使每位同学都有一个针对自己条件的努力目标,帮助学生建立起学习自信心,最大限度地激发学生的学习积极性。

(三)具体案例

教师上跨栏跑教学,在单元的第一节课中,让学生按身高的不同,先进行60m栏比赛(栏距、栏高可不完全相同)并测得成绩,将学生以前的60m跑的最好成绩与跨栏跑60m的成绩比换成系数(如a学生的60m为8',60m栏为10',其系数为0.8),教师提出在今后的学习和练习中,每位同学都应在改进技术和加强身体素质的同时,不断提高自己的系数,如设定系数目标为0.85。当每位同学在自己的基础上有了各自的目标后,就以小组进行练习,让同学之间相互关心和相互帮助,最后要进行小组间的比赛。总结时对那些系数提高快的学生进行表扬,学习成绩以系数进步度和绝对成绩分别计分,进行评价。

四、选择制式体育教学模式

(一)含义及教学指导思想

选择制式体育教学模式,是主张通过让学生对学习内容、学习进度、学习参考材料、学习伙伴、学习难度等因素进行一定程度的自选自定,调动学生的学习积极性和主动性,在一定程度上满足学生在运动学习中的不同需要,并在自主性、自立性较强的学习过程中形成学生的学习能力的教学模式。

(二)教学过程的结构特征

其教学过程结构会根据可选内容的不同有一定的差异,在单元的规模上也有较大的变化:有让学生选择不同学习内容的特大单元(如半学期或一学期),也有只让学生选择学习难度和进度的常规单元。课中以"同一课题小组"(进行同样选择的学生组成的小组)进行学习为主,教师轮回教学和指导。

五、领会教学式的体育教学模式

(一)含义及教学指导思想

领会教学式是由英国学者嘉宾等在20世纪80年代提出的一种改造球类教学的教学过程结构,是试图通过从整体开始学习的新教程,改变以往只追求技能,甚至是枝节的技能,而忽视了学生对整个运动项目的认知和运动特点的把握的缺陷,以提高球类教学质量的教学模式。

（二）教学过程的结构特征

其教学过程结构特点主要体现在单元的教学上，表现在从过去的"由局部和分解开始学习到整体学习"变为"由整体学习到局部学习再到整体学习"的教学过程和模式。

第二节 高校体育教学模式现状与发展

一、大学体育教学模式概念

体育教学模式由三个基本的要素组成：教学指导思想、教学过程结构、相应的教法体系。这三者的关系是：教学过程结构是支撑教学模式的"骨架"；教学方法体系是填充教学过程的"肌肉"；而教学指导思想则是内含在"骨骼"与"肌肉"中，并起到协调和指挥作用的"神经"。教学指导思想（神经）体现了教学模式的理论性，教学过程结构（骨骼）体现了教学模式的稳定性，教学方法体系（肌肉）则体现了体育教学模式的直观性和可操作性。

二、大学体育教学模式现状分析

从理论上看，我国大学体育的教学模式有六种，分别为：分层教学模式，即按不同基础分组教学；分组教学模式，即按人数、性别等分组教学；学导教学模式，即先学理论和方法，再实践练习；合作教学模式，即分配任务和目标，要求学生团队合作完成任务；情景教学模式，即利用设计情节或导入故事，激发学生兴趣和学习欲望；竞赛教学模式，即组织比赛、游戏，增加趣味，促进有益竞争。

然而，现实中，我国高校体育教育所遵循的教育、教学理论，自20世纪50年代以来基本上没有脱离凯夫体育教育理论的框架。20世纪80年代以来，虽然引进了不少国外的体育教育、教学理论和方法，但从整体上说，体育教育理念、课程设置、教材内容、教学方法及教学组织形式等方面的发展变化并不明显，仍存在许多弊端。

因此，我国高校体育教育应该改革现有的教学模式，根据不同的培养目标和性质要求，采用不同的教材内容、教学方法、教学组织形式、评价方法等。在高校体育教学改革中，突破单位纯运动技术教学，加强培养体育能力，适应现代社会进步的需要，迫切要求提高每位大学生的素质。提高大学生的素质需要从六方面入手，即身体锻炼能力（其中主要着眼于学生自学、自炼、自调和自控能力的培养），运动能力，开拓创新能力，组织管理能力，保健能力，运用体育环境和条件能力。这六种能力既是独立的，又是相互关联、不可分割的，而且相辅相成，相互作用。

三、大学体育教学模式展望

随着社会的不断进步，经济的不断发展，人们追求健康、快乐的愿望也进一步地提高。目前，在体育经济领域中出现的体育俱乐部的运作形式也已经进入高校，在高校体育教学活动中扮演着重要的角色。它代表着我国高校体育教学模式的一种新的发展趋势。

当前我国高校体育俱乐部模式主要分为三种类型：课外体育俱乐部、课内体育俱乐部和课内外结合的体育俱乐部。在这三种类型中课外体育俱乐部最早形成，是以拓展学校体育功能，培养良好的体育习惯和行为为主要目标。它主要以课外活动的形式出现，一直被各大院校普遍采用，表现出较强的生命力。课内体育俱乐部模式是近几年高校教学改革的热点，以现代化的教育思想和教学理念为依托。课内外结合的俱乐部模式是伴随着素质教育的兴起提出的，以终身教育的思想为指导，课内外一体化地培养学生适应社会的能力。

通过研究表明，高校体育教学实施俱乐部的教学模式有利于把体育教学和课外锻炼形成统一的整体，有利于培养和提高大学生的运动技能水平，有利于增强大学生的体育意识，培养大学生的运动兴趣，更重要的是它为进一步落实"终身体育"思想做出了更大的贡献。因此，在我国高校目前所采用的各种体育教学模式中，俱乐部的教学模式更适应现代高校学生的要求，应将该教学模式在高校大力推广。

第三节 我国新型高校体育教学模式的建构

在教学中应采用解决策略问题的方法，活动内容的选择与教学应围绕呈现的策略问题展开，教学不仅重视学生在课堂上的学习过程，更重视游戏的价值，因此要按五个环节来设计教学。

1. 开场游戏练习

透过修改或简化的游戏练习，让学生理解游戏中呈现有待解决的策略问题，明白学习特定的技能才能解决这一问题，由此理解技能练习的价值。

2. 问题讨论

教师适时地介入，与学生共同讨论事先设计好的问题，帮助学生理解呈现问题的必要性和解决问题的方法。

3. 技能执行（游戏练习）

根据学生的能力，修改游戏规则和方式，并在游戏中设置必要的技能练习，有助于学生发现解决问题的方法。

4. 终场游戏

能让学生展示新近习得的技能，通过观察评价，检测技能学习成效（比赛表现）。

5. 结束时的问题讨论

通过讨论展现学生获得的运动认知。

学习目标、教学过程与教学评价是环环相扣，密不可分的。因此，要构成一个完整的理解式教学课程单元，必须有学生在课堂上的学习评价。评价过程是连续的，可透过多元评价方式进行，每节课都要求观察、记录一部分学生的运动表现，以检测学习目标的达成程度。

体育课堂教学不能用技能测验来预测比赛表现，因为技能评价无法评价比赛中的社会领域，无法提供比赛表现的相关情景，更不能真实反映出比赛表现的整体。球类比赛表现的评价工具"gpai"的出现，为我国体育教学提供了一套可以评量各项球类游戏比赛表现的手段，这是一种表现性评量工具，可以系统观察学生的运动比赛表现，这种评价方式比较客观与完整，能真实地体现学生在课堂教学的表现。

教学以学生为中心：理解式球类教学强调以学生为中心，在游戏课场景中呈现解决问题的情境，学生围绕游戏或比赛思考解决问题的方法。实践中，激发兴趣是促进学生自主学习的动力。课堂教学以游戏为主线，以学生为中心，让学生在运动练习过程中享受到乐趣，提高其学习能力。

重视学生思维能力培养，提升解决问题的能力：理解式球类教学模式提供了一种学习过程中的思维方式和方法。在实施教学中，不仅重视教学过程，而且注重引导学生发挥想象能力、寻找解决问题的方法，而这种解决问题的学习过程，也可以促进学生更高水平的思考，提高其解决问题的能力。

体育教师对理解式游戏教学法的深刻理解：模式的成功实施，很大程度上取决于体育教师对此知识的深刻理解与运用，否则无法将相关的运动适当地加以修改与简化，无法提供有效的课程结构供学生学习。因此，授课教师可以接受相关的培训，在理论与实践上得到一些指导和提高，教育机构可以给体育教师提供培训，让体育教师具有高度的专业知识与智能，可以帮助其组织好理解式课堂教学，从本质上认识此教学模式。

第四章 高校体育教师能力与师资培养

第一节 体育教师的专业能力

教师专业发展是指教师作为专业人员，专业知识不断发展与完善、教学技能技巧不断娴熟与丰富、专业信念不断坚持与追求、专业风格逐渐明晰与确立的过程。这些内容在教师专业发展过程中相互联系、相互促进，成为不可或缺的有机整体，其中，专业知识和教学技能是体育教师专业发展的基础，追求卓越的专业精神为体育教师发展的导向，专业风格的确立则是体育教师专业发展的集中体现。体育教师的专业发展水平不仅仅是个人能力的体现，更对学生的体育发展、体育学习有着重要的意义。

一、体育教师专业水平决定着学生体育素质

学生的体育素质不仅仅代表着学生身体素质表现出来的能力，更包含了学生对体育的情感、认知、态度等。作为一名有责任感的体育教师，所完成的工作任务不仅仅指学生完成了教学大纲的教学内容，学习了课堂规定的内容，更包括了学生在接受他的体育教学之后，课后能不能坚持体育锻炼，能不能产生正确的体育认知，能不能形成正确的体育价值观、终身体育锻炼的意识。一名优秀的体育教师改变的不仅仅是学生的动作技能，更在于对学生思想的转变。2007年颁布的《中共中央国务院关于加强青少年体育增强青少年体质的意见》中明确指出，广大青少年身心健康、体魄强健、意志坚强、充满活力，是一个民族生命力旺盛的体现，是社会文明进步的标志，是国家综合实力的重要方面。一名优秀的体育教师不仅仅是教会学生运动的方法，更重要的是教会学生为什么要体育运动，体育运动对其发展的价值和意义，使学生产生正确的体育价值观，能从内心激发学生对体育的情感和热爱，让学生主动拥抱体育，享受体育带来的快乐。当前，中国青少年学生的体质下降，并不是体育教师没有传授学生锻炼的方法和手段，而是其主观上不愿意锻炼。所以需要体育教师提升专业水平，只有这样，学生的体育素质才能真正提高，广大的青少年才能身心健康、体魄强健、意

志坚强、充满活力。

二、体育教师的理念水平决定体育课程改革的质量

以"健康第一"为指导思想的体育与健康课程，对于实施素质教育，培养学生的爱国主义、集体主义，促进学生的德、智、体全面发展具有重要的意义。该课程分为运动参与、运动技能、身体健康、心理健康与社会适应四个方面。新的课程标准对体育教师是全新的挑战，课程四个领域的学习目标不仅仅要求体育教师具有体育的教学和组织能力，还要发展学生良好的心理品质、合作和交往能力，形成健康的生活方式和积极进取、乐观开朗的人生态度。新改革所提出的理念非常先进，充分体现了以人为本的精神，把学生的健康成长作为首要任务，关注学生身心健康和谐发展，但能否把这种先进的理念充分融合在日常体育教学中，并使学生受益，这有赖于教师对课程标准的理解和执行。

体育教师希望通过自己的课堂来贯彻新课程标准先进的理念，但往往由于自身理论水平的不足而导致照本宣科，生搬硬套。"要给学生一碗水，教师要有一桶水"，所以体育教师要提高自己的理论水平，多读书、多思考，并结合教学实践，把理论融入体育课程教学。这样体育教师才能适应体育课程改革的要求，逐渐把这种先进的理论真正融合到自己的教学过程中去，使学生真正体会体育课程改变给自身发展带来的影响。

三、体育教师专业能力决定体育教学质量

要想成为一名优秀的体育教师比其他文化课程教师难度更大。第一难，难在语言表达。体育教师需要把抽象的动作用语言表达出来，辅助学生更快、更准确地掌握动作，这就要求体育教师的语言组织形象、准确、生动。第二难，难在应用的知识。体育是一门综合性的应用学科，至少包含了生理学、解剖学、运动生物力学、心理学等学科，体育教师要想让学生知其然并知其所以然，就必须具备相关的知识，这是其他学科所不具备的。第三难，难在组织、管理上。教师在课堂里上课，比较便于管理，而一节体育课有集合、游戏、分组练习、竞赛、放松活动等多个环节，因此需要体育教师有良好的组织协调能力。第四难，难在教学内容上。其他学科的核心内容很少改变，更多体现在教学方法上，而体育学科则不然，不同的地域、不同的时期都有不同的侧重内容，这就要求体育教师要不断地学习适应新的变化需要。一名体育教师只有克服了这四难，才能保证教学质量，而克服这四难需要体育教师不断地提高其专业能力。

四、体育教师专业发展对自我实现的重要意义

著名哲学家、人本主义思想家马斯洛在其需要层次理论中提出,人类的需求构成一个层次体系,其中自我实现是"需求层次理论"中谈到的人的最高级的精神需求。对于自我实现,马斯洛认为,自我实现意味着充分地、活跃地、忘我地体验生活,全神贯注,宠辱皆忘,个人完完全全地成为一个人。自我实现就是成为最好的自己。体育教师的专业发展不仅仅体现为专业知识的提高和教学技能的娴熟,更是一种不断超越自我、突破自我,追求卓越精神的体现。体育教师的专业发展价值:首先,体现在教学上。专业能力的提高,教学能力相得益彰,学生获得了体育知识,获得了健康,体育教师获得一种精神上的满足、职业上的快乐,作为教师实现了职业价值。其次,体现在个人发展上。在专业发展的过程中,体育教师通过各种学习,不断突破自我,超越自我,不断重新认识自我,实现自我。在这个过程中不仅实现了专业能力上的提高,更为重要的是获得了精神上的快乐和满足。

第二节 我国体育教师队伍建设与发展现状

体育教师的知识是从事体育教育工作和专业发展的前提条件。林崇德、申继亮从认知心理学的角度提出,教师的专业知识应包含三个方面:一是本体性知识,指教师所具有的特定的学科知识;二是条件性知识,指教师所具有的教育学和心理学知识;三是实践性知识,指教师在实现有目的的教学行为中所具有的课堂情境知识以及与之相关的知识,这种知识是教师教学经验的积累。

叶澜从系统论的角度,认为未来教师的专业素养在知识结构上也不同于今日教师,不再局限于"学科知识+教育学知识"的传统模式,而是强调多层次的知识结构。他认为,有关当代科学和人文两方面的基本知识,以及工具性学科基础和熟练运用的技能、技巧是教师专业知识结构的最基础层面;具备一至两门学科的专业性知识与技能,是教师专业知识结构的第二个层面;教育学科类知识是教师专业知识结构的第三个层面。这三个层面知识相互支撑、渗透并存有机结合。

王建军在考察教师专业发展中,论述了教师知识问题,他把教师专业发展分为理智取向发展、实践—反思取向发展、生态取向发展。其中,理智取向的发展强调教师对基础知识的掌握。这里所指的知识倾向于科学知识。以钟启泉为核心的华东师范大学课程组从教师教育课程的设置出发,提出教师知识构成的问题。教师教育的课程应包括"教育理念、教育知识、教育能力和教育实践"四大块。

知识是教育专业发展必不可少的基础，体育学科教师专业发展有教育的共性，也有学科自身的个性。体育教师在专业发展上要有所突破和进步，至少需要在以下领域进行不断的积累。

一、宽厚的基础知识储备

（一）自然科学知识

瑞典体育创始人佩尔·亨里克·林认为，体育不应建立在任意杜撰的练习或时髦的流派上，而只应该在其真实性已被解剖学和生理学所证实的基础上。完成这样的练习，人的机体内能够产生某种良好的反应，选择和运用练习使他们最大限度地保障机体正常发挥功能。体操之父古茨穆斯设立了体操教育内容，但同时他也清楚地认识到，体操的真正理论是建立在生理学基础之上的，因此他为自己未能按照这一科学基础对运动进行分类，感到十分不安。一百多年前人们已经认识到体育应该建立在解剖学、生理学等科学的基础之上。然而，至今在中小学体育教学中，关于自然科学的知识仍然是被教学所忽视的，教师在运动技术的教学过程中依靠教师个人对运动技术的领悟、理解和掌握，对动作的原理、运行的轨迹、技术构成无法做出科学的说明。当学生对动作产生疑问时，体育教师往往难以给出科学的回答。因此，体育教师应当多反思自己的体育教学是否能经得起推敲和科学的验证。

对于体育教师而言，必须要了解和掌握相关的运动生理学、运动生物力学、解剖学、运动心理学、测量与评价等知识，这些知识是体育运动技术存在的基础，是创新体育手段和创造体育项目的基础。有了这些知识，体育教师可以根据特定的教育需求探索出最合适、最有效的手段；有了这些知识，体育教师可以根据不同学生的需要设计出不同的运动项目；有了这些知识，体育教师的教学才能真正实现建立在科学的基础之上。这些知识体育教师在大学时期都学习过，只是在实践的教学过程中经常被忽略或遗忘。

（二）人文社会科学知识

自现代体育传入我国以来，体育就逐渐成为学校教育中不可或缺的部分。中华人民共和国成立以来，我国的教育方针几经修改，但体育作为其中的一个重要组成部分始终没有改变过，这种现状就使人们对体育教育的存在产生了某种惰性。然而从中华人民共和国成立以后，学校体育改革，尤其是改革开放后学校体育主导思想的变迁，经历了增强体质、终身体育、快乐体育、素质教育、健康第一等阶段。这些思想变迁最主要的原因就是体育教育领域的存在，发展的终极方向需寻求一种理论上的阐释。而在这个过程中如果体育教师缺乏相应的人文社科知识，那么对这些理念的理解就会存在因知识不对称而产生差异。体育教师无法理解我国的学校体育主导思想为什么不断地改革和探索，也无法把这些改革取得的先进成果以及提出新的发展方向与自己的日常教学结合起来，无法根据这些新的指导思想去修正自己人生发展的努力方向。缺乏了人文社科知识的支撑可能会使得绝大多数体育教师在改革中迷失方向。

没有丰厚的体育人文社科知识做积淀，体育教师的专业发展就不可能真正包含以文学、哲学、历史等为主的人文社会科学方面的知识。这些学科的知识常常凝聚、整合为一个民族和国家人文精神之精华。体育人文社科知识的发展水平以及国民所具有的体育素养的高低和普及程度是一个国家、民族整体体育水平的体现。而作为体育教师，有义务、有责任为整个民族和国家体育水平的提升而努力，要想做到这一点必须首先夯实自己的体育人文社科的知识基础。我国体育发展现状要求未来的体育教师既要具有专业知识和技能，又要具有丰富的文化底蕴；既具有健康的身心，又具有创新、管理和协调的能力。

体育人文社科知识是研究体育与人、体育与社会相互关系及其基本规律的学科。当前新课程标准中社会适应、心理健康等领域目标的实现，更多依靠体育人文社科的知识。体育人文社科知识包含了体育社会学、体育史学、体育哲学、体育美学、体育经济学、学校体育学、运动休闲学，是体育与其他社会学科融合而成的，这些知识都应将是未来体育教师专业发展所必须具备的。

二、优秀的运动技能

体育运动技能是体育教师的生存之本。一名优秀的体育教师往往能通过规范、优美的动作激发学生学习的兴趣。当代许多青少年对体育明星的崇拜不是被其外表所吸引，而是由于其在运动场上展现出的非凡的运动技艺。处于义务教育阶段的学生，希望能掌握一门运动技能在运动场上展现他们的运动技巧，而一名拥有优秀运动技能的教师无疑能吸引他们的注意力。体育课堂教学不仅仅需要语言的表达来传递教学信息，也需要教师的示范来加深学生对体育动作的认知，有时候一个正确的示范会比言语讲述更有效、更直观。所以要想成为一名优秀的体育教师必须要熟练掌握至少一门优秀的体育运动技能，并在运动技能方面做到"一专多能"。

从体育教师专业发展的角度看，一名优秀体育教师的运动技能不仅仅指其在运动过程中所展现出来的运动技术，还应该包括对新运动技术的学习能力。当今社会体育项目变迁频繁，有许多体育项目的兴起、发展和流行是当前体育教师没有系统学习过的，但这些项目往往能引发青少年学生学习的兴趣，如果一名体育教师仅仅恪守着一个运动项目教一辈子的话，很容易在自己本职工作上失去竞争力。虽然不能要求每一名体育教师掌握所有流行的体育项目，但作为一名职业体育教师应该对这些项目有所了解，并能根据自己的专业知识了解这些动作的原理，探寻出合适有效的动作练习方法。虽然体育教师不能在所有新的运动项目上成为传道的人，但至少可以为学生授业解惑。

三、课堂教学设计与实施的技能

在课程改革的形势下,教师由传统教学观念向现代教学观念转变的关键,是对于教学设计的重新认识和现代教学设计技术的掌握。所以,体育教学设计应在体育知识的重点难点的讲解、练习方法的选取和教学过程所安排的逻辑等方面上进行考虑。体育教学设计除要考虑以上问题,还应该体现对学习环境的创设、学习情感的培养、学习方式的指导和学习技术(策略)的关注方面上。教学设计从关注学生需要学习什么,为什么学习,怎么样去学出发,考虑教师教什么,为什么教,怎么样去教,直至学生学得怎么样、考查和评价教学行为等方面都值得研究和探索。

四、开展课余体育活动的技能

学校课余体育活动的开展对实现学校体育目标,完成素质教育,培养学生的体育锻炼习惯,以及终身体育意识的养成都具有重要的作用,课余体育活动的开展是体育教师日常工作的重要组成部分。相比体育课堂教学的严谨和规范,课外体育活动更能凸显体育教师个人的创造能力和整体综合素质;对于体育教师而言,开展课余体育活动是其本职工作的一部分,同时也是教师专业发展的重要组成部分。

(一)组织、管理与策划

课余体育活动对学校体育目标的完成具有重要的作用,如果说课堂教学是体育课本知识和技术的传授,那么课余体育活动的目标就是形成学生的体育技能。与课堂教学不同的是,课余体育活动更能尊重和体现学生的需要,而这恰恰要求体育教师必须做好课余体育活动的组织、管理和策划,让学生的正常需求得到有效的满足,而不能把学生的课余体育活动变成自己的"一言堂",不管学生愿意与否,主观地按照自己的意愿行事。在课余体育活动的开展过程中,教师的角色主要是保证学生正常的体育需求得到满足,做好学生的组织、管理,保障学生的运动的安全,提供好人、财、物,解决学生在体育运动过程中的疑问和困惑,在管理架构内给予学生充分的体育自由。这样课余体育活动才能真正实现体育对人的培养。

(二)运动负荷的控制

运动生理学的研究表明:当心率在 110 次/分以下时,机体的血压、血液成分、尿蛋白和心电图等没有明显的变化,这种程度的负荷对健身价值不大;当心率达到 130 次/分时,每搏输出量接近和达到正常人的最佳状态,这种程度的负荷健身效果明显;当心率达到 150 次/分时,每搏输出量开始缓慢下降;当心率达到 160~170 次/分时,虽无不良的异常反应,但也未出现具有更好健身效果的迹象。学校教育的目的是培养全面发展的人，课余体育的目标不是培养运动员，而是更关注在这个过程中学生参与体育以及参与的效果如何。从学校体育的目标看，增强学生体质一直是重要的目标之一，所以选择合适的运动强度对达成这个目标至关重要。体育教师要学会监控学生的心率，用科学的方法指导学生进行体育运动。经过长期积累以后，不仅能使教师对课余体育活动开展有更科学的把握，还能使教师形成不同项目不同效果的认识，这将对教师今后的教学和体育活动开展提供重要的数据支撑。

（三）运动项目的创新与选择

体育运动真正吸引学生且令学生神往的是其在运动中获得的快乐，而并不是他们参与什么项目。如果教师仅仅把注意力集中在运动项目的选择上，忽略了学生参与体育真正的目的，那么就是舍本逐末。只要能实现学生在运动中获得快乐这个目标，体育教师就会领悟：哪里都有运动器材，哪里都有运动场。

（四）合理利用运动竞赛

近一个多世纪以来，西方体育教育家们一直认为，游戏、竞赛、竞技体育对完成和实现（通过教育制度来支持的）主要教育目的有着独特的、无可比拟的作用，是完成和实现教育目的特别适合的媒介。西方体育教育家还极力主张，为了儿童和青少年的情感、智力、身体能够有社会性的发展，宏观地选择肌肉性活动的重要性不可忽视。在新课程标准提出的运动参与、运动技能、身体健康、心理健康与社会适应，在体育教学中都是不可能全部完成的任务，尤其是运动技能、身体健康、社会适应目标的实现，运动技能、身体健康的获得需要依靠长时间和一定强度身体练习才有可能实现。这种长时间、需要强度的训练有赖于青少年意志品质的坚韧，而这种坚韧除了依靠运动中的快乐之外，很难找到比快乐更可依赖的精神力量。社会适应中所包括的人与人之间的尊重、理解、友谊、信任等品质，社会运行所依靠的公平、平等、竞争等规则的适应在体育领域也只有在运动竞赛中才可以实现，只有在运动竞赛的过程中才涉及更广泛的人与人之间的关系。课余体育活动给了教师充分的时间去开展运动竞赛，结合体育人文社科的知识，结合学生的运动竞赛实践，向学生传达公平、竞争、平等、尊重对手、团队精神、坚韧不拔、顽强不屈等品质，这样的引导比单纯的说教效果更好，同时学生也更容易接受，在潜移默化的过程中加深学生对体育的认识。

五、科研与教研技能

体育教师的科研与教研技能是教师自身在长期体育教育教学实践中经验、体会、学习、探讨的总结，是深思熟虑的结晶，是悟有所得，是体育教师对体育教育事业发展前进的一份贡献，是其职业发展的重要体现。

然而在实践中，体育教师的科研和教研一直是困扰体育教师专业发展最重要的障碍，其主要原因就在于体育教师把科研看得过于高深，以至于产生望而却步的心理。体育教师在日常教学和学习过程中并不是发现不了问题，关键是缺乏把问题阐释清楚，分析问题的能力，这种能力的缺失主要原因在于对体育相关的自然科学和人文社科知识的了解不足。体育自然科学的知识是检验日常教学工作的基础，是判断体育教学、学校体育工作开展正确与否的基础，离开自然科学知识的论证，在开展相关研究时就缺乏强有力的证据。体育的人文社科知识更关注对体育教育发展方向的把握，教育的最终目标是为人的发展服务，而体育教育在这个过程中的作用是指明发展方向；体育除了对身体机能的提高外还有什么价值和意义，这些都需要人文社科的知识做出论证。具备自然科学和人文社科的相关知识，不仅能在教学过程中采取正确的方法和手段，而且更能使体育培养人向着正确的方向前进。对于科研和教研来说，有了理论做依据，不但更容易发现体育教学工作中存在的问题，而且能找到相应理论进行分析、讨论，并探寻解决的方法；在这种不断发现问题、解决问题的过程中，体育教师科研和教研能力能逐步得到提高和发展。体育教师的研究对象就是朝夕相处的学生，学生的学习水平变化、体育情感态度的变化和学生身体素质的变化。这些都可以引发体育教师深层次的思考。当前，我国学校体育改革最缺乏的恰恰是一线体育教师针对教学实践展开的研究，当前的学校体育改革、未来体育的发展，需要这些来自实践的研究。

六、运用现代教育技术的技能

现代教育技术是指以计算机为核心的信息技术在教育教学中的理论与技术，运用现代教育理论和技术，通过对教学过程和资源的设计、开发、应用、管理和评价，以实现教学现代化的理论与实践。对于很多体育教师而言，很少应用现代这些教育技术作为自己教学的辅助工具，来提高体育教学的教学效果，有时候用也仅仅局限于应用图片、视频、音效等一些比较简单、方便的辅助手段。对于体育教学而言，现代教育技术融入教学的目的就是提高教学的效率，展示体育教师无法完成的动作，播放历史影像资料，运动数据分析等。体育课堂教学除了可以用图片、视频直观地展示一些音像资料外，体育教师还要学会运用三维立体技术制作出人体在运动时的动作运行轨迹，这样的技术融入课堂教学可以使学生更直观地获得在运动过程中身体的动作顺序，加深对动作的理解，形成更直观的感受。现代教育技术的发展为体育教学提供了许多辅助工具，体育教师要加强相关知识的学习，学会使用这些工具，提高教学水平和能力，促进专业发展。

第三节　高校体育教师资源的培养与管理

一、传统体育课程对教师角色的定位

角色是指处在一定社会环境中,承担特定社会责任,履行特定社会义务的社会人群。"角色意识"对人的角色活动具有支配和调节作用。我国传统体育教师形象可以概括为:传统体育教师无条件地接受课程内容、教学大纲、计划,无权开发、选择教学内容;传统体育教师是一桶水——"知识灌输者的形象";传统体育教师是园丁——"技术熟练者的形象";传统体育教师在体育教学评价过程中占主导地位。

以上传统的体育教师角色基本停留在 20 世纪 80 年代的水平上,这势必造成与新课程标准下体育教学发展的不协调,对体育教学实践产生阻碍。

二、新课程对体育教师的定位

《体育与健康课程标准》的实施,不仅促进学生身体健康水平的提高,而且有利于培养学生良好的个性心理品质和与人交往、合作能力,从而促进学生的全面发展,同时要求体育教师对自身担任的角色重新进行定位。

(一)由知识、技术的传授者转化为学生发展的引导者和促进者

传授体育的基本知识、基本技术、基本技能一直是我国传统体育教学的主要任务,教师在这样的体育课中一直扮演着知识、技术的传授者的角色。传统的体育课不能引起学生的兴趣,主要原因是教师将自己的角色只定位在体育知识、技术的传授者上,从而使教师与学生形成了两个对立面。体育教师作为知识、技术的拥有者,有很大的权威性,而学生只是被动接受这些知识、技术。

新一轮的体育课程改革要求体育教师要将自己的角色定位在学生学习的引导、促进上,而不单单是知识、技术的传授上。教师要从教学中的主角转向"平等中的首席",从传统的知识传授者转向现代的学生发展的促进者。因为学生素质的形成是一个主体的构建过程,不是在整齐划一的批量加工中能完成的,况且各个学生的身体素质、体育基础、兴趣爱好等都各不相同,所以不同学生对体育知识、技术的理解和掌握也不尽相同。如果教师以同一标准去对待每一位学生,不管学生能否接受,最终的结果只是培养出了一批没有个性和创新能力的学生。教育的目的在于促进学生的发展,而教学的目的则在于促进学生学习。学习是学习者心理倾向和能力相对持久的变化,是学

习者自身的变化，教师在这一过程中的职责是怎样促使学生的学习发生，并帮助学生确定适当的学习目标以及达到这一目标的最佳途径。作为一名新时期的体育教师，要正确理解现代教育教学的基本理念以及新课程标准的精神，在体育教学的实际进程中给学生以帮助，促进其真正学习的发生，体育教师不仅要参与到学生的体育学习活动中，而且要成为学生体育学习的引导者、促进者。当学生进行练习时要积极地观察，实地感受学生的学习情况，并对学生的学习情况给予必要的帮助与指导，与学生一起分享他们的情感体验和成功喜悦。在这样的教学环境下，学生的自主学习性会被充分调动起来，学生的学习将会进入最佳状态，他们会在不知不觉中将全身心浸润其中，充分享受体育运动带给他们的汗水与欢乐、挫折与成功，并在潜意识里将学到的知识、技能和方法消化吸收，融会贯通并加以掌握。

（二）由管理者转化为学习活动的设计者、组织者

在传统的体育课中，体育教师经常扮演的是管理者，因为以往对一堂体育课的评价主要是看这堂课秩序如何、组织是否得当。如果这堂课上得稍微活跃一点，课堂秩序不是特别好，那教师就会被认定为"组织能力不强"。实际上，学生喜欢的是课堂管理宽松，能与学生平等交流的教师。而且课堂是学生的课堂，学生才是课堂的主人。教师在课堂中只是作为一名组织者、参与者。因此，作为一名新时期的体育教师，在教学中应少一些威严，多一些尊重，要以学生为主体，树立面向全体学生，以促使学生全面发展为本的现代教育观，引导学生积极参加体育锻炼，培养学生的体育兴趣、习惯和实践能力，使学生终身享受体育的乐趣。

体育教师不但要扮演好组织者的角色，还要成为新课程的设计者。一堂体育课上得成功与否，依赖于体育教师对课的精心设计。因此，体育教师必须学会设计教学活动，这种教学设计活动也并非随意想出的，而是要求体育教师必须根据学生对生活的体验加以反思，而且要贴近学生生活，根据学生的发展要求并结合现代社会发展的实际，在课程内容上更注重娱乐性、趣味性和健康性，在思想上注重培养学生终身接受体育的思想。使学生能切身感受到这些知识、技术在他们日常生活中能用得上，以提高学生的学习兴趣，唤醒他们身上已有的生活体验，从而使课堂教学更富有生活情境，更利于学生的健康发展。

（三）由"教书匠"转化为教学的研究者

现代社会的飞速发展对教育提出了更高的要求。如若教师只作为传统的"教书匠"将不能适应时代的发展。因此，教师角色转变的另一个重要变化就是教师还必须成为一名研究者，这里的研究者是指教学实践研究，而非专业性的学术研究。苏霍姆林斯基说过："如果你想让教师的劳动给教师带来乐趣，使天天上课不至于变成一种单调

乏味的义务，那你就应当引导每一位教师走上从事研究这条幸福的道路上来。"事实上，每一位教师都有能力对自己的教学行为、教学理念加以反思、研究与改进，提出最贴切的改进意见。而传统的教学活动与研究活动是彼此分离的，体育教师的任务是教学，对体育课程的研究则是专家的权利，这种教学与研究的脱节对教师和教学的发展都是不利的。课程的具体实施者是教师，只有教师才能真正地感受到教学应"如何教""教什么"，教学过程中出现的问题应如何解决。因此，为适应新课程的基本要求，真实体现新课程所蕴含的新理念，体育教师应尽快转变角色，从传统的"教书匠"转化为体育与健康教学的研究者，经常对自己的教学实践进行深刻的反思，并将自己的教学活动作为研究对象，以一名研究者的身份置身于体育与健康教学活动中，用研究者的眼光审视和分析教学理论和教学实践中的各种问题，并对出现的问题及时进行分析、研究、总结经验，以便其形成规律性的认识。

（四）由课程执行者转化为课程开发者

以往传统的教学中，教师只是作为大纲的执行者。因此，教师只有大纲意识、教材意识，然而对课程的意识则十分淡薄。对于传统的体育课来说，体育教师只有选择"怎样教"的权利而没有选择"教什么"的权利，体育教师在课中考虑的就是怎样将大纲里的内容有效地教给学生，因此，传统的体育课缺少特色。新一轮基础教育课程改革，则是将课程意识提到了重要位置。新课程倡导民主、开放、科学的课程理念，确立了"三级课程"管理体制，这就要求课程必须以教学相互结合，教师不能只成为课程实施中的执行者，更应该成为课程的建设者和开发者。课程由教师、学生、教材、环境四个因素组成。这四个因素都有各自的独立性，它们在相互整合中形成了各种不同的风格，应该说有多少所学校就有多少种课程，有多少个班级就有多少种课程。

新课标理念下的体育课程应该呈现出千姿百态的风格，因此，体育教师必须以研究的眼光审视自己所进行的教学实践，改变作为教学大纲与教材的忠实执行者的角色，对体育课程进行积极的开发和利用。创建符合本校发展并富有特色的教学组织方式，构建学校的体育传统特色优势项目，并使其成为学校的品牌。体育教师不但要学会创造性地利用一切可用资源为教学服务，还应该成为学生利用课程资源的引导者，引导学生走进课堂和学校，让学生体验课程、享受快乐。

三、新课程不同目标对体育教师的要求

《体育与健康课程标准》没有具体规定教学内容和要求。也就是说，改变了传统的按运动项目划分内容和安排教学时数的方式。《体育与健康课程标准》是根据素质教育的要求和体育课程目标，从身体—心理—社会适应的三维健康观及体育的特点出发，参照国外体育课程发展的趋势，吸取我国体育课程建设的经验教训，将体育与健

康课程学习的内容划分为运动参与、运动技能、身体健康、心理健康与社会适应五个学习方面。这五个方面实际上由两条主线构成：一是运动主线，包括运动参与和运动技能；二是健康主线，包括身体健康、心理健康与社会适应。也有专家认为，所谓两条主线的说法只是一种表述方法，或者是一种观察角度，这可以从两个不同侧面去观察课程：一是从运动层面观察；二是从健康层面观察。同时课程必须是一个统一体，否则，就会把体育与健康分割了。以前人们所认为的健康就是身体没有病，这只是表面意义上的健康。联合国卫生组织给健康下的定义："健康，不仅是指没有疾病或虚弱，而且是指身体、心理和包括社会适应在内的健全状态。"也可以这样认为，健康必须具备身体健康、心理健康和良好的社会适应能力三个要素，这三个要素缺一不可。

体育与健康课程标准中的四个学习领域构成了体育与健康课程的内容体系，是一个有机联系的整体，各个学习领域都不能脱离而独立存在，其中运动参与和运动技能学习领域是总目标的分解与细化中的两个部分，是相互依赖、紧密联系的目标集合中的一部分；心理健康与社会适应学习领域的目标没有独立的实体内容来实现，是依附于运动过程中实现的。教师不应单纯地通过知识教育的方式去讲授身体健康、心理健康和社会适应等领域的相关内容，而应通过运动技能的教学和鼓励学生积极参与体育活动的方式去实现上述三个学习领域的目标。对于课标的四个学习方面，可以理解为，参与是学习的前提，也是载体，如果不参与，怎么能学会技能？掌握技能必须是在参与的情境中完成的，而学会技能的目的是利用所学会的运动技能去锻炼身体，来达到身体上的健康。"三维健康观"要求教师在引导学生学会技能的同时，还要对学生进行思想品德教育，培养他们健康的心理素质。现代社会是在不断进步的，还要培养学生良好的社会适应能力，对于健康这条主线上的三个要素，身体健康是基础，心理健康是前提，社会适应是升华。

德国教育家第斯多杰说："教育艺术的本质不在于传授本领，而在于激励、唤醒、鼓舞！"不管怎样去完成一堂体育课的教学，都要倡导建构主义学习观，改变课程实施过于强调接受学习、机械训练的现状，关注学生的个体差异和需求，倡导学生主动参与、乐于探究、勇于实践，培养学生获取新知识的能力、分析和解决问题的能力以及交流与合作的能力。这也是实施体育与健康新课程标准的意义所在，通过四个方面的学习，形成体育与健康的意识，养成良好的体育锻炼习惯，真正实现身体、心理、社会的整体健康目标。

1986年，美国卡内基教育和经济论坛发表了《明天的教师》的报告，要求建立三级教师证书制度以保证教师的专业化水平。至今，教师专业化已成为全世界性潮流。任何一个专业，倘若没有专业性和其本身的不可替代性，是不会受到社会高度重视的。体育教师社会地位不高，其根本原因在于体育教师职业的不可替代性不强、专业化程度不高。同时，促进体育教师的专业发展也是体育课程实施的关键所在，提高体育教师实施新课程的兴趣和能力，是体育课程改革成功的重要保证，因此，走体育教师"专业化"道路是促进体育教育事业改革与发展的关键，是提高教师专业地位的内在动力。

四、体育教师专业发展的主观途径

（一）构建专业发展支点，明确专业发展方向

阿基米德有一句名言："给我一个支点，我可以撬动整个地球。"在教师专业化发展中，教育资源的合理配置、教育诸要素的相互作用都发挥着作用，尤其是体育教师的教学理念、自我反思、教育科研、课外指导能力等更是促进其教师专业化发展的坚实支点。

体育教师要正确分析体育教育教学的环境和趋势，正确认识自身的素质优势，定位自己的发展目标。实践证明，一个人的发展能否获得预期的成功，一个很重要的环节就是对自身的充分认识，自身处在一个什么样的环境中，这个环境给自己一个什么样的发展空间，体育教育教学改革的发展走向是什么，自身的优势在哪里，只有正确认识自身专业发展的支点，奠定自我发展成功的基础，才有自我发展的动力和方向。

同时，教师要积极学习现代教育教学理论，把握有关教育教学的最新理论动态，对自己所从事的事业领域有规律性的认识，具有超越于事物发展现状的前瞻意识。教师的专业发展在很大程度上取决于自身的理论素养，没有理论指导的实践是盲目的实践，教育事业的成就在于教育理论和教育教学实践的创新，而不是对既有成果的佐证与阐释，只有对自己的专业领域具有规律性把握和前沿的理论研究，并结合具体的教育教学实践，才能使自己的专业发展具有踏踏实实的理论支撑和明晰而正确的目标。同样，一名教师的专业发展如果上升不到理性的高度，那对教育的探索就会停留在感性阶段。

（二）勤学苦练，不断夯实专业基础

体育教师是学校体育的组织者，其主要任务就是体育教学，作为一名体育教师首先要具备体育基础理论知识、最基本的运动技术技能知识等体育学科专业知识；其次，为了成功地完成体育教学工作，体育教师必须系统、全面、透彻地了解本领域的相关知识，同时也为科研打下牢固的理论基础。

体育教师只有系统、透彻地掌握体育学科专业知识，才能在教学实践中把握教学内容，并能根据学生个体的不同特征合理有效地选择、处理教材，才能使知识不单以符号的形式在教学中出现，使学生能够扎实、全面地掌握体育知识和各种技能、方法，同时，"活化"知识，展现知识的无限生命力，在教学中真正实现理论和实践、知识和人生的统一。

体育教师最特殊的特点是由体育学科的特殊性来决定的，那就是体育课的知识特

性——操作性知识，即运动技术。体育教师实践是在一个开放、动态的教学环境中进行的，不仅需要系统的学科理论知识，而且需要有熟练掌握体育运动技术、技能的健康体魄。理论与技术并重是体育学科的特点，理论知识的学习能够提高对体育科学和运动技术能力的认识，能够掌握体育科学的基本原理和方法，并能运用于实践，而技术技能的学习与掌握又加深了对理论知识的理解，有益于理论知识的进一步提高，理论与技术技能学习的有机结合，是体育教师获得体育学科专业知识最有效的途径。所以，只有勤学苦练，不断地夯实自己的专业基础，才能把握体育技术的发展规律和教学特点，成为一名合格的体育教师。

（三）与实践相结合，不断进行反思与总结

教学实践是体育教师专业化成长的基本途径之一。知识使用的核心问题是如何将知识有效地运用于实践。教学实践经验不仅能巩固教师原有的知识，也可以为教师提供获取和创新知识的机会。体育教师专业的本质特征是"实践的"，教师所有知识最终服务于专业实践。

教学实践智慧不同于理论知识或技术知识那样将某些普遍的、固定的原理、规则运用于对象，而是要在具体的实践活动过程中来提升自己、实现自己。"实践是检验真理的唯一标准"，体育教师通常会在实践中检验教学理念和方法，正是通过实践，他们才能通过亲身经历去发现身边的问题，并且积极地去解决问题，积累经验，形成实践智慧。

教师是反思性实践者，在体育教育实践中提倡反思，形成体育教师反思性实践活动可以有效地推进体育教师专业化发展。反思是教师着眼于自己的教学活动过程来分析自己做出某种行为、决策以及所产生的结果的过程，是一种通过提高参与者的自我觉察水平来促进能力发展的手段。

体育教师对教学理论的理解包括两种主要的理论成分，即"所提倡的理论"和"所应用的理论"两种，而在实际的教学过程中，这两种理论往往存在不一致性。另外，在体育教学中还会出现体育教师行为与期望的不一致性，而反思的重要作用恰恰就是让体育教师看到这些不一致性，进一步改进教学。另外，促进因素是否对教师的专业发展产生影响以及影响的程度如何，还是取决于教师是否有反思、反思的指向和反思的深度，取决于教师的自我专业发展意识，反思帮助教师把经验和理论联结起来，从而更加有效地运用自己的专业技能。没有反思，教学将只建立在冲动、直觉或常规之上。只有经过反思，使原始的经验不断地被审视、被修正、被强化，这样经验才会得到提炼、得到升华，从而成为一种开放性的系统和理性的力量，唯其如此，经验才能成为促进教师专业发展的有力杠杆。

五、体育教师专业发展的客观途径

(一)教师继续教育培训

当今世界,各国纷纷把教育提升到社会发展的战略地位,并延长了基础教育阶段的年限。教师是基础教育改革和发展的关键性因素的观点越来越引起人们的关注,教师专业化也逐渐成为涉及教育目标的一个重大问题。进入21世纪以来,随着我国教育改革的日益深化,体育教师继续教育培训主体单一化的局面正在改变,逐步向教育学院、师范院校、省市区(县)教研机构、在职学校,甚至综合性大学等多元主体方向发展。

在我国,教师教育已经取得了一些成绩,教师专业发展正受到中小学教师的广泛关注,当前的新教师观认为,教学是一项专业性的工作,教师是持续发展的个体,可以通过不断的学习与探索来拓展其专业内涵,不断生成教育智慧。把促进教师专业发展,切实提高教师专业化水平看作教师继续教育的出发点和归宿,强调通过继续教育,使教师树立自我发展的意识,实现教师的可持续发展。可见,教师继续教育所追求的目标不仅要提升教师的教育教学能力、更新教育观念,更要考虑发挥教师的潜能和创造性,唤起、激活和弘扬存在于每个教师心中的教育理想、信念、智慧,让每个教师主动地去理解教育,在实践中对教育意义主动探索,提升教师教育责任感和理论思维能力,促进教师自身的全面、健康发展。应建构我国体育教师教育一体化的运行机制,形成大学教育与继续教育相结合、培养与培训相统一的新体系,统一规划设计培养目标、培养模式、课程设置、教学内容、教学手段,推进我国体育教师教育一体化进程,从而提高体育教师队伍的专业素质和整体水平,深化教育改革。

近年来,一些教育主管单位创新实施以"高校+地方教育培训机构+教师工作室、理论+实践、知识+能力"为主要内容的复合式教师培训模式,呈现开放、体验、按需、重能力培养的复合式教师继续教育培训特色。在这个培训体系中,高校负责理论培训和专业引领,促进工作室主持人与骨干教师的共同成长;体育教师工作室负责体育骨干教师的实践培训,侧重在经验分享和体育教育教学实践;市县培训机构负责高中体育教师工作室的业务管理与地方课程培训。通过实践复合式培训,参加培训的教师真正实现理论功底有新提高、知识更新有新成效、技能水平有新突破。

继续教育也是终身教育,是一个永远不会终结的过程,不断学习体育教育教学的新理念、新思想、新观点、新教法,将使体育教师的自身专业能力及业务素养在继续教育中迅速得到提升。

(二)参加各种学术交流,提高专业素养

对于学术交流的作用,普遍理解为信息的交流。就教育系统而言,比较多的认识是学术交流有交流信息、开阔视野、掌握新知的作用。学术交流是体育教学科研工作

的组成部分，是专家向同行发表自己的研究成果，得到评论和承认的团体活动，是研究者学术生涯的一种生活方式，也是人类知识生产力的一种生产方式。通过与专家、学者和同行之间的思想接触、学术交流、自由争辩，可以沟通情况、取长补短、相互促进、共同提高，使认识得到发展，从而有可能产生新的认知，开辟新的研究和实践途径。

在学术交流中，教师思想的"碰撞""科学要素之间的相互作用""不同来源的思想的相互作用"，可以激发出灵感的火花。"灵感是人类创造性活动中的一种复杂的精神现象""灵感来源于人们知识和经验的沉积，启迪于意外客观信息的激发"产生"额外"的科学新成果，这才是学术交流作用的关键与本质，是学术交流成为一种科学活动、成为"人类知识生产力的一种生产方式"、成为"研究者学术生涯的一种生活方式"的关键所在。学术交流活动活跃、学术交流空气浓厚，将带来体育教师专业发展的提升。有条件的教师应该多参加这类会议，以此开阔眼界、增长见识，了解、学习他人的长处，提升自己的水平。所以，学术交流是"原始性创新源头之一"，也是教师科研创新的条件和动力之一，同时还是提升教师团队科研能力的重要措施之一。

（三）开展学校体育科学研究和教学研究

体育教师队伍的成长和发展需要途径、载体和契机。教师要继续坚持以校本教研为途径，以研究活动为载体，研训结合，创造发展契机，并在参与和体验中实现成长和发展。

其一，要继续以主题教研为途径，积极创新教研活动形式，丰富活动内容，增加活动内涵，提高活动实效，在开展主题教研活动方面进行积极的探索，逐步形成主题教研活动学术性、研究性、实效性和开放性特色。

其二，在开展好学校主题教研活动的基础上，充分利用各级各类教研途径，积极参与教研和教师培训活动，形成以校本教研为主、校内外教研与培训相结合的特色途径，使更多的教师有更多的机会参与到各层次的教研活动中，达到发展目的。

其三，结合教研活动的开展，定期举办青年体育教师教学基本功比赛、优质课评比、研究课、示范课观摩、教学能手评选等活动，让教师通过多种途径得到锻炼，获得成长体验，促进教师发展。

（四）网络远程教育

21世纪，人的观念日新月异，社会的发展需要懂知识、能操作、善合作、会生存的人才，这种需求也不断地激励着人们要继续学习以丰富知识、积淀文化。随着互联网的信息化、学习化，以及社会的形成和知识经济时代的来临，教育正在经历深刻的变革。由于计算机及网络技术的迅速发展，为远程教育开辟了新天地，这种模式是现代远程教学技术与多媒体教学手段的有机结合，是一种新的人才培养模式，提高了人们接受教育的自主性，为终身学习、自主教育和高等教育大众化创造了条件。网络远程教育打破了传统教育模式时间和空间条件的限制，是教育培训功能的一种延伸。由于其教学组织过程具有开放性、交互性、协作性、自主性等特点，所以说网络远程教育是一种以受训者为中心的教育形式。通过网络课堂，一线教师有了听专家、名师讲课的机会；通过在线培训，教师有了业余时间自修深造的机会，为教师提供在多种时间、地点、环境下进行学习的选择，使有限的教育资源辐射到更多的学校和地区，使学习教育人性化。

总之，体育教师的专业化不仅是社会发展与社会分工的需要，而且是与终身教育及终身体育的发展趋势相契合的。顺应世界体育教师培养的发展趋势与潮流，是我国体育教师教育改革的前进方向。体育教师专业化是深化学校体育改革的建设路径，走教师专业化之路，不断提高我国基础教育中体育教师的专业化水平，是 21 世纪我国学校体育改革和发展的必然趋势。

第五章　高校体育课程资源的开发与利用

第一节　体育课程资源开发与利用的意义

一、体育课程与教学资源的概念

资源多用来指生产资料或生活资料的天然来源，如地下资源、水力资源或旅游资源，还有近年来诸多媒体中出现较多的人力资源。资源也可以被认为是人们利用来创造社会财富的一切有形和无形的客观存在。

（一）课程资源的概念

就学校教育范畴来讲，体育课程如同其他课程一样由课程目标、课程内容、课程实施和课程评价四个要素组成。

课程资源是指课程要素来源以及实施课程的必要而直接的条件。从课程资源的来源的空间结构来看，课程资源的结构包括校内课程资源和校外课程资源。校内课程资源除了教科书以外，教师、学生不同的经历、生活经验和不同的简历、学习方式、教学策略等都是非常宝贵、直接的课程资源，校内各种专用教室和校内各种活动也是重要的课程资源。校外课程资源，主要包括校外图书馆、科技馆、博物馆、网络资源、乡土资源、家庭资源等。就课程资源的概念而言，也有学者根据课程资源的功能特点，将其分为素材性课程资源与条件性课程资源，并进一步把课程资源的概念分为广义和狭义两个层面。吴刚平认为，广义的课程资源是指有利于实现课程目标的各种因素，狭义的课程资源仅指教学内容的直接来源；按空间分布和支配权限分为校内课程资源与校外课程资源，凡是学校范围内的课程资源就是校内课程资源，超出学校范围的就是校外课程资源；还可以根据其他的角度划分为社会资源与自然资源，人力资源、物力资源与财力资源，纸质资源与电子声像资源等。由于划分标准具有多样性，定义也就不同。校内课程资源可以包括素材性课程资源和条件性课程资源，校外课程资源也同样包括素材性课程资源和条件性课程资源。

（二）体育课程资源的概念

关于体育课程与教学资源的概念，目前并未达成一致的认识，不同的学者有着各自不同的理解。谢静月认为，体育的教学资源是指有体育学科意义的教学信息的来源，或者指一切对体育教学有用的物质和人力与信息。根据其使用范围，体育的教学资源大致可以分为人力资源、体育设施资源、运动项目资源、媒体资源、校外资源、自然环境资源六种。

徐继承等认为，课程资源是课程设计、实施和评价等整个课程编制过程中可资利用的一切人力、物力以及自然资源的总和，包括教材以及学校、家庭和社会中所有有助于提高学生素质的各种资源。课程资源既是知识、信息和经验的载体，也是课程实施的媒介。

体育课程资源是一个全新的概念，有学者对体育课程资源的概念进行了界定。如刘贺认为"体育课程资源是体育课程设计、编排、实施、评价等整个体育课程发展过程中可以利用的一切人力、物力及其他资源的总和，是实现体育课程目标的基石"。而陈连珍指出"体育课程资源是指整个体育课程的编制过程中，有利于实现体育课程目标所开发的一切人力、物力以及自然资源的总和"。

潘绍伟教授认为，体育课程资源是一切能够支持和拓展体育课程功能的事物的总称。广义的体育课程资源指有利于实现体育课程目标的各种因素；狭义的体育课程资源仅指形成体育学习内容的直接来源。具体来说，体育课程资源是体育课程设计、实施和评价等。整个体育课程与教学过程中可利用的一切人力、物力以及自然资源的总和，包括教材、教师、学生家长以及学校、家庭和社会中有利于实现体育课程目标，促进体育教师专业成长和学生有个性的发展的各种资源。

（三）体育课程与教学资源开发的概念

《教育大词典》中指出，教学资源是指支持教学活动的各种资源。

张映姜指出，教学资源可分为人类资源和非人类资源。人类资源包括教师、学习小组、课外活动小组、旅行小组、课外辅导员、家长等社会成员。非人类资源包括各种媒体和各种教学辅助设施。传统媒体有粉笔、黑板、印刷媒体、实物、实物模型、挂图等。现代媒体有投影、幻灯、电影、电视、语言实验室、计算机网络等。此外，还有各种社会教育机构，如图书馆、博物馆、少年宫等。

田鸣指出，教学资源是指那些可供教学活动利用的一切事物，包括物质的或精神的、校内的或校外的、有形的或无形的资源。教学资源的概念有广义与狭义之分。广义的教学资源指在教学系统中支持整个教学过程达到一定目的，实现一定功能的人、财、物、教学组织及管理等全部资源。狭义的教学资源是指教学过程中的物化资源，包括教材、教参、教学挂图、影碟、光盘等文献资料资源，标本、模型、构件、实验与生产实习设备等物质资源，互联网、视频设备及资料、语音室等现代媒体资源，教学楼、图书馆、运动场、实习工厂（场）等设施资源等。

合理配置和开发教学资源以期获得最大教学效益，是各级各类学校管理者都在努力探究的问题，而教学方法往往是决定教学资源合理配置的重要因素。体育课程与教学资源的开发指教育者或受教育者在体育教学中，在教学目标的引领下，遵循教育规律，结合实际，有效地挖掘或创设体育教学活动的各种资源。

二、体育课程与教学资源的特征

体育课程作为学校教育的一门重要课程，不仅具有一个学科课程的基本特征，而且具有同其他学科课程资源截然不同的特征。

（一）客观性

从历史唯物主义的角度分析，资源本身就是一种客观存在。体育课程教学资源是指客观存在的各种事物作用于体育教学本身。体育课程教学资源根据不同的条件有不同的表现，这未必是规范的、系统的、专门化的，而是根据人的能动作用使之彰显出来。但不能一味地夸大人的主观能动性，让体育课程教学资源无中生有，违背客观性。

（二）潜在性

体育课程资源同其他一切功能性资源一样都具有潜在性。例如，互联网上大量的NBA篮球信息和职业足球信息，这些不是现实的课程要素和条件，必须经过体育课程实施主体自觉能动地加以赋值、开发和利用，才能转化成现实的体育课程成分和相关条件，发挥其在体育课程中的作用和教育价值。相对于现实的体育课程和体育课程实施条件来说，体育课程资源是一种"自然"因素，必须经过主体的积极实践活动，将其服务于教育目标，才能进一步开发和利用。需要指出的是，体育课程资源的潜在性是以含有课程潜能为前提的，即体育课程资源是"可以开发的"。

（三）多样性

体育课程资源的"客观状态"具有多样性。例如，在新课程标准实施中，游戏作为一种思路和服务与教学目标的手段，被一批一线教师接受。又如，民间游戏"跳房子"作为地方文化的一种，其在不同地域、不同时代，构成形式和表现形态也各异；由于学校层次、规模、传统以及教师素质和办学水平不同，"跳房子"可供开发和利用的体育课程资源亦不同。

在教育活动中，不管是教育者还是受教育者，不同的主体存在不同的人生经历、学识水平及教育观、课程观等，势必导致对体育课程资源筛选和评价的不同，形成体育课程资源开发利用形态的多样性。

体育课程资源的功能具有多样性。体育课程资源是为实现广泛的课程目标服务的，因而体育课程资源实现的课程目标也是多样的。

（四）动态性

一个地区的体育课程资源在一定时间内都有一定的限度，但这个限度又具有很大的伸缩性。例如，对于田径模块来讲，体育教师在教学过程中如何选择教学内容就必须充分考虑学生的兴趣因素、自然环境、经济水平、民族文化和社会条件等。又如，任何一个运动项目竞赛规则的变化，都影响着体育课程资源的客观存在和动态发展。在不同的历史阶段，体育课程资源的内涵、外延及内容不同，其本身有一个与时俱进的发展过程。

可见，体育课程资源是一个与社会资源系统、人的主观价值系统和开发条件等动态适应的子系统，因而不同主体在不同情境下开发利用的体育课程资源是不同的。

（五）多质性

同一资源对于不同课程有不同的用途和价值。同理，同一体育课程资源对于不同的体育课程实施的具体要求，同样也具有不同的用途和价值。同样一张篮球赛光盘既可用来观赏，还可以用来讲解篮球战术，也可以用来进行团队精神的教育。这种多质性要求教师要善于发掘体育课程资源的多种利用价值，使体育课程资源的潜在价值得以充分发挥和体现。

在体育经费紧张，一些硬件配套设施缺乏的情况下，可以通过提高教师的课程资源来对意识进行充分挖掘和利用。一个体育课程资源的多重教育功能，有利于实现现有体育课程资源的最大价值。

（六）间接性

有相当一部分体育课程教学资源在课程设计之前已经存在，属于潜在资源。这种潜在资源通过人为因素可以转化为现实资源，使其成为教学资源的现实条件，其教育性不像直接资源那么明确。只有把体育课程资源中的直接因素和间接因素尽可能地交织在一起，经过筛选、融合、转化，才能成为有利于体育课程实施的教学资源。

三、体育课程与教学资源的分类

面对多种多样的课程资源，体育教师和学生如想选择与课程目标和课堂教学目标吻合的课程资源，就需要对体育课程资源按照某种标准分门别类。

(一)按照课程资源的功能分类

根据课程资源的功能,把体育课程资源划分为素材性体育课程资源和条件性体育课程资源两大类。素材性体育课程资源是指组成体育课程材料的基本来源,如体育理论知识,各种球类的技术、战术,体育教学组织方法、练习方法,体育经验等。条件性体育课程资源是指体育课程实施的基本条件,其特点是作用体育课程而不是形成体育课程本身的直接来源,但在很大程度上决定体育课程实施的范围和水平,如体育教师、学校体育设施、学校周围的环境等。

体育教师在课程实施过程中的许多体育课程资源往往既包含着体育课程的素材,也包含着体育课程的条件,如体育场馆、体育器材与设施、人力资源和自然环境等资源。

(二)按照课程资源的空间分类

根据课程资源的空间分布,把体育课程资源划分为校内体育课程资源和校外体育课程资源。校内体育课程资源包括人力资源和各种体育设施、器材;校外体育课程资源是指学校以外的体育课程资源,主要包括学校所在社区,但也可指整个社会中各种可用于体育教学活动的设施和条件,以及丰富的自然资源。校内体育课程资源是实现课程目标,促进学生全面发展最基本、最便利的资源。因此,校内体育课程资源应该占据重要地位,校外体育课程资源则更多地起到辅助作用。

(三)按照课程资源的表现形式分类

根据课程资源表现形式,体育课程资源可分为显性体育课程资源和隐性体育课程资源。

显性体育课程资源是指那些看得见、摸得着,可以直接运用于体育教学活动的体育课程资源,如体育场馆、体育教材、雪山、草地、游泳池、空气、阳光等自然和社会中的实物,作为实实在在的物质存在,可以直接成为体育课程教学的便捷手段或内容,相对易于开发和利用。

隐性体育课程资源是指以潜在的方式对体育课程教学活动施加影响的体育课程资源,如体育民族精神、团队精神、师生关系等。对学生影响最深刻且最直接的隐性体育课程资源就是体育教师的操守与人格魅力等。与体育显性课程资源不同,体育隐性课程资源的作用具有间接性和隐蔽性的特点,它们不能构成对体育课程教学的直接影响,所以体育隐性资源的开发需要付出更多精力。

(四)按照课程资源的系统分析观点分类

根据课程资源系统分析观点把体育课程资源视为一个系统进行考察,这一系统可分为体育课程思想、知识资源、人力资源和物力资源四个子系统。

综上所述，体育课程资源既不同于一般社会资源，也不是现实的体育课程成分或运作条件，而仅仅是一种潜存形态。只有经过体育课程实施主体自觉能动地开发、利用和管理，才能具备体育课程潜能，进而转化为体育课程或课程实施的组成部分。为此，只有在对体育课程资源加以明确界定和把握其特征及分类的基础上，才能准确地对客观、原生的资源赋值，才能对体育课程资源进行深度开发和有效利用。

第二节　体育课程资源开发与利用的途径

一、体育课程与教学资源开发与利用的意义

（一）有利于激发学生学习体育的兴趣

体育课程所具有的独特性质，使其拥有丰富的课程资源。现代体育教育理念大力提倡家庭体育、社会体育和学校体育融为一体，由"绿色体育""阳光体育""社区体育""野外生存生活训练"等课程形成，以其形象、具体、生动活泼和学生能够亲身参与等特点，给予学生多方面的信息刺激，加之许多内容贴近学生、贴近生活、贴近社会，丰富了体育课的内容和情趣，使学生能够在较轻松的学习活动中掌握知识技能。生动的课程教学资源无疑将激发学生的体育兴趣，这是传统单一的课程教学资源所无法比拟的。

（二）有利于促进教学策略的根本转变

近年来，教学策略的转变体现在人本主义与认知结构理论下的学生自觉学习取向，即在教师引导下学习。而体育的教学资源首先应该是为学生服务的，在丰富的教学资源、学生的学习过程、学习方式、学习能力培养等方面所产生的影响最有意义。

1. 为学生提供体育学习的材料，有利于达成学习目标

过去，学生完成体育课的任务大致过程如下：利用体育课从老师那里"听"或者"看"——完成老师布置的课堂练习——掌握知识或技能。如果学生课上掌握不了，且还想进一步学习，下课以后他们可能就不再有机会，因为教师的授课常常是一次性的。在某种程度上，可以说是传统教学的一个弊端，忽视了学生是否掌握学习的内容，以及教师是否能给学生提供有效帮助的问题。有效帮助的途径之一就是给学生提供丰富的教学资源，由于体育课程具有健身性、挑战性、终身性的特性，因此，学生可以随时方便地使用充足的教学资源就显得尤为重要。

2. 改进学生的学习方式，提高体育学习的效率

为学生提供丰富的教学资源，不仅可以帮助学生完成教学任务，更深刻的意义在于逐渐培养学生独立学习的意识、能力和习惯。学生在体育课上学习练习的机会是有限的。课上他们没有掌握的知识与技能，课后他们完全可以重新学习一遍，实际上他们经历了一次自主学习的过程，这种自主学习的过程如果没有充足的教学资源做后盾，是很难实现的。除了自主学习外，教学中教师还可以利用提供教学资源的方式，指导学生学习新知识，掌握新技能。在我国近20年的学校体育改革中出现的快乐体育、探索学习、合作学习、课内外一体化等教学实验就是从让学生直接从利用体育教学资源入手，不再依赖教师和教材，成为有一定独立学习能力的人。

（三）有利于激发学生学习体育的兴趣，便于发展体能与运动技能

随着人类期望寿命的延长和余暇时间的增加，终身体育的问题也日益引起社会的重视。20世纪70年代初期，英国就提出要培养学生终身进行体育活动的兴趣和能力。日本也强调体育是贯穿人一生的生活内容，并制订了一系列计划方案。体育已是一些政府提高国民身体素质的重要措施，学校体育应担负起为终身体育奠定基础的重任。

当学校体育构建内容体系的时候，更多地将学生的发展放在中心地位，逻辑的起点不是"要求学生应掌握什么，体育科学知识供其考试来用"，而应是"通过体育学习学生获得了什么，对他现在及将来生活有用的知识"。学校体育目标、学校体育思维方式的转变势必引领课程标准的提升和课程内容的完善。

（四）有利于学生主体意识的形成和终身体育能力的培养

体育课程资源是实现课程目标的根本条件：科学、合理、创造性地开发课程资源，有利于实现和更新体育与健康课程内容，体现时代性、选择性和民族性。

1. 提高学生的综合素质及能力

有学生参与的课程资源开发不仅解决了场地器材问题，还提高了学生的实践能力，有利于突破学科界限，提高学生的综合素质，发挥体育在素质教育中的特殊作用。

2. 提高学生体育兴趣，为终身体育打下基础

一般来说，学校体育是终身体育的基础，只有保持和激发学生的运动兴趣才能使学生自觉、积极地进行体育锻炼。学校在课程资源开发过程中一改以往由教师一人独揽变为学生主动参与，通过对比课程资源开发前后的情况，发现学生对参加体育锻炼的兴趣有了明显的变化。可见，学生积极参与课程资源开发提升他们对体育的兴趣，最明显的变化是学生养成了经常参加体育锻炼的习惯，为终身体育打下了良好的基础。

3. 提高体育与健康课的教学质量

课程资源开发是实现学习目标的重要因素，因此，学校和教师完全可以根据自己

的实际情况选择不同的学习内容，采取不同的方法使学生达成学习目标。通过开发大量的课程资源充实到课堂，使得学生选择的空间增大，可以根据兴趣选择喜爱的项目进行学习，不仅提高了学生体育学习、身体练习、身体锻炼和运动竞赛的积极性，同时也为体育教师开展创造性的教学工作提供了很大空间。

（五）有利于充分发挥各种资源的作用

加强对自然地理课程资源开发利用。我国地域辽阔、地貌千姿百态、气候变化万千，空气、河流、日光、山林等都是不需要多大成本（甚至不需成本）的课程资源，应充分引起重视和开发，充分整合信息时代的信息优势，开发体育信息资源。对于部分信息技术欠发达地区而言，随着国民经济的发展、办学条件的改善，信息资源在学校体育课程中将会发挥独特的作用。

总之，充分开发体育课程资源有利于充分发挥各种资源优势；有利于提高教学行为的实效；有利于实现学习目标和课程目标。

二、影响体育课程与教学资源开发与利用的因素

影响体育课程教学资源开发与利用的因素有三个：一是人的因素；二是制度的因素；三是器物的因素。

（一）人的因素

学生对课程资源开发的需求程度。在实施选项教学的体育课程教学中，学生的需求对于课程资源的开发具有极其强大的推动力。尤其是在倡导探究学习与协作学习的教学氛围中，学生也会积极投身于课程资源的开发与利用活动。学生参与体育课的积极性及热情也深刻影响着体育教师对课程资源开发的热情和程度。

教师作为教学设计者与教学的主导者，对课程资源开发的投入程度直接影响着体育课程的开发。在新课程标准下，对于教学内容和教学方法的选择是由体育教师这角色来完成的。

学校领导对课程资源开发的支持程度也深刻影响着体育课程的资源开发。受片面追求升学率和校园安全责任的影响，学校等主管领导对课程资源开发的认可力度与支持力度对课程开发影响深远。目前，许多学校把校园体育设施中的单双杠、秋千、软绳等设施移除，导致具有一定危险性的师生拓展项目或极限项目的开展十分困难。

（二）制度的因素

制度层面影响课程开发的因素也很多。首先是"体育与健康"课程的培养目标；其次是学校为体育发展制定的制度、政策和法规；最后是体育科组或教研室对开发体育新兴项目的态度及积极性。

（三）器物的因素

器物因素对课程开发的影响主要表现在以下方面：体育课程一般都是在特定的环境中实施的，器物条件对课程资源的开发影响很大。其中器物条件包括：开设体育项目的器材；体育经费投入；场地设施情况；体育教师自身素质；体育教师的数量；新兴项目开发的数量与质量。

三、体育课程与教学资源开发与利用的原则

体育课程教学资源的开发与利用不是随意的，同样需要一定的原则来规范。基于体育课程资源的基本特征及类型的多样性，其开发与利用应该遵循如下原则：

（一）优先性原则

由于社会需要学生掌握的技能与知识非常多，学校在时间与教学资源的分配上必然按照教学目标进行分配。例如，学校体育教育的主要目的首先是让学生得到身体的锻炼，其次是通过体育锻炼让学生心理得到健康发展，那么，体育课程教学资源的开发与利用就必须以提高学生身体素质和运动能力为优先，发展学生其他素质为次要。

（二）因地制宜原则

在体育课程资源的开发与利用中，应该考虑本地区的文化组成、风俗习惯、人群思维方式以及当地教育局方针、学校实际条件等因素，力求做到有关体育课程资源的开发与利用，可与其他教学资源相互作用、相互补充，同时也应该注意各方面资源的合理、高效运用。例如，在民族传统体育的教学过程中，可以借用地区已有的大众体育健身场地和器材进行教学，或邀请资深民间民族传统体育专家进校教学等方式进行学校体育教学。

（三）个性原则

体育课程资源在具有不同的地方文化、政府政策、学校、学科和教师的情况下供给开发与利用的资源是多样化的，也是具有极大差异的。因此，体育课程资源的开发与利用必须遵循个性原则，应从各校的实际情况出发，扬长避短，积极对校本体育课程资源的开发与利用进行广泛、深入的研究。体育课程资源"校本化"开发与利用本身就是一项创造性、探究性的教学研究活动，不遵循其个性原则就会陷入经验主义、形式主义的泥潭。体育课程资源的开发和利用的"校本化"是其个性原则的充分体现。

（四）开放性原则

体育课程资源属于人类历史文明的产物，从历史性和世界性的角度来看，不但具

有继承性，更具有开放性。在瞬息万变的现代社会，开放性成为社会蓬勃发展的必要因素。因此，体育课程资源的开发与利用要以开放的心态对待人类的一切文明成果，以开放的态度对其进行研究和实践。体育课程资源开发与利用的开放性主要表现为空间、类型和途径三个方面。空间的开放性是指各学校、城乡、国内外等范畴，只要有利于提高教育教学质量的教学资源都应该加以开发与利用；类型的开放性是指不论以何种类型、形式存在的课程资源，只要有利于提高体育课程教学的质量，都应加以开发与利用；途径的开放性是指体育课程资源的开发与利用应该以多种形式进行，并且应该对新形式进行科学探究，而不能局限于某一形式。

（五）经济性原则

在相对于其他文化学科课程资源较少的情况下，体育课程资源的开发与利用更要突出其经济性。体育课程资源的开发与利用的经济性意味着校方以最少的人力、物力投入，而要达到最好的效果，其经济性主要表现于开支、时间、空间和学习等方面。开支的经济性是指以最少的经费开支达到理想的效果，或者是用最实效的方法达到教学资源开发与利用的目的。时间的经济性是指按照课程开展的先后顺序，从而合理安排课程资源开发与利用的时间。因为教学工作的时间是紧凑的、相对紧缺的，所以合理利用时间以及课程资源项目开发与利用的先后顺序显得尤为重要。空间的经济性是指体育课程教学资源的开发与利用应该根据体育课程重要性合理开展，原则上不应舍近求远，但若遇技术含量较高的项目也不乏远距离操作实施。学习的经济性是指尽可能开发与利用能激发学生学习兴趣的体育课程资源。假设开发应用的资源不适合学生使用，抑或是对学生技术掌握要求过高或过低都不利于学生学习兴趣的提高，体育课程资源的开发与利用将事倍功半。

（六）针对性原则

体育课程资源的开发与利用是专门为体育课程而设定，而且必须根据学生学校的条件、人数、性别、年龄阶段、教学目标而定，决不能漫无目的地广泛实施。由于体育课程资源本身的特殊性，决定了该种资源难以供给其他课程所用，因此，体育课程资源内部管理就必须十分严谨，从而避免体育课程资源的开发与利用成为一种教学资源的浪费。

（七）普适性原则

体育课程资源的开发与利用要在遵循其针对性原则的基础上兼顾其普适性。一方面，体育课程资源的开发与利用要针对不同教育阶段的学生；另一方面，在体育课程中学校往往要兼顾多个年级的办学模式。在这种复合办校的情况下，遵循体育课程资源开发与利用的普适性原则是学校体育管理的必然选择。

第三节　高校体育课程资源的平衡与优化配置

一、充分发掘学校周边自然环境资源优势

人类文化总是在与自然环境的不断调适中，逐渐得到进一步完善与发展。例如，在温带草原地区，学校可以利用独特的地域优势开发许多符合课程标准理念的体育课程；不必拘泥于形式开展所谓的现代体育项目。民族体育活动与民间体育活动都是不可多得的课程资源，若充分发掘地理优势和人文传统，高校的体育课程资源开发必然得到师生的普遍赞成。

有学者提出"绿色体育"，"绿色体育"是指人在大自然的绿色生态环境中发展体育活动和体育教学。可以把原有仅限于学校体育课堂的模拟跑、跳、投等基本能力的内容扩展到大自然，既能满足当代学生在体育活动中渴望自然的心理，又能培养人与大自然和谐统一的生态发展观念。

二、体育设施资源拓展

随着教育改革的逐渐深入，虽然学校体育课程的内容有些新变化，但体育课程内容大多还是传统的竞技性运动项目。虽然有些学校和教师已对这些运动项目内容进行一定程度上的改造，但仍然摆脱不了体育课程资源集中在学校的现象，尤其在当今的时代，难以满足学生要求拓展体育课程资源的要求。实现充分利用自然环境、社区资源开展体育教学的要求，学校体育与社区体育相结合，将成为体育设施资源不可避免的拓展的趋势。

三、体育教学内容与形式的挖掘与创新

体育教材是体育教学的主要依据。提倡开发利用课程教学资源，并不意味着不要体育教材。相反，教材仍然是最重要的课程教学资源。在课程目标和学习目标确定后，为更好地结合目标选用教材，体育教师必须在教学内容和形式上进行创新。例如，田径教材在面对不同水平的学生时，内容要求不同。不同的教师在选用同一内容教学方法与组织形式也不尽相同。如今诸多学校和教师都在研究同课异构。例如快速跑，这一内容对不同学习水平的学生和不同的体育教师教学内容与形式就会不同。体育教材的开发和建设需要体现时代发展的要求。教材只有在体裁、内容等方面有所创新和突破，

才能发挥其核心课程资源的作用。

四、教师的创新思维方式的培养

作为一名基层体育教师，通常会遇到教学资源不足的情况。临渊羡鱼，不如退而结网。体育教师的创新思维方式与创新思维意识需要加强。现代篮球运动就是詹姆斯·奈斯密斯在面对学生的需求时，运用创新思维方式发明出来的。有些教师把"叫号跑"这种形式发展成几十种教学手段，不仅用来提高身体素质，还用来改善运动技术和发展运动技能。

中华民族具有璀璨的民间体育文化。胡小明主编的《体育人类学》中收集了几百种民族传统体育活动的名称。如果能够把这些教学资源加以借鉴，必将拓展体育课堂的人文空间，也必将影响学生人文素质的提高。

加强体育教师队伍建设，是加强体育教学基础资源建设与开发的根本。体育教师的创新思维方式的培养则是根本中的根本。

五、教研活动的长期坚持

体育教师作为一种职业，同样存在职业技能，其技能也必然随着社会文化的发展而不断进步。开展教研活动对于体育教师提高自己的职业技能和教学水平至关重要。现代的体育课堂教学要突出体育文化的丰富性和人文色彩，使教学内容更加贴近学生和社会生活。现代体育与健康教材的编撰需要注重图文并茂，以增强教材的趣味性和生动性。这都需要体育教师不断地学习和相互借鉴。

新课程倡导贯彻"以学生发展为本"的理念，注重学生的能力培养。对于基层体育教师来说，不断学习尤为重要。随着新课程标准的实施，许多体育教师觉得不知道如何上课了，这就使体育教师不断地学习和相互借鉴显得更为重要和急迫。在信息社会中，学校已经不再是获取体育知识和信息的唯一渠道，家庭、公共运动场、电视、报纸、电台、书籍、互联网等，都提供了获取运用体育知识的机会。事实上，现代学生把握某些方面体育信息的速度和程度，远远超过体育教师。这就为体育课程教学提供了一种必要和可能：体育教师要尽快提升运用掌握常规教学以外的课程教学资源，提高现代化教学的能力。

体育课程教学资源的开发是一项崭新的教学实践活动，体育教师必须加强与同行之间、跨学科教师之间的相互合作，创造性地开发多种教学资源渠道，避免流于形式。这需要体育教师不断开展教研活动：体育教学要办出特色需要体育课组的成员不断推进教学改革，而教学改革离不开教研活动。

六、社区体育课程与教学资源的开发

社区体育是学生课余体育实践的重要场所。开发社区体育资源可以弥补学校体育活动与教学的不足。首先,加强了学校体育与社会的相互联系,有利于树立教育、社会、家庭一体化的观念。其次,有助于引进、更新教学内容以及改善教学条件,教师可以从发展体能、健身、康复、娱乐等多角度选择学生喜欢的教学内容,使学生自主活动,不断培养学生终身体育兴趣、意识、习惯,从而达到终身体育锻炼的目的。其次,社区体育资源的开发有助于充分发挥学校体育人类资源优势和信息优势,形成优势互补、资源共享的格局。

(一)社区体育课程教学资源为校外体育教学活动提供基础条件

社区中所有有关体育休闲资源均可为体育课程教学活动所利用。近年来,随着体育课程改革的深入和素质教育的推进,体育课向社区拓展已经成为必然趋势,社区体育资源开发与利用的程度不仅决定了校外体育教育在社区中的空间范围,也决定了社区对校外体育教学活动重视的程度。学校与小区具有一定程度的区域利益关系,特别是对于小区与学校在该区域少儿教育的目标是一致的。校外体育教育既有利于少年儿童发展,也符合社区居民的共同利益。为该区域学校提供体育教育资源也是社区应尽的义务,尤其是社区的体育设施和环境建设,为校外体育教学提供了补充性的物质条件,并提高体育教学的质量,增加体育教学活动的内容和形式。

(二)社区文化氛围是形成校外体育教育特色化发展的必要保证

按照要素的不同性质和特点,社区文化主要分为精神文化和物质文化两大类。社区精神文化主要包括社区居民的信仰、价值观念、行为规范、社会习俗等。社区物质文化是经过人类改造的自然环境和由人们有意识创造的物质产品及组织社区成员开展文化活动的设施和机构,是社区文化的有形部分,如文化宫、公园、体育场馆、儿童乐园等。社区物质文化决定着社区成员文化娱乐活动、体育健身活动、休闲活动的质量水平。因为学校文化在很大程度上受到社区文化的影响,所以学校在社区内进行体育课程资源开发与研究的时候,应考虑社区文化要素的影响,并积极融合于社区文化当中,使校外体育课程资源的开发与利用更具区域特色。

(三)社区的地域优势为校外体育教育提供适宜的教学空间

社区体育休闲设施是人们社会生活的基本条件。在家庭和学校之外,社区体育休闲资源是充实社会生活的一个重要方面。近年来独立单元化住宅的兴起让青少年获得更多独立空间用以学习和休闲,但是相对封闭的居住环境,使得邻居之间、同学之间的关系日益疏远,不利于青少年的身心尤其是性情方面的健康发展。充分利用与开发社区体育教学资源，在很大程度上可以改变这种状况。

（四）社区组织管理的完善使体育课程开发与利用成为现实

以地域为中心的社区教育组织的规范和完整，便于在本社区内对体育教育进行全方位的组织协调，使社区体育教育资源得到整体开发和合理配置。社区教育组织在组织管理上的优势，恰好弥补了校外体育教育组织权威性、统筹性相对较弱，覆盖面较小等诸多方面的不足，也为校外体育教育创造了更大、更好的外部环境，使校外体育教育的规范程度不断提高。

第六章 科学运动训练实践的探索

第一节 科学运动训练常识

一、运动对大学生体质健康的影响

（一）健康观念与运动参与

1. 个体健康观念的形成

随着现代医学的发展，人们个体健康观念的形式以及人类寿命的延长，使现代医学模式已经由原来单纯的生物型转变为"生物型—心理型—社会型"的医学模式。以前人们只关注个体的生物属性，对个体健康的理解仅仅是没有疾病；而现代个体健康概念强调的是作为有生物性和社会性两重属性意义的个体对不断变化的环境的适应能力和适应程度，强调个体在躯体、心理和社会适应方面的共同发展，以达到良好的适应状态。现代个体健康观念要求一个人不仅要有较高的躯体健康水平，而且也要有良好的心理素质和社会适应能力。

在这个层面上，人们把身体健康理解为：全身各器官发育良好，组织结构完整，生理指标没有异常，身体处在充满活力、健康的状态。

对心理健康的理解则是：智力发育正常，人际关系良好，情感、意志力行为没有缺陷，社会适应能力强。

社会适应健康指的是：个体如何在社会上与人友好相处，以及如何应对、适应对方而做出反应，个体与社会习俗和社会制度如何相互作用。

社会进步和经济发展给人类带来了越来越多的健康问题。20世纪中叶，"运动缺乏"对健康的威胁逐渐被人们所重视。到了20世纪70年代，美国学者John Knowles撰写了《个人的责任》一书，他认为个人健康最大的敌人就是个人本身。在此观点的影响下，20世纪80年代美国发动了一场以改变个人健康行为为目的的"健康促进运动"。这场健康促进运动对于改善个体健康状态起到了很重要的作用。近年，华裔加拿大医学思想家谢华真博士提出了一个新的基本理念——"健商"。其定义是"一个人运用自己的智力保持健康的能力"。"健商"概念的提出说明人们的健康意识已是世界范围内的普遍问题。

缺乏锻炼、高脂肪和高胆固醇的饮食、紧张、吸烟、酗酒、滥用药物、接触化学毒物和不良性行为等都会引起严重的个体健康问题甚至导致死亡。相反，经常性的身体运动、注意饮食、保持良好的心态、杜绝不良嗜好和重视安全保护等，对于个体健康是有益的。

2.个体健康观念对体育运动参与的影响

人们想要获得健康的身体离不开参与体育运动，首先要从养成良好的生活方式入手，坚持规律的体育运动，其次要全方位地对体育运动有正确的认知。体育运动能促进人们对健康知识拥有求知欲望，一个人所获得的运动健康知识量会决定他参与体育活动的信心。保障人们毅然参与体育运动锻炼的基础是，人们能够清楚地认识到体育运动对人体健康的促进作用。在进行体育锻炼的实践中，个体一旦体会到了体育锻炼对生活状态产生的积极影响，就会不由自主地提高运动锻炼的持久性和自觉性，最终体育锻炼将成为生活中相对稳定的一部分内容。

（二）适量运动对个体健康的影响

1.对适量运动的界定

适量运动是指根据运动者的个人身体状况、场地、器材和气候条件，选择适合的运动项目，使运动负荷不超过人体的承受能力。运动过程中的运动强度、持续时间和运动频率要适宜，运动时的心率范围要控制在 120～150 次/分钟；机体无不良反应，运动后略觉疲劳，恢复速度快；情绪和食欲良好，睡眠质量高，睡醒后感觉精力充沛。

2.适量运动对人体生理机能的影响

（1）对心血管机能的影响。适量运动能使心肌纤维增粗、心壁增厚、心脏重量和容积都增大，使心肌的收缩性增强，心肌耗氧量明显降低，具有较高的心肌耗氧效率和能量节省能力，还能使心肌 ATP 酶的活性提高，左心室压力最大升降加快，对钙的摄取和释放速率加快，促进心肌的收缩和舒张，使脉搏输出量增加。

适量运动能使心肌糖原贮量和糖原分解酶活性增强，三酰甘油（甘油三酯）转化速度加快，线粒体氧化磷酸化和氧的摄取能力均得到提高。

适量运动时冠状动脉的血流量成倍增加，改善了心肌营养与氧气的供应，加强了代谢。适量运动还能增加动脉血管的弹性，使血管在器官内的分布数量增加，有利于器官组织的供血和功能的提高。

（2）对呼吸功能的影响。适量运动可以增加肺组织的弹性，增强呼吸肌的力量和耐力，使呼吸频率减慢，呼吸深度增加，肺通气和肺换气的效率提高，血红蛋白含量增高，组织的氧利用率提高，继而吸氧量也会随之改善。

（3）对神经系统机能的影响。适量运动可促进神经系统的生长发育，使脑的重量和大脑皮质（大脑皮层）厚度增加，大脑皮质表面积增大；还可以加快脑细胞的新陈代谢，对提高脑细胞的功能、工作效率及对脑细胞功能的保护都有良好作用。

在进行适量运动时，人体各部分之间的协调配合会比平时更好，内脏系统活动能迅速激活，自主神经调节活动的均衡性会加强。适量运动能使神经细胞的工作强度、兴奋抑制转换的灵活性及均衡性都得到提高。由于运动时减少了脑血流的阻力，因此运动还有防止动脉硬化的作用。经常参加适量运动的人的记忆力与大脑工作的耐久力都比较强，反应更快、更敏锐，神经系统的分析、综合和控制能力会增强，工作效率也会提高。

（4）对运动系统机能的影响。适量运动可以使骨密度增加，骨骼变粗，肌肉附着处的骨突增大，骨小梁排列更为规则。这些变化提高了骨骼抗折断、弯曲、压拉及扭转等方面的能力。另外，适量运动还可以刺激长骨增长，使人长高。

（5）对免疫功能的影响。适度运动是机体对运动应激的生理性适应，表现为机体免疫机能力增强，不易感冒，增强机体抵抗病毒的能力。

（6）对胃肠机能的影响。适量运动可使胃肠蠕动增强，血液循环得到改善，消化液分泌增加，加速营养物质的转化与吸收。适量运动时呼吸运动会增强，膈肌活动范围加大，对腹壁胃肠能起到按摩作用，从而促进消化吸收。

（7）对身体成分的改善。适量运动可促进脂肪分解，促进肌肉蛋白质的合成，使体脂含量减少，体重增加，有利于改善和保持正常的身体成分，预防与身体成分异常有关的疾病发生。

（8）防治疾病。适量运动能全面增强身体各器官系统的机能，提高机体对内环境变化的适应能力，起到防治疾病的作用。

适量运动对降低正常人或轻度高血压患者的血压有良好的作用，可以预防和治疗高血压，延缓动脉粥样斑块的发展，增加冠状动脉的贮备，在心血管疾病的防治上具有重要意义。适量运动可以有效减缓随年龄增长而发生的骨质疏松症状。

适量运动有助于调整神经系统的活动状态，协调各中枢神经系统间兴奋与抑制的平衡，改善其机能活动；同时使运动者的情绪得到改善，心理负担减轻，有防治神经衰弱的作用。

适量运动可增加胰岛素受体对胰岛素的亲和力，促进肌肉对糖的利用、降低血糖，增加肌肉对脂肪酸的利用、降低血脂，从而起到防治糖尿病的作用。

（9）延缓衰老。参与适量的体育锻炼可以有效改善人体心血管系统的机能，加快新陈代谢，清除体内自由基，增强免疫系统的功能，提高机体抗氧化能力，改善机体内分泌，保持身体活力，延缓衰老。

3.适量运动对人体心理机能的影响

第一，对人体没有伤害的适量运动可以有效促进大脑思维的良好发育。

第二，通过提高本体运动感知觉，使人对自身更加了解。

第三，通过运动表象，提高认知和记忆能力，主要体现在以下方面：①通过运动形象、想象、模仿和直觉思维及空间判断活动，提高右脑机能；②通过运动时多种感、知觉的参与，从整体角度对信息进行综合、决策和应答，从而对对手的意图及可能采取的行动做出判断和预测，做好与同伴的战术配合等活动的同时，提高操作思维和直觉思维能力；③通过视觉的快速搜索（球和同伴的位置）、准确预测（球的落点）、决策与反应选择（必须决定做出何种应答反应，为行动留出时间）、快速有力的始发动作（起跑）、完成动作（协调、适宜、有效地支配身体完成动作）等活动，提高心理敏捷性。

第四，适量运动对人的情绪有良好的影响，主要体现在以下方面：①通过克服困难、竞争、冒险、把握机会，追求不确定结果，达到目标、控制、成功及挫折等过程，产生丰富的情绪体验；②适量运动具有宣泄、中和、抵消和对抗不愉快（负性）情绪和焦虑的作用；③适量运动可适应和对抗应激刺激，提高心理应激能力；④适量运动后可出现良好的心理状态；⑤适量运动具有兴奋和充满活力的特点，有抗抑郁的作用。

第五，适量运动可使运动者产生特殊的体验，主要体现在以下方面：①高峰表现，运动者有时可出现超出正常机能水平的行为表现；②流畅体验，运动过程中有时可出现理想的内部体验状态，表现出忘却、投入、乐趣、享受和控制感；③跑步者高潮，跑步者在跑步时会出现瞬间的欣快感。

第六，适量运动可促进心理建设，主要体现在以下方面：①人在适量运动中一次次证明自己的能力，使自我概念发生积极变化；②适量运动可促进人的社会化过程；③适量运动可培养人的自信心；④适量运动可培养人的进取精神。

（三）过度运动对个体健康的影响

1.过度运动的界定

体育锻炼中的过度运动涵盖了以下两方面的意思：

第一，进行体育锻炼时，由于大量运动使体内机能发生改变，营养不良、思想波动、运用恢复手段无效等，会使身体正常的负荷被改变为超负荷量，让主动运动转变为被动运动的应激刺激。

第二，当体育运动的运动量超过人体所能承受的极限时，会造成人体在能量、精神上过度消耗，短时间内无法恢复正常体力。两种运动过量的任何一种都会使人的运动能力减退，使身体出现非正常的心理症状和心理状态，会极大地损害人体健康。

造成过度运动的具体原因有以下三点：

第一，安排和身体体质不相符的运动量。运动持续时间过长、强度过大会引发身体极度疲劳。

第二，患病后过早恢复锻炼或刚恢复锻炼时的运动量过大。

第三，没有养成良好的生活习惯，营养不良或不均衡、作息不规律、心情不快乐等。

2. 过度运动对人体生理机能的影响

人们在运动中为了快速达到锻炼效果，往往不注意劳逸结合，给身体带来极重的负荷。过量运动会导致大脑早衰，体内各器官供氧、供血会失去平衡，体内免疫机制严重受损，这样不但达不到健身的效果，反而会加速全身各器官的衰老。

（1）容易发生运动损伤。对于处在运动锻炼初始阶段的人来说，连续过量的运动容易造成肌肉和骨附着力点处的疲劳、骨折和关节慢性劳损，具体表现为关节肿胀和疼痛。

青春期少年过度运动易导致运动损伤，如体操运动员的应力骨折、赛跑运动员的胫前肌综合征，以及其他专项运动综合征，如游泳肩、疲劳性骨膜炎和网球肘等。

（2）对抗氧化能力的影响。运动者的身体长期处于负荷量过重的状态，会增加体内的自由基含量，使机体的抗氧化能力明显下降，容易引发疾病、疲劳和骨骼损伤，进而加速人体衰老的进程。

（3）对骨骼肌机能的影响。过度的运动会使运动者肌肉超微结构损伤，改变物质代谢，使骨骼肌收缩能力下降，体内钙离子浓度增强，肌肉细胞内的钙离子平衡紊乱，带来肌肉酸痛、肌腱损伤等。

（4）对泌尿系统的影响。人在运动锻炼中机体大量排汗，导致肾脏血流量减少，尿液浓缩就会产生高渗性原尿。运动量超过人体承受负荷时，体内血管收缩缺氧，致使二氧化碳滞留体内，滤过膜通透性增加，导致肾脏受损，严重者可导致运动性血尿。

（5）对胃肠机能的影响。过度的运动对运动者肠胃的损害也相当大，容易导致肠胃功能紊乱、食欲不振，伴有头晕、恶心等现象。

（6）对神经系统的影响。过度进行体育锻炼对神经系统的影响主要有出现头痛、失眠、头晕、记忆力下降等现象，严重的可导致人体出现自主神经紊乱的症状，主要表现为面色苍白、恶心、出汗、耳鸣等；更有甚者会因失去肌张力而导致丧失意识，突然昏厥。

（7）对心血管机能的影响。过度运动对人体心血管机能的影响尤为严重。运动者不能很好地将自己的运动量控制在合适范围内，容易给心肌毛细血管造成持续性损伤，心肌收缩功能和舒张功能也会因此有不同程度的损伤，还会造成心肌细胞发生缺氧、心肌力学指标明显下降。

具体表现为：心律不齐、胸闷、气短和休息时心率加快，运动后心率恢复很慢等；血小板的聚集机能明显增强，身体外周循环机能异常，血容量骤减、血压下降造成组织的缺血缺氧，最后引起过度性休克。

（8）对免疫机能的影响。过度运动对机体免疫机能的影响为：它可促进具有免疫抑制作用的激素释放，进而使机体的免疫能力被抑制，使人体免疫、抵抗功能下降，影响机体健康。人体在进行剧烈运动时，肾上腺素和皮质醇含量会增高，当它们的含量超过一定程度时，脾脏产生白细胞的能力就会大大减弱，淋巴细胞和自然杀伤细胞的活性也会相对降低。同时还会降低人体的免疫力，增加呼吸系统的感染概率，造成全身乏力，易感冒，体重减轻，使肺炎、肠道炎等感染性疾病的患病率大大提高，并增加自身免疫性疾病的患病概率。

（9）对生殖系统的影响。女性在青春期过度运动可能导致月经周期异常，外阴创伤，卵巢扭转、破裂，子宫内膜异位症等症状。

（四）运动缺乏对个体健康的影响

1. 对运动缺乏的界定

运动缺乏是引起慢性非传染性疾病（和生活息息相关的慢性病）的一级危险因素，这些慢性疾病包括高血压、糖尿病、冠心病和高血脂等，这一类疾病的患者基本上很少运动或者根本不运动。一个人如果每周运动不足 3 次、每次运动时间不足 10 分钟，就可定为运动强度偏低；如果运动时心率低于 110 次 / 分钟，则可定为运动缺乏。缺乏运动会对人体健康产生极大的不利影响。

2. 运动缺乏对人体生理机能的影响

人体长期缺乏运动，会降低身体新陈代谢的能力，引发多种肌肉关节疾病，例如骨质疏松、肩周炎、颈椎病等，同时也会给身体带来不良的反应，导致心肺机能下降。人们长期久坐不动，很容易患上坐骨神经痛、痔疮、盆腔瘀血等症状；久坐不动还可以使人体抵抗力下降，增加患病的概率。运动缺乏易导致心肌损伤，增加老年人的死亡率，加速衰老，导致中风、糖尿病、心绞痛等发病率明显上升，运动缺乏对人体健康的不利影响极为重大。

运动缺乏的人可能会出现记忆力减退、注意力难集中、精神不振、担心自己的健康、多梦、疲劳、情绪不稳定、用脑后疲劳、耐力下降、困倦、烦躁、健忘、虚弱、活动后疲劳、易怒、失眠、有压抑感、思维效率低、易感冒、嗜睡、四肢乏力、有不愉快感、头晕、目眩、抑郁、头疼、腰膝酸痛及脱发等亚健康症状。

（五）运动与健康促进

1. 体育运动对健康的促进作用

（1）健康生活方式与健康促进。实践证明，相对于药物的有效性，培养良好的生活方式对促进人们的健康有更重大的意义。体育锻炼和健康促进紧密相连。如果人们每天都能坚持做到保证 7 ~ 8 小时的睡眠，坚持少食多餐，不抽烟不酗酒，适当地进行体育锻炼，注重早餐的营养搭配和保持好标准的体重，这些良好的生活方式将在很大程度上促进健康的积极发展。

（2）体力活动与惰性病。现代社会经济高速发展，人类受机械化和快节奏生活的影响，运动已经不再是基本的生活方式，而是一种奢侈。大多数人由于缺乏运动，导致人体的各项机能得不到有效的磨合，抵抗力减弱，各种疾病开始袭来。人体处于一种亚健康状态，使胆结石、高血压、肥胖病等各种慢性病成为生活中的常见病，损害人体健康。

2.促进健康的身体运动量

促进健康最有效的方式之一就是运动。运动不仅能保证身体的灵活性，还能缓解心情，使人身心愉悦。经常参加体育锻炼的人，精神抖擞，面色红润，在工作、学习、生活中都能投入较高的热情和活力。

（六）大学生的运动健康促进策略

1.增加运动器材与设备

时尚先进的运动器材可以有效地吸引学生参与运动。因此，高校财政部门应该在大学生运动器材上多投入些财力，购置先进的运动设备，为学生提供优良的运动资源，以保障他们参加运动的乐趣。

2.鼓励同伴一起参与运动

在体育锻炼中，同伴的鼓励和支持是不可或缺的重要因素，这一点对于大学生参与运动锻炼来说也非常重要。因此，大学生在参与运动的时候可以树立团体运动意识，积极参与学生间的运动项目，从而促进个体的运动锻炼。

3.增设多样化运动社团

多姿多彩的大学校园社团也是促进大学生能够规律地参加运动的一个重要因素。因此，学校可以根据学生不同的兴趣爱好，组建多元化的运动社团来鼓励学生参加社团，多方面培养大学生参与运动的习惯，使他们从多种运动项目中找到自己喜爱并能坚持的运动。

4.增进运动时的正面感受

大学生如果能在所有的体育锻炼项目中找到适合自己的运动，那么运动就不但是一种强身健体的方法，而且是一种自己放松精神的方式。所以，高校应该多在体育课堂上讲解体育运动的内容以及运动的趣味性，传递运动的乐趣。这样，学生不仅能够在体育锻炼中体验到运动的快乐，还能培养学生养成长期坚持运动的良好习惯。

二、运动促进健康的类型

（一）有氧运动

1. 有氧运动的概念

人体的所有活动都需要能量。这些活动包括人体自身的生理活动，如呼吸、心跳、消化等，还包括人体每天在生活、学习、工作和娱乐等过程中涉及的活动，如行走、跳跃、说话等。这些活动所需的能量来源于在细胞中进行的物质转变成能量的过程，也就是把我们每天进食的食物分子中储存的化学能转变成能被生命等各种活动过程利用的能量的过程。

人体所能利用的直接能量形式是三磷酸腺苷（ATP），其储存在各种营养素中的能量必须转变成 ATP 的形式才能为人体的各种需能过程所利用。完成这种转变的方式就是能量代谢过程，一般来讲，区分有氧代谢过程和无氧代谢过程，会依据在体育运动中能量代谢是否有氧气的参与。不同的代谢过程的利用的能源物质也不同，无氧代谢主要利用糖，这会产生较多的代谢副产物——乳酸；有氧代谢可以利用糖、脂肪和蛋白质，由于只产生少量乳酸，因此有氧代谢类型的运动比较轻松、愉快，运动时间较长。人体在正常活动时主要通过有氧代谢来获得能量，而在某些特殊情况下则主要通过无氧代谢来获得能量。运动时，由于运动的强度（剧烈程度）不同，体内为运动提供能量需要的代谢过程也不相同。我们如何判断体内进行的是有氧代谢还是无氧代谢？一般来讲，100 米跑或 800 米跑运动中的冲刺、跳跃等均属于以无氧代谢供能为主的项目，称为无氧运动；长跑、越野赛、长距离的自行车赛和游泳，以及日常生活中的散步、慢跑等则属于以有氧代谢供能为主的项目，称为有氧运动。

2. 有氧运动的发展状况和特点

有氧运动是按照人体运动的能量代谢类型进行分类的一种运动形式。

有氧运动兴起于 20 世纪 60 年代，由于体力劳动骤减、营养摄入不合理和精神压力剧增等原因，非传染性疾病（俗称"文明病"）成为威胁人类健康的首要因素，寻找能有效预防和治疗非传染性疾病的方法成了当时研究的热点。美国医生库伯（Cooper）用了 4 年的时间进行健身与健康关系指导的研究，于 1968 年发表了《有氧代谢运动》《12 分钟跑体能测验》及《有氧运动得分制》等专著，系统阐述了有氧代谢运动的原理、健身作用及评估方法，提出了有氧健身运动的理念，在西方国家引发了以有氧运动为主的健身热潮。其中影响最大的是他编写的《有氧代谢运动——通向全面身心健康之路》一书，已被译成 25 种文字、发行 1200 万余册，为世界许多国家采用。

现代社会中得益于"全民健身"的口号，健身运动在全世界的被重视程度越来越高，但是有氧运动仍然占据主导地位，而且还有不断扩展的趋势，其主要原因是有氧运动在促进人体健康和健身效果方面具有独特的作用。有氧运动主要有五个方面的特点：

第一，运动项目难度不大，易掌握。

第二，运动过程中身心愉快、轻松，没有任何不适的感觉。

第三，健身效果突出。

第四，运动不受环境、场地限制，运动成本不高。

第五，可以良好地保持标准体重。

3. 有氧运动对人体的影响

（1）有氧运动对物质能量代谢的影响。运动中的有氧运动主要是指运动机能在能量转换中有氧气参与，在有氧代谢下，糖分、脂肪、蛋白质被氧化成水和二氧化碳的过程；在代谢过程中能释放能量合成中被称作细胞燃料的糖、脂肪和蛋白质。

（2）有氧运动对心血管系统的影响。进行耐力性有氧运动对人体心脏的作用可分为两种：一是可以有效提高心肌力量；二是可以改善心率的变化。能直接反映心脏机能强弱的标志就是心率的高低，运动对于心脏机能产生的影响可以通过心率的变化来判断。运动锻炼对循环功能的主要影响是心输出量的增加，促使体内各组织器官的血流量进行重新分配，尤其是骨骼肌血流量大量增加，用来满足人体新陈代谢的能量供应，从而提高人体的活动能力。

（3）有氧运动对体能的影响。有氧运动对人体健康的作用不可估量。长期、规律地坚持进行有氧运动锻炼，就能够自然地刺激机体内的循环、消化、神经、呼吸及内分泌系统，能有效地促进青少年的生长发育，帮助人们保持充沛、旺盛的精力，并保障全身各器官的正常运转，增强体质，延缓衰老。

4. 常见的有氧运动

（1）健身跑。健身跑通常又被称作慢跑，在运动过程中它一般用时较长，速度较慢，运动距离长，不分年龄，不限性别，不受场地、器材的限制，人们可以随时随地地在公园、田径场进行锻炼。

（2）有氧健身操。人们通常称在有氧供能的条件下进行锻炼的节奏感强、集体的体操和舞蹈为有氧健身操。长期且有规律地坚持有氧健身操运动对于提高人体的心肺功能、预防心血管疾病、消除多余脂肪和改善体形都有非常积极的作用。

有氧健身操对人们具有很好的健身、健心作用。人体进入中老年阶段之后，各器官机能逐渐减弱，而有氧健身操以其自身的全面性、均衡性的特点，科学地延缓了各器官机能的减弱，从而使机能提高，使人们更加热爱生活，对未来充满信心。另外，健身操在塑造人体美的同时，还在潜移默化地影响着人们的情操，使人胸怀豁达，形成对生活乐观进取的态度。

（二）休闲运动

1. 休闲的概念

在 21 世纪的现代社会中，大家普遍认为，只应在"实现价值"的工作上全力以赴，休闲健身还只是被定位在"怡情"上。所以为了更高质量地提升人们的身心健康，我们必须重新定义娱乐、休闲和游戏能够给人们带来精神放松和身体健康的意义。

然而，因为休闲涉及的领域极为广泛，想要给休闲下一个准确的定义非常困难。但是，休闲却一定和当时的心态、时间、运动方式和生活状态有很大的关系，这点是不可否认的。

2. 休闲运动

随着社会的进步和经济的高速发展，社会对休闲活动的需求也不断增加，丰富多彩的休闲活动成为人们日常生活中不可或缺的重要内容。它不仅有益健康，还能增强幸福感，提高生活能力。

休闲活动有两类：一类为动态，另一类为静态。动态的休闲活动主要就是休闲运动。休闲运动是人们利用闲暇时间，为了增进健康、丰富业余生活，同时达到修身养性的目的所进行的各种锻炼身体的运动方式。休闲运动让人们善度余暇，合理支配时间，同时是一种能够提高生活质量的社会文化活动。

3. 休闲运动的特征

（1）娱乐性。休闲运动的意义在于它赋予了身体运动独立的价值和乐趣，更完美地诠释了运动的快乐精神，它既不像竞技运动那样紧张和具有强迫性，也不会像单纯无目的的锻炼那么无趣，休闲运动是用富有情趣的生活内容来充实人们的闲暇时光，让人不管是身体上还是精神上都能得到极大的放松。

（2）创造性。健康的身体使人精神愉悦、精力充沛，能更好地从事我们感兴趣的游戏和运动。人们在进行休闲运动时、在与同伴进行各种活动的过程中，活动和环境的融合以及相对开放的社会空间，会引起人们情感的共鸣和审美的升华，让人体实现自身的超越，这种超越是由创作力所激发。

部分休闲运动也具有一定的挑战性，当某项运动的难度与运动者本人的技能相吻合的时候，运动者本人会在精神上高度投入与享受，心情也会极为舒畅。休闲运动中像攀岩、跳伞、潜水、蹦极等具有新奇性和冒险性的项目，可以在很大程度上满足运动者的探索感。

（3）可选择性。休闲运动可选择的项目是多种多样的，它还包括选择接受参与休闲运动时会有的限制和规则，如老年人可以在秧歌、舞蹈乃至遛鸟等活动的群体中放松自我，精神得到满足；也可以在学校操场、球场或者健身房、青山绿水中体验不同的人生感受，享受繁忙、紧张工作之余的快乐。

三、运动促进个体健康实施的原则

（一）科学性原则

体育锻炼要讲究科学性，参加体育锻炼以前，必须进行相关健康测量与评价，以了解身体的发育和健康状况，尤其是心血管系统和呼吸系统的机能状况，并根据健康评价结果、个人的兴趣爱好合理地选择运动内容，合理地安排运动负荷、运动持续时间和运动频率。应选择全面锻炼、强度容易控制的、以提高心肺机能为主的有氧运动项目，选择能够对人体各部位、各器官系统的机能，各种素质和基本活动能力进行全面、系统锻炼的项目，以促进人体的全面发展。同时要保障体育锻炼与卫生相结合，注意均衡的饮食和营养，保证充足的睡眠，保持积极乐观的情绪及平和的心态，从而达到增强体质和提高健康水平的目的。

（二）适用性原则

体育锻炼计划应符合人体的运动规律，任务难度要适中，并符合体育锻炼对象的年龄、能力等。过易或过难，都容易导致锻炼者的兴趣消退，影响锻炼的效果。

体育锻炼计划应具有全面发展身体、锻炼方法多样、形式灵活等特点。例如，经常练习长跑的人，也要尽量做体操、打篮球；经常打乒乓球的人，也要多练习长跑等。

体育锻炼计划还应充分考虑环境、运动场地、器材、设施及服装等条件，以便于计划真正落实。一些对场地、器材要求不高的运动项目具有强适应性，如跑步、快走等，在选择运动项目时可作为首选项目。

（三）循序渐进性原则

该原则是指在进行体育锻炼时，必须根据人体发展规律和个人的实际情况，逐步地提高锻炼的要求。运动的强度要由小到大，运动时间要由短到长，运动量要由少到多。对于长期系统的锻炼来说，循序渐进原则还应该体现在锻炼中总负荷量要逐渐增加，因为随着锻炼效果的发展以及体质的增强，机体对原来负荷所产生的反应会越来越小，锻炼的效果会有所减弱。因此，必须逐渐增加运动负荷的总量。对于某一次锻炼来说，机体从相对安静到运动状态需要克服内脏器官的生理惰性而有一个逐步适应的过程，因此，一次锻炼的运动负荷量要遵循从小到大的渐进性规律。

（四）长期性原则

体育锻炼一定要科学、系统、有计划地进行，才能积累锻炼效果，逐步改善人体形态和机体各器官的机能，达到健身的目的。研究证明，通过体育锻炼所获得的生理机能的增强会因锻炼的终止而降低。因此，要想获得理想的健身效果，体育锻炼要持之以恒，不能中断。

（五）启动积极的运动计划

我国体育运动中占有优势的项目有跳水、乒乓球、射击、体操、武术等，综合来讲，这些项目都对人体的柔韧性、协调性、灵敏性要求较高，足以证明我国人民在这些技能方面是有很大优势的。

健康最重要的因素就是坚持运动，医学之父希波克拉底有一句流传了2000多年的名句——"阳光、空气、水和运动，是生命和健康的源泉"。因此，想要获得健康的体魄，除了大自然提供的阳光、空气、水等，还需要坚持不懈地进行运动，所以，现在就应开始行动起来，给自己制订一个积极的健身运动计划。

1. 运动时兴趣是最好的老师

现实生活中，大部分人就是因为兴趣才会不断地走进运动场中进行锻炼，正是由于对运动的项目感兴趣，才会使我们在锻炼的过程中不会感到枯燥、乏味，反而充满快乐；也是因为兴趣这个老师，我们在运动中才会全身心投入，运动技能才得以快速提升。

2. 选择运动项目之前做好评价

评价指的是运动者要对自己的身体状况有充分的了解，因材施艺地选择合适的项目进行锻炼。例如，力量和爆发力强的学生可以选择田径运动中的项目进行锻炼，如举重、投掷、跳跃类、短跑；身体灵敏性好的学生应尽可能地选择球类运动或者田径运动中的跳高、跨栏等项目锻炼；柔韧性强、协调性好的学生就可以多考虑武术、健美操、拉丁舞之类的运动。

3. 迅速提高运动技能的方法

（1）注重基本功的练习。俗话说："万丈高楼平地起。"良好的运动技能一定要建立在扎实的基本功之上，想要提高运动技能，一定要从最根本的基本功开始练习。扎实稳健的基本功，是提高运动技能的良好开端。

（2）良好的身体素质奠定了提高技能的基础。良好的身体素质也是提升运动技能的必要条件之一，运动者想要掌握高超的运动技能，没有良好的身体素质的支持是很难达成的。总体来讲，体能的改善和运动技能的提高是相辅相成的，二者相互成就。由于多数运动项目对于体能的改善是局部性的，所以，运动者在日常锻炼时一定要有意识地进行一些基本的体能训练。像游泳、健身等都是体能训练不错的方式。

四、运动中常见的生理反应及预防

人们为了强身健体和增进体能，在日常生活中总是有目的地进行运动锻炼，但是在锻炼过程中，如果姿势不正确或者锻炼方法不当就会产生运动损伤。如果因为运动损伤影响到身心健康甚至造成终身遗憾，就违背了我们参与运动锻炼的初衷。所以，在进行运动锻炼前，一定要先了解、学习一些基本的防治运动损伤的知识，正确地进行锻炼，避免运动损伤。

（一）运动中常见的生理反应及注意事项

1. 运动性腹痛

（1）概念。在非疾病的原因下，运动时出现不同程度的腹部疼痛的现象称为"运动性腹痛"，这些现象多发生在较长距离的跑步时。

（2）处理方法。排除疾病的可能后，尽可能地采取减速慢跑和调整呼吸的运动策略，并用手部对疼痛部位进行轻轻按压来缓解疼痛。假如症状得不到缓解反而有所加重，应立即停止运动或到医院进行诊断和治疗。

2. 肌肉酸痛

（1）概念。由运动引起的肌肉酸痛一般可以分为急性肌肉酸痛和慢性肌肉酸痛（迟发性的肌肉酸痛）两种。急性肌肉酸痛有别于肌肉拉伤，可因肌肉的暂时性缺血造成酸痛现象，常伴随肌肉僵硬的现象，在肌肉做剧烈运动时才会发生，肌肉活动一结束，经过简单的恢复措施、不需治疗即可消失。有时肌肉酸痛不是即刻发生在运动结束后，而是发生在运动结束后的1~2天，称为延迟性肌肉酸痛。

（2）处理方法。缓解肌肉酸痛最好的方法是采用按摩和热敷的方法，帮助肌肉放松，促进酸痛部位的血液循环，缓解酸痛；还可以进行适度的静力拉伸练习，帮助肌纤维进行修复。

3. 肌肉痉挛

（1）概念。肌肉痉挛又被称作抽筋，是指肌肉不由自主地强直收缩。在进行运动练习时，最容易抽筋的部位是小腿三头肌，然后是足底的屈拇肌和屈趾肌。肌肉发生痉挛时，常常疼痛难忍，并且短时间内不容易缓解。

（2）处理方法。根据痉挛部位，牵引痉挛肌肉，即可缓解。例如，游泳中发生腓肠肌痉挛时，不要惊慌，深吸一口气，仰浮于水面，用抽筋肢体对侧的手握住抽筋肢体的足趾，用力向身体方向回拉，同时用同侧的手掌压在抽筋肢体的膝盖上，伸直膝关节，即可缓解；如果不行，应大声呼救或立即上岸处理。

4. 运动性中暑

（1）概念。中暑是指在高温和热辐射的长时间作用下，发生体温调节障碍，水、电解质代谢紊乱及神经系统功能受到损害的症状。根据发病机制和临床表现的不同，通常可将中暑分为热痉挛、热衰竭和热（日）射病。运动性中暑通常指由于运动大量产热造成运动者体内过热，发生高热出汗或肤燥无汗、烦躁、口渴、神昏抽搐，或以呕吐腹痛为主要表现的疾病。此症多见于从事较长时间或较大强度运动的运动者。

（2）处理方法。运动中运动者发生中暑时，首先应把患者送到阴凉通风处，对患者进行降温治疗，可采取药物降温法和物理降温法，并同时给患者补充葡萄糖溶液或者生理盐水。中暑严重的患者在经临时处理后，应紧急送往医院进行治疗。

（二）运动注意事项

1. 剧烈运动后的洗浴

剧烈运动后，通常会汗流浃背和身体疲劳，这时是不宜进行冷水浴的。众所周知，在运动过程中会消耗肌肉很多的营养物质，同时机体新陈代谢会增强。体内因为运动所产生的热量需要散发出去，即使运动停止，汗腺的散热任务也不会立刻停止。如果运动后立即进行冷水浴，会导致皮下血管突然收缩，体内的热量不能够很好地散发出去，人体积留太多热量就会生病，因此剧烈运动后一定要采取温水洗浴，通过增进血液循环，消除疲劳。

2. 剧烈运动前后的饮食

运动时血液大量地供向运动系统的肌肉，如果进食后立即运动的话，消化系统还要承担繁重的消化任务，就可能会产生供血不足以及影响消化系统的运作，导致肠胃疾病。运动前后和进食之间最少要有半个小时的时间间隔，这样消化系统的负担很小，也容易获得理想的锻炼效果。

3. 运动中的饮水

运动不仅会大量消耗能量，运动后因大量出汗也会丧失水分，人体缺水就会影响生理机能的工作能力。及时给身体补充体内流失的水分是生理的需要，不然运动者会出现口干舌燥、精神不振的现象。

4. 运动中的呼吸

运动中一直提倡用鼻子呼吸，但是有些学生认为运动时会增加通气量，单纯用鼻子呼吸根本满足不了人体的通气需求。其实，这种想法是不正确的，掌握好运动节奏，两个鼻孔完全可以满足人体通气的需求。假如实在难以做到，而又为了减少细菌的侵入，可在呼气的时候用嘴巴来辅助，但一定要用鼻子来完成吸气动作。

（三）运动性疲劳及其恢复

1. 运动性疲劳

（1）运动性疲劳的定义。运动疲劳是一种正常的生理现象，通常是由于运动时间过长，导致身体功能出现暂时性下降，这对人体健康没有妨碍，一般通过休息就可以调整过来。

（2）运动性疲劳的成因。运动性疲劳也是一种生理性疲劳，是指在过度运动后身体会暂时性降低机体的运动能力。运动过程中，身体疲劳和心理疲劳有着密不可分的关系，两者相互影响，换句话说，运动性疲劳是心理疲劳和身体疲劳的总称。

2. 消除运动疲劳的措施

消除运动性疲劳常用的措施有物理手段（按摩、热疗等）、补充营养、心理恢复手段、积极性休息和睡眠等，这些方法都能够在短时间内有效地缓解因过度运动带来的机体疲劳。

（1）按摩。人们在日常生活中常利用手、足、按摩器械等多种手法和工具，通过刺激体表的穴位。改善血液循环，加快人体新陈代谢，缓解疲劳，调节人体的生理功能，预防疾病的产生。

（2）合理补充营养。运动性疲劳最常见的原因就有人体能量的供应问题，关键是要能够在运动过程中供应合理的营养。一旦运动者出现运动疲劳的现象，应该立即补充人体所需的糖分和维生素；特别是经常运动的人，一定需要注意在日常生活中合理搭配饮食，保证人体充足的能量供给。合理的营养可以增强体质，缓解运动疲劳，提高运动效率。

（3）心理恢复手段。疲劳包括身体疲劳和心理疲劳两种。千万不要小看了心理疲劳对身体疲劳的影响，在运动过程中，可以适当地采用心理手段对运动者进行积极的暗示和引导，让运动者在运动过程中获得相应的心理调节，让身体和心理得到放松。实践表明，科学、合理的心理治疗可以帮助运动者有效地缓解运动疲劳。

（4）积极性休息。如果长时间进行运动或者是体力劳动，大量的二氧化碳就会堆积在体内，使人感到乏力、疲劳，人体机能就会下降。这时就要通过洗温水澡、按摩和物理疗法等一些积极的休息措施来进行改善，其中洗温水澡是最常用的且速度最快的消除疲劳的方式，按摩则可以加快血液循环，消除疲劳，恢复人体机能。

（5）睡眠。良好的睡眠就是最好的休息，生活中睡眠占据了相当一部分时间，好的睡眠不仅能增加生活原动力，还可以消除疲劳。科学的睡眠一定要具备以下几点：

良好的睡眠环境；每天保持7~8小时的睡眠时间；最好要南北方向放床，枕头的高度在10厘米左右；科学的睡眠最好是仰卧或者向右侧卧，要避免趴着睡。

第二节 科学运动训练过程监控

一、运动训练监控释义

运动训练监控是将运动医学、运动生物力学、运动生理、生化等学科的理论和方法应用于训练过程中，应用综合方法和手段研究训练过程和训练效果，帮助教练员不断调整训练计划，实现运动训练最优化控制，使运动员达到体能，心理和技术等最佳状态，从而最大限度提高训练效果和运动能力的全过程。

二、运动训练监控研究现状

目前，体育科学领域中的运动训练监控主要从身体机能诊断与监测、运动技战术诊断与监测、心理状态诊断与监测三个方面进行。身体机能诊断与监测主要从生理学角度解决运动训练中限制能量产生的问题（医学监督、健康检查和生理生化监测）；心理学监测主要解决限制能量控制的问题（心理监测、训练）；运动技战术诊断与监测从生物力学角度解决限制能量利用问题（技术分析与诊断）。

三、运动训练监控的发展趋势

随着科学技术的发展，许多新仪器、新技术和新的研究方法应用到运动训练监控中。如核磁共振、心电图、肌电图、脑电图以及超声诊断等，先进技术将在体育科研中发挥作用。当前，运动性疲劳发生和恢复的机理尚需进一步研究，特别是中枢神经疲劳的生理生化指标。利用现代科技实验技术，探明运动性低睾酮、运动性贫血免疫能力下降的机理，并开展早期诊断指标和评定方法与标准需进一步加强研究。

第三节 运动负荷研究

一、影响体育课运动负荷的主要因素

（一）运动强度

运动强度是指单位时间内完成练习所用的力量大小和机体的紧张程度，影响运动强度的主要因素是练习时的速度和负重量。例如初中生 100 米快速跑，跑后即刻心率可达到 180 次/分以上，慢跑 1 分钟，心率一般在 130 次/分左右，显然前者强度大，后者强度小。在体育活动中，比较大强度的项目有跑、跳等，而走、爬、投掷等的运动强度则相对较小。

（二）运动时间

运动时间是指一次体育课练习的总时间或每个练习的间歇时间，在保证一定的合理强度和密度的同时，练习时间持续的长短直接关系着运动负荷的大小。如果一节课，学生长时间处于大强度的运动之中，那么，他们的运动负荷就偏大。

（三）练习密度

练习密度是指单位时间内重复练习的次数，它在运动负荷中反映时间和数量的关系。练习密度是否合适很大程度上影响着学生的运动负荷，一般与运动负荷成正比。

（四）教师的教学内容、教法和组织措施

教师安排体育教学内容的难易程度是否合适，教学方法是否恰当，组织措施是否得当，讲解示范是否正确形象、生动规范等都会较大程度影响运动负荷。如教学中分组太少而导致学生长时间的等待，从而使运动负荷过小；如练习的间歇时间太少，又会使运动负荷过大。

（五）学生的个别差异

学生的个别差异是指学生的身体机能水平的个别差异。在体育课上，往往相同的练习对不同的学生会产生不同的影响。比如快速跑完60米，有的学生心率达到180次/分以上，有的学生仅170次/分。

二、合理安排每节课的教材、确定每节课的任务

这就要求教师课前的备课要做到心中有数，在安排教材内容时，应合理搭配不同性质、不同负荷、适宜数量的教材。运动量大和运动量小的练习交替安排，如强度较小的走平衡木或窄道、投掷、钻爬与强度较大的跑、跳跃、攀登、爬和滚翻等内容组合。教师要合理安排学生体育课的密度，尤其是学生的练习密度。确定任务时新教的知识、技能不宜太多太难，并且必须富有趣味性。

三、灵活运用教法

由于体育课是以直接的身体练习为基本手段，因此，教师在教授学生体育课时首先应精讲多练，应使学生的练习密度在课的总密度中占最大的比例（一般学生在体育课中的练习密度在35%～55%较为适宜）。其次应讲练结合。为了加大学生的运动负荷和练习密度，可以多采用同时练习法、鱼贯练习法、循环练习法等方法。最后应增加学生练习的次数，扩大其活动范围，增加障碍物，提高练习难度。反之，如学生的运动负荷已较大，则应该通过缩短其练习的时间和距离，变同时练习为分组轮流练习或相互观摩，改变练习的内容，缩小活动的范围，减少障碍物等手段来降低学生的运动负荷。

四、充分利用场地、器械

事实上,每个学校的具体情况各不相同,在体育场地上,有的学校还达不到正常标准,这就需要教师开动脑筋,最大限度地提高场地利用率,多采用分组活动和分散活动。如器械不够,则可采用分组轮换型或循环练习型等形式,以加大学生的练习密度。此外,安排运动负荷时还应考虑季节和气温因素。在炎热的夏季,可适当降低学生的运动负荷;而在寒冷的冬季,则应适当增加学生的练习密度(但运动强度仍不应太高)和运动负荷。

以上调节策略,教师在具体运用时一定要结合每节体育课内容和学生的实际,做到灵活机动、科学调节,增强学生的体质,使学生身心得到健康发展。

在课堂教学中最常用到的运动负荷测量方法除了脉搏测量外,还有询问法和观察法。据瑞典生理学家研究,当询问学生锻炼后的自我感受,学生回答"累极了、很累、有点累、还行、很轻松、非常轻松"时都有不同的心率,而这些心率和学生的回答有着极明显的对应关系。这样教师就可以利用学生的回答来判断学生承受运动负荷的情况。采用观察法可以直接简便地知道学生的运动负荷情况,教师可以通过观察学生的脸色、表情、喘气、出汗量和反应速度等表现来判断所承受运动负荷的大小。比如,当学生承受较小负荷时,额头微汗、脸色稍红;承受中等负荷时,脸色绯红,脸部有汗下滴;承受过大的运动负荷时,脸色发白、满头大汗、动作失控等。因此,安排运动负荷时要以学生发展为中心,重视学生的生理和心理感受。在体育课上,可以通过调整练习的次数和组数、练习的强度和时间、器械的坡度和阻力,以及改变课的组织教法等来对运动负荷进行合理的调节。

第四节 训练运动处方与损失预防

一、运动处方的概述及基本组成

(一)运动处方概述

世界上最早的运动处方可追溯到我国的战国时期(公元前475—前221年)的作品《行气玉佩铭》。公元前460—前377年,古希腊医学家希波克拉底(Hippocrates)最早用体操来治疗疾病,他的论著《运动疗法》《健身术》都是运动处方的萌芽。

现代运动处方始于20世纪50年代,到目前为止已有60多年的历史,运动处方经过几十年的发展，已经成为人们健身、康复的主要方法。世界各国学者也对运动处方的实践应用和理论进行了多方研究。

随着社会的不断发展，人们对健康越来越重视，健康、科学、合理的运动已经是人们迫不及待的需求。不管是日常生活中的强身健体还是疾病后的康复过程，运动处方都能给人们提供全面、科学、合理的指导方式，所以在现代社会中，运动处方有着广阔的发展前景。

运动处方最早是受医院医疗处方的启发，并在体育运动的实践中得到广泛应用和发展。因此，在研究分析运动处方之前，首先简单介绍一下用于给病人治病的医疗处方的基本知识。

1. 医疗处方的概念

《处方管理办法》（卫生部令第53号，自2007年5月1日起施行）第二条规定："处方是指由注册的执业医师和执业助理医师（以下简称医师）在诊疗活动中为患者开具、由取得药学专业技术职务任职资格的药学专业技术人员（以下简称药师）审核、调配、核对，并作为患者用药凭证的医疗文书。处方包括医疗机构病区用药医嘱单。"

通过《处方管理办法》规定我们可以知道，开具医疗处方必须要经过极其严格的程序和要求，必须由具备资质的医师和药师共同开具，有明确的针对性、较高的权威性和法规约束力，且医疗处方只是当日有效，药物用量最长不超过7日，一般用药量为3日。医疗处方科学化地为运动处方的诞生提供了实际的操作经验和科学的理论依据。

2. 运动处方的概念

美国生理学家卡波维奇在20世纪50年代提出了运动处方的概念；日本生理学家猪饲道夫教授在1960年年初次运用了运动处方术语；1969年国际上承认了运动处方的地位；1954年起德国的Holl-marm开始对运动处方的实践和理论进行大量的研究，制定出针对运动员、健康人、中老年人与肥胖病等不同人群的各类运动处方，并取得了显著的效果。

3. 运动处方与医疗处方的区别与联系

运动处方是受医疗处方的启发而发展起来的体育锻炼方法，无论是从形式上还是从内容上，二者都有着非常相似的地方，但也存在诸多差别，而且有些差别是非常重要的。因此，比较和分析其主要差别，对于发展运动处方的理论和实践具有重要意义。关于练习的目的，不同的人群有着不同的要求。有的是控制体重，有的则是提高身体素质，有的可能是治疗某些慢性疾病。随着运动处方理论与实践的发展，目标对象可以是个体，也可以是类似群体。

（二）运动处方的基本组成内容

1. 练习的目的

不同的目标群体或个体，其目的不同。归纳起来，练习的目的一般有增强体质、保健康复、减肥塑形、休闲娱乐、预防疾病以及从多方面提高运动素质与健康水平等。

2. 练习的内容

练习的内容是运动处方所运用的练习手段与方法的总称。关于练习和运动种类的划分非常复杂，根据不同的分类标准得到的分类体系也不同。从运动的结构上看，又可以将运动分为周期性运动和非周期性运动两大类；从运动竞技取胜的决定因素来看，又可分为体能类和技能类两大类；根据练习做功的方式，可分为动力性练习和静力性练习两大类，等等。制定运动处方主要注重的不是练习或运动的形式，而是其对身体的效果。因此，根据练习或运动的生理学基础——供给氧气的方式和特点，可以将练习划分为以有氧供能为主的练习、以无氧供能为主的练习及以混合供能为主的练习三种类型。

需要补充的是，以上分类是相对于一般情况而言的，究竟是有氧还是无氧，主要取决于练习时所选取的强度，而不是练习的方式。如100米跑练习，如果采取慢跑的练习强度，就是以有氧供能为主的练习；反过来，如果采取全速跑，它就变成了以无氧供能为主的练习了。

另外，同样的练习负荷，由于个体之间的体力、身体素质及健康状况等诸多方面的差异，也存在着有氧与无氧的差别。因此，在研究设计运动处方时，要针对具体情况选择合理、有效的练习类型，保证达到练习的目的。

3. 练习的负荷

练习的负荷包括负荷的强度和负荷的量度。负荷的强度是指练习对机体产生生理和心理刺激的剧烈程度；负荷的量度是指练习对机体刺激的数量要求。

如100米跑练习所用的时间是15秒，100米是练习的负荷量度，15秒是练习的负荷强度；举重100千克，连续做8次推举，100千克是练习的负荷强度，8次是练习的负荷量度。

运动强度是运动负荷的重要方面，还是运动处方的重要内容，因此，制定运动处方要重视对运动强度的设计。

运动处方的练习强度指标一般采用常见的运动生理学指标来表达。例如，摄氧量（VO_2），用最大摄氧量（VO_2max）的百分数表示；无氧阈值（AT）；心率（HR）；代谢当量（Met），表示运动时的代谢率与静息代谢率的倍数关系，也称梅脱（1梅脱指1千克体重从事1分钟活动消耗3.5毫升氧的活动强度）。

4.练习持续的时间

练习持续的时间是指一次练习所需要的时间长度,一次练习的时间包括每组实际运动的时间和组间休息的时间,即从练习开始到练习结束的全部时间。时间长度的设计应当根据处方对象的具体情况来定,并非越长越好;练习持续的时间与练习的强度成反比。

5.练习的频度

练习的频度是指重复练习的次数。一般以周为基本单位,可以表示为一周练习多少次(次/周),如一周练习3次(一、三、五练习),隔日休息(二、四、六休息),周日调整。

练习的频度取决于练习的强度和练习持续的时间,它是运动负荷量度的重要指标,合理选择练习的频度有利于提高练习的效果。

6.练习的进度

练习的进度是指运动处方执行推进的节奏。运动处方制定后,在实施的过程中,应根据实际情况,合理调节运动的强度、持续的时间、练习的频度甚至练习的方式等。练习的进度一般可分为三个阶段。

第一,开始阶段。该阶段的主要任务是初步适应练习,一般练习强度比较低。

第二,发展阶段。在第一阶段的基础上,该阶段的主要任务是稳步发展负荷的强度或负荷的量度。

第三,保持阶段。该阶段主要是保持负荷的持续刺激,持续产生积极的效果,但要加强医务监督,预防意外的发生。

7.练习注意事项

练习注意事项是运动处方设计中不可缺少的部分,它包括对运动处方中主要要素的补充说明,在实施的实际过程中,对可能出现的情况提出的建议、解决办法,以及其他应当注意的问题,如饮食、休息等。

(三)运动处方的特点

1.运动处方的特点

运动处方是大学生科学、正确地参加运动锻炼的指导性文件,大学生在运动锻炼中要按照运动处方进行锻炼,可以少走运动的弯路,提高运动的效率。综合来讲,运动处方具有五大优势。

(1)科学性。在制定运动处方的过程中,要严格遵循运动医学、临床医学和运动科学的知识原理,既要保证运动处方的可操作性和实效性,还要使运动处方具有权威的科学性。实践证明,按照运动处方来进行锻炼的大学生,在提高自身身体素质、预防疾病和增强社会适应性方面,都有很好的效果。

（2）目的性。大学体育发展到目前阶段，可供高校大学生选择的运动项目相当多，但是无论选择哪种项目进行锻炼，相应的运动处方都会有明确的运动目标。例如，以促进健康为目标的运动处方，主要都是以强身健体和娱乐运动为主的项目。

（3）针对性。运动处方虽然选择范围较广，但不是随意制定的。在运动处方的制定过程中，首先要确定其针对性，根据运动者的体能水平、健康状况和兴趣爱好等一系列实际情况制定。只有同时具备针对性和个性化的运动处方，才能使运动者在锻炼时更好地适应和发挥运动促进健康的作用。

（4）计划性。运动处方在制定的过程中由于是参照运动目标制定的，对运动目的有很强的计划性。大学生在选择项目进行运动锻炼时，应参照运动处方来平衡身体运动负荷量和运动强度，让锻炼方法更加得当，来提高运动效果的显现率，提升运动者的兴趣，培养终身运动的良好习惯。

（5）安全、有效性。为了保证运动效果更加显著，大学生在进行运动锻炼前首先要参考实用性和针对性都较强的运动处方进行锻炼。在参与运动锻炼后，为了避免运动损伤的出现，还要及时地对自身的运动负荷量和运动效果进行分析和评价。

2. 运动处方的功能

运动处方主要是根据运动者的健康状况和体能水平，为健身者提供身体活动的指导性条款，它以处方的形式确定运动者活动的时间、频率强度以及方式。运动处方与一般的治疗方法相比，效果更为突出，其作用主要表现在三个方面。

（1）增强人体免疫力。人体通过自身的免疫系统来保持机体的相对平衡，为身体参与各项活动提供基本保障。一旦身体免疫系统有异常情况出现，机体生理功能就会失衡，会导致整个机体的抵抗力大大下降，诱发多种疾病。

大学生根据已经制定好的运动处方参与运动锻炼，不仅能有效避免运动损伤，增强人体的免疫力，积极地促进健康，而且制定良好的、科学的、合理的运动负荷还可以对人体的中枢神经、心血管、呼吸、内分泌等系统产生良性刺激，从而来促进人体系统产生形态和功能上的变化，最终增强人体免疫系统的功能。

（2）提高人体心肺功能。运动处方中多数会采取运动强度中等的有氧运动项目来指导大学生参与锻炼，有氧运动对人体的促进主要体现在两个方面：第一，多进行有氧运动锻炼可以有效降低安静时的心率；第二，可以加强心脏的收缩力量，增加脉搏的输出量，提高心脑血管系统的功能。

大学生应参照运动处方的指导进行锻炼，这样能提高人体肺活量，增强肺部组织的弹性功能。增加机体的摄氧量，从而全面改善呼吸系统的功能状况。实践证明，长期参与运动锻炼的人的肺活量要比运动缺乏的人的肺活量高 500～1000 毫升。

（3）改善现代文明病。现代社会的高速发展导致人类在享受高科技便利和现代文明的同时，也会受到现代文明病的影响。现代快节奏的生活和激烈的竞争状态，导致人们长时间处在紧张、焦虑和恐惧的心理状态下,各种心理疾病也层出不穷,像失眠、抑郁等就成为困扰人们健康的隐患。此外,现代生活水平的提高和工作条件的改善使人们因为长期久坐、缺乏锻炼等导致人们出现颈椎病、肩周炎、肥胖症和高血压等症状,这些症状也威胁着人类的健康。

目前来看,治疗现代文明病最有效的方式就是参与体育锻炼,通过增强人体机能提高人们的体质健康。这就要求现代大学生在参与体育锻炼时,一定要参照自身实际负荷的情况,按照运动处方的要求来进行科学、合理的运动;否则,没有原则的和盲目的运动可能会对机体产生较大的伤害,更容易得不偿失。

（四）运动处方的分类

当前,关于运动处方的研究主要集中在保健康复领域,研究的对象也主要集中在体质弱势群体,如身体患有残疾、疾病,以及体弱、肥胖等人群。伴随着体育教育改革的不断深入,以及运动处方理论与实践的不断发展和完善,运动处方所涉及的目标对象会进一步扩大。依据所涉及的主要目标对象及目的的不同,运动处方可分为以下四种类型:

1. 治疗性运动处方

治疗性运动处方主要以那些患有慢性疾病、职业病,以及其他需要治疗的人群为目标对象,以调节身心健康、缓解病情、改善身体机能等为主要目的,主要选择一些具有保健、康复功能的中低负荷的运动项目,如打太极拳、健身气功等练习,对于改善心脑血管疾病具有较好的效果。治疗性运动处方在临床医学中运用得非常广泛,学校也开始借鉴和运用,但对于研制该处方的人员的要求相对较高,一般要求除了掌握体育锻炼的常识和技巧以外,还应当熟悉相应的医学保健常识。

2. 健身性运动处方

健身性运动处方主要以那些体弱、肥胖或慢性病人群为目标对象,以调节身心健康、改善形体、缓解病情、改善身体机能为主要目的,主要采用一些中等负荷的有氧练习运动项目,如有氧健身操、中长距离跑步等。要求设计健身性运动处方的人员要熟练掌握体育健身的基础理论和基本技能,并且具备一定的运动营养和卫生保健常识。健身性运动处方是目前运用最为广泛的运动处方之一,深受白领、金领职业者的青睐。

3. 竞技性运动处方

竞技性运动处方以进一步改善形体、提高专项身体素质和运动技能,以期达到最佳的竞技状态,并且以成功参加比赛为直接目的。因此,该处方的目标对象主要是职业运动员或准备参加比赛的运动参与者,采用专业的运动训练方法,研究设计者应当是熟悉运动训练理论和方法的体育教练员。

4. 教育性运动处方

教育性运动处方是当前体育教育改革研究的热点领域之一。随着教育理念的更新，体育教育者开始研究体育教学模式和方法的改革，处方式体育教学成为人们推崇的方法之一，并正在成为体育教育教学改革的一种趋势。实际上，运用于体育教学的运动处方就是教育性运动处方。它以普通学生为目标对象，以达到增进健康、改善机能、提高运动技术水平、塑造心理品质等为主要目的，以身体练习为基本手段。研究设计者一般是体育教师。目前，教育性运动处方的目标群体主要是身体患有疾病、残疾及体弱和肥胖的体质等身体素质处于弱势的学生。

综上所述，关于运动处方的划分是相对的，有时其目的又是交叉的，手段也是通用的，只是在具体实施时，要结合目标对象的实际情况和特点，善于把握和控制练习的负荷及节奏，加强医务监督和保障，提高处方的实施效果。

（五）制定运动处方的理论依据

运动处方对内容有严格要求，对格式有规范要求，因此在研究制定运动处方时，应当根据以下知识和背景，进行全面考察、分析和设计：

1. 目标对象的特点及目的

目标对象是研究制定运动处方的出发点和归宿。目标人群现实的身体健康状况及过往病史、运动史等因素，对处方的制定有直接的影响，关系到处方制定的成败。因此，在研究设计运动处方之前，必须对目标对象进行全面的考察、测试和分析。

目标对象的目的要求也是一个重要依据。也就是说，处方对象想要达到什么样的目的，或者说，根据目标对象的特点，其能够达到什么样的目的。因此，运动处方设计者要围绕这一目的，选择和设计具有针对性的运动处方。

2. 相关的医学科学知识

从运动处方的分类能够看出，处方涉及众多的学科知识，其中医学知识是基本知识。只有熟悉和掌握了足够的卫生、医学保健等常识，才能够科学分析特殊患者的基本情况，从而选择有效的处方方案。例如，对于高血压患者，就要禁止采用一些靠憋气来完成的练习动作；对于经期的妇女，也要禁止采用增加腹腔压力的练习动作。在实际的运动练习中，掌握丰富的医疗、卫生常识，还有利于预防一些意外事故的发生。

3. 运动人体科学知识

运动人体科学是体育学的一个二级学科，其中运动生理、运动营养等学科知识是制定运动处方的重要基础之一。如运动负荷的设计、营养膳食的搭配等都离不开以上学科知识的指导。对运动生理研究的实验表明，机体对运动的适应具有双向性。良好的刺激可产生积极的影响，反之则会产生消极影响甚至裂变影响，而轻微的刺激对机体的影响不大。因此，从这个层面来看，运动负荷的设计直接关系到练习的效果。

4. 体育教育训练学知识

体育锻炼的基础理论和基本技能可以为我们选择练习方案提供丰富的素材和科学指导，各种练习内容的制定及技术指导都离不开相关的体育知识，如采用游泳运动来练习，就必须先学会相应的游泳动作技术，打太极拳也要学会套路等。体育还是教育的重要组成部分，具有教育的属性。在实施运动处方的过程中，还起到教育的功能。

另外，心理科学知识也是不容忽视的，尤其是对有心理障碍的目标对象来说。因此，掌握心理科学知识对研究设计运动处方具有积极作用。

二、运动处方制定的步骤及原则

为了保证运动处方在实际运用中的科学性、有效性和实操性能够最大限度地发挥，在制定运动处方时，一定要掌握好一定的步骤和科学原则。

（一）运动处方制定的步骤

在运动处方制定前，首先要掌握三个步骤，第一，就是健康调查、健康评价；第二，运动实验；第三，体质测试。在制定各个步骤的具体内容时一定要考虑清楚，要结合自身的实际情况。

1. 健康调查与评价

健康调查与评价的主要目的就是了解锻炼者的基本健康状况和运动情况。需要了解和掌握的基本情况如下：首先，要详细了解运动者病史和以往的身体健康状况，以及现有疾病的治疗方法；其次，要了解运动者参与运动锻炼的动机和参与运动锻炼所期待达到的目标等；最后，要充分了解运动者所处的社会环境条件和运动者以往的运动史。

2. 运动实验

随着社会的不断进步，运动实验的应用范围越来越大。目前进行的运动实验一般采取逐渐增加运动负荷的方式，运动实验主要是根据被测验者的具体情况和测验的目的而定的。正常来讲，进行运动处方的实验最好不要超出以下范围，即对运动者的体能素质和心脏健康状况进行测量评定，为后期制定运动处方提供必要的依据和提高运动处方的实效性。对于心脏的检测状况可作为早期冠心病的诊断依据，由于不适宜的运动可能会引发心律失常，做好这方面的记录在后期可用于对康复治疗效果的评定。

3. 体质测试

制定运动处方过程中最主要的依据是所选择测试运动项目的种类和运动强度的大小，测试的内容虽然广泛，但主要包括以下四种：

（1）运动系统测试。体质检测中对于运动系统的测试主要包括两种测试内容。一种是手法肌力测试，另一种是围度测试。

手法肌力测试：被测者首先选好合适的位置，通过运动让肌肉做最大限度的收缩，同时在关节远端作用下，由测试者向被测者助力，通过施加阻力的过程观察被测者对抗阻力的状况。

围度测试：这种测试方法主要是根据肌肉力量的大小，运用与肌肉的生理横断面有关的生理常识来测试肌肉力量的方法。这种测试的指标主要有上臂围度、前臂围度、大腿围度、小腿围度、髌骨上5厘米的围度、髌骨上10厘米的围度等。

（2）心血管系统测试。人们对于心血管系统的测试主要分为动态检查和静态检查两种。测试的目的是观察被测者的心率、血压、心电图的起伏状况。通过检测心血管系统的健康状态，来评定被测者的心脏功能，并以此为依据制定出科学实用的运动处方。

（3）呼吸系统测试。针对呼吸系统测评的项目种类繁多，主要是从人体肺活量、通气功能以及屏气实验等多方面测试人体的运动能力和健康状态，特别是对于有氧运动项目来讲，测试呼吸系统的性能十分必要。

（4）有氧耐力测验。进行有氧耐力测验时主要是采取走、跑和游泳这三种基本方式。目前，惯用的测试方式主要有定时的耐力跑和定距离的耐力跑两种。通过对受测者进行以上两种测试，基本可以了解受测者的健康状况、体力水平的高低和运动能力的大小。再根据受测试者的反应，制定科学、合理、针对性强的运动处方，从而保障运动者的运动目标顺利实现。

（二）运动处方制定的原则

制定运动处方时除了要依据可行的健康标准，还要在满足运动者实际需求的基础上遵循一定的运动原则，制定出实效、合理、针对性强、可以全面提升运动者身体素质的运动处方。

1. 安全性原则

运动处方的制定首先是为了顺利达到运动者预定的运动目标，其次一定要保证运动者的安全。在制定前首先应对运动者进行全面的身体检查和体力测试。根据运动者身体的实际情况制定有针对性的运动处方，要最大限度地避免运动损伤的出现、保障运动者的安全。运动者一定要严格执行运动处方的各项规则和要求，选择适合自身运动负荷的项目进行锻炼。

2. 针对性原则

由于每名运动者的具体情况都是不同的，不同年龄和不同体质的人进行同一种锻炼，结果也会不同，甚至还会出现运动损伤。因此，在制定运动处方时，必须要根据每个人的具体情况量身定制、区别对待。这就是运动处方的针对性原则。

3. 渐进性原则

渐进性原则是指运动处方要根据运动者体质增强的规律而制定，在实施运动处方时，要根据个人的体质状况由小到大逐步增加运动负荷，遵循循序渐进的原则。关于渐进时间和每次渐进的量，应该按照负荷和有效价值所规定的时间确定合理的渐进指标，并且要按照每个指标合理安排渐进的幅度和渐进的时间。

运动处方的渐进性原则主要是指按照循序渐进的特点，遵循超量恢复的法则来逐步提高运动负荷量。如果在锻炼的过程中仅按照一个运动处方来进行锻炼，是不可能有效达到运动锻炼目的的；而突然进行一次大强度、长时间和多次重复的锻炼，会违背循序渐进的宗旨，这样不仅达不到应有的锻炼效果，甚至还会造成运动损伤，影响下一步的锻炼计划。

4. 全面锻炼原则

人体是由大脑皮层统一调节的有机体，其中包含多个系统，并且每个系统之间都是互相联系和互相促进的，各个系统都有自己的功能，并且各系统间不可相互替代。因此，运动锻炼必须要按照运动处方进行，本着全面锻炼的原则，对身体各个部位进行锻炼，从而获得身心的全面发展。在锻炼的过程中，运动者还要结合运动锻炼的目标，合理调配饮食结构，以保证营养物质与运动目标的有机结合，促使机体与运动目标协同发展。

5. 可操作性原则

在制定运动处方时需要充分考虑到锻炼者所处的环境与实际的锻炼条件，充分利用体育资源，制定可操作性强的运动处方，保证运动锻炼的科学性和有效性。制定的运动处方必须要有一定的可操作性，否则运动者就无法按照运动处方开展运动锻炼活动，就更谈不上达到运动锻炼的效果了。

三、运动促进健康的实施原则和方式

（一）体育运动育人所遵循的原则

1. 体育教育与社会需要相结合

学生作为社会的需要和学习体育的主体，有很大的共通性，因此，进行体育教学既是社会的需要，也是学生的需求。体育运动作为人们工作、生活和学习中的一项重要内容，一直扮演着调节情绪、愉悦身心、促进健康、磨炼意志的重要角色。体育运动越来越受高校教育工作者的重视和社会的青睐。因此，在现代高校体育教学中，已经将社会需求和学生主体需求完美地结合起来，从而为终身运动奠定良好的基础。

2. 体育教育与育心相结合

随着中国现代化建设的飞速发展，教育对现代人所必须具备的心理素质的培养逐渐凸显出来。目前，我国正处在独生子女偏多的阶段，来自家庭、长辈的溺爱和过多的包容，导致孩子以自我为中心的倾向日趋严重，对于相互尊重、相互理解、共同合作理解得并不透彻；不善于同别人共事、合作，意志并不坚强，自我控制能力与心理素质不高。因此，加强对学生心理素质的培养更具有特殊的意义。

高校体育对学生心理素质的培养有着极为重要的作用，是其他学科所无法比拟的。体育教育与育心相结合的特色，必将随着我国社会的发展而体现得越来越鲜明、越来越突出。

3. 增强学生体质与为学生养成终身体育打基础相结合

增进学生健康，增强学生体质，是学校体育教学的本质功能，是评价我国高校体育工作的主要依据。因而在我国学校体育中，一直相当重视运动的安排和学生身体素质的发展。特别是1995年《全民健身计划纲要》的颁布和实施，进一步坚定了人们的这一认识。

（二）体育运动方法方面所遵循的原则

1. 统一安排与自主活动相结合

我国仍然是一个发展中国家，大学教育发展水平还不高，体育场地器材也普遍不足，这种状况一时还难以改变。因此，为了保证高校体育目标的实现和各项体育活动的有序进行，各学校应对体育教学、早操、课间操、课外体育活动、运动会等做出统一的安排，并且由学校或班级统一组织进行。各种不同形式的体育活动，也都可以根据不同的情况和不同的对象，安排一定的时间让学生进行自主活动。

从目前情况来看，在我国高校体育中，学生自主活动的水平比较低，这很不符合素质教育的要求。学生是体育学习的主体，而素质教育就是一种弘扬主体性的教育，它尊重学生的人格、承认学生的个体差异、重视学生的个性发展。

2. 严格的组织纪律与生动活泼的体育氛围相结合

可以根据青少年的身心特点营造一个生动活泼的体育氛围。从广义上来说，整个大学的体育氛围主要是指体育的育人环境。有的人又把这种环境分成"硬件"环境和"软件"环境。"硬件"环境主要是指体育场地的器材建设；"软件"环境主要是指体育舆论和全校师生的体育意识。与此同时，教育行政部门和学校领导应把加强体育工作作为全面推行素质教育的突破口来认识和对待。在全校师生与学生家长中，通过种种媒介广泛深入地宣传体育的重要意义，形成一种强有力的舆论。从狭义上来说，体育氛围主要是指学生从事各种体育活动时的心态与情感，如体育教学氛围、课外体育活动氛围等。

3. 激发学生的体育兴趣与培养学生刻苦锻炼的精神相结合

高校在体育教学中，往往为了教学效果，只是单一地提高青少年的某种运动能力，或者让青少年在短时间内掌握某一种运动技术，导致体育教学过程单调、乏味，缺少趣味性。但是这种教学结果却是十分有效的，因此，青少年在学习和锻炼的过程中必须要克服学习的枯燥性,激发寻找锻炼过程中的趣味性,这样刻苦锻炼才能收获良好的效果。

4. 课内与课外相结合

现代的大学体育是一个人工设计的系统。大学体育中的课程教学、课间操、早操、课外体育活动等构成具有特定功能的大学体育的有机整体。想要提高它的整体效益和整体功能,就必须要有效结合课内外内容,把体育课程教学和体育活动、课间操、早操等紧密结合起来,进行整体的规划和设计。

目前来讲,实现大学体育的教学目标的基本形式就是体育课程,但不是作为唯一的形式来运作。我国大学体育除了专业的体育课程,还有早操、课外活动、兴趣俱乐部、体育团体等多种不同的形式,每一种形式都有其不同的特点。在实现大学体育的教学目标上要有不同侧重的方向,这种侧重和专业的体育课程紧密相连、相互补充、共同促进。

四、运动处方的实施与监控

不同效果的运动处方经过测量制定后,紧接着就要具体检测处方的实施效果。在实施运动处方的过程中,运动者要结合自身的实际情况及时地调整运动处方的实施方案,始终保持运动处方的科学性、有效性和可行性,最大限度地保障运动促进健康的效果。

(一)运动处方的实施

运动处方在实施的过程中一般分为三个部分进行,不同的实施阶段会安排不同的锻炼内容,以达到不同的运动效果。大学生在按照运动处方进行锻炼时,一定注意坚持实行处方在每个运动阶段的计划。

1. 运动前准备活动阶段

运动者运动锻炼前的准备活动尤为重要,比如很多大赛前都有专门的人员为运动员进行热身运动,这也是一种科学的锻炼方法,也是必须进行的运动过程。准备活动可以帮助运动者的身体从安静状态转换到运动状态,避免因为突然运动而引起肌肉拉伤、韧带撕裂、关节脱臼以及心血管系统和呼吸系统等因为剧烈运动出现超负荷意外,并且科学、适宜的准备活动可以使运动效果更加明显。

2. 运动中基本活动阶段

准备活动结束后,运动者紧接着要进入处方的第二个阶段——运动中的基本活动阶段,这个阶段的安排主要是为了帮助运动者实现强身健体或者顺利康复的目标。运动者在进行运动锻炼时,一定要完全按照设计好的运动处方来决定运动内容、运动强度以及运动时间。

3. 运动后整理活动阶段

运动处方的第三个阶段即运动后的整理活动阶段，也是整个运动处方的重要阶段之一。它的主要目的是防止运动者剧烈运动后突然停止运动而引起身体不适，像头晕眼花、恶心、运动损伤等。因此，运动者在运动结束后，不可以立即停止运动，进入休息状态，而是应该先进行一些减缓运动，经过一小段时间的整理运动后逐步结束运动，这样才能更好地帮助机体实现疲劳恢复，促进健康。

（二）运动处方的监控

大学生在参与运动锻炼时，身体会产生一定的疲劳现象，这属于正常的运动综合症状，不会对机体产生危害，因此，不能因为身体有疲劳现象就终止运动，机体会通过肌肉疲劳与恢复的过程来促进机体功能增强、提高机体的健康水平。但是也不能过度运动，因为过度运动而产生的过度疲劳对身体是没有益处的。大学生在实施运动处方的过程中，一定要采取必要的方法或措施进行自我监督和医务监督。

1. 自我监督

大学生在进行运动锻炼时，首先要根据自身的体质状况、运动基础、自身优势以及综合参与运动的计划来选择合适的运动项目。在运动过程中，为了让运动更好地促进健康，一定要随时观察自身的健康状态和机体的功能状态，具体的观察项目有主观感觉类的运动心情、运动后的感觉、运动后的食欲、排汗量等，客观类的有运动后脉搏的跳动状态以及运动效果等。

2. 医务监督

大学生在参与实施运动处方时，如果本身患有疾病，不能不经过医生的指导而盲目参与运动，一定要在具有心电监测和及时抢救的医生或有医务监督的条件下参与运动。

五、实用运动处方

（一）有氧运动项目的运动处方

有氧代谢运动被称为"健康运动"的主要原因有以下几个方面：第一，这种锻炼方法简便易行，其运动形式对技巧的要求不高，除步行、健身跑、游泳、骑自行车外，还有原地跑、登楼梯、健身操、跳绳等；第二，这是一种可对运动负荷强度、练习数量、持续时间和每周锻炼次数进行自监自控的锻炼方法，安全有效；第三，这种方法科学性强，它的特点是强度低、有节奏、不中断、可持续时间较长。现在仅对几项常用的有氧运动项目的运动处方的制定进行简单介绍，供运动实践参考。

1. 步行运动处方

行走历来被称为"百练之祖"，走路是人们日常最基本的活动之一，还是人们强身健体、延年益寿的最佳途径，也是每一个健全的人每天必须做的事情之一。它不限时间、不限地点、不易受伤、不挑剔运动者年龄和性别。年老体弱、身体肥胖和患有慢性病的人都特别适合用这项运动来进行健身。

但是相对于年轻人来讲，步行比较浪费时间，同样的运动效果，步行要比跑步多付出两倍的时间才能达到。

（1）步行健身的运动效果。健身运动中的步行总共可分为四种方式，即普通步行、负重行走、医疗步行和竞技步行。

散步是人们茶余饭后的一种积极健康的运动方式，据研究证明，轻快的步行可以有效地缓解神经肌肉的紧张状态。著名的美国心脏病专家怀特曾经说过："心情愉快的步行和其他提高体质的运动一样，不仅能有效健身，而且还是治疗情绪紧张的最佳镇静剂。"每天坚持步行60分钟，可作为保持心脏健康的理想手段。

长期、规律的步行锻炼可促进体内糖类代谢的正常化，人们饭前饭后进行散步运动是防治糖尿病的有效措施。实践证明，中老年人每天以每小时3千米的速度运动1~2小时，人体代谢率可提高50%，糖类的代谢也能得到明显的改善。

步行运动具有良好的减肥效果。对于因为多食少动而肥胖的人们来说，长时间的疾走可以有效地消耗体内的热量，促使体内机能更高效地消耗多余的脂肪。如果能每天坚持步行运动，再适当地控制饮食量，就可以有效地控制身体发胖。

步行运动锻炼有助于关节疾病的防治。步行是需要承受体重的运动锻炼，坚持规律的运动可以有效预防骨质疏松症、延缓退行性关节的变化和消除风湿性关节炎等。

步行是增强心脏功能的有效手段之一。大步疾走时，下肢大肌肉群的收缩，可以使心脏跳动加快，心跳脉搏量增加，血流加速，以适应运动的需要；步行还可在一定程度上改善冠状动脉的血液循环，这对心脏是一种很好的锻炼。

（2）步行运动处方。步行锻炼应该以下列五点为基准：

速度：以100米/分钟为限。

运动量：行走距离为1000×2=2000米（往返）。

运动频率：每日或隔日1次，每次20分钟。

动作要求：步行的姿势上半身略前倾，大步流星地走。

注意事项：为防止对头部的震荡，鞋后跟最好是橡胶底的。

2. 慢跑运动处方

被人们视为"有氧代谢运动之王"的慢跑又被称作健身跑。相对于其他中长跑运动，健身跑的优点很多。不管是在运动距离还是运动强度上来讲，慢跑更具备轻松性、随意性，属于中低强度的运动练习，比较适合中老年运动者和处在恢复期的慢性病患者。除上述因素外，从运动医学的观点来看，慢跑受人们欢迎的主要原因还有三点：一是比较安全且省时间；二是健身效果好而且见效快；三是运动量容易控制，男女老少可以随时随地进行健身跑运动，也便于终生坚持锻炼。

慢跑虽然说是比较安全的运动项目，但个别人由于跑步技术不完善或运动量过大，也会发生某些运动损伤，其性质多数是轻微的。此外，慢跑时下肢关节受力较大，容易引起膝关节疼痛；由于脚下不停地重复快速的动作，受伤的概率大于步行和游泳。因此，缺乏锻炼的中老年人，宜先练步行，待基础体力提高后再慢跑，过渡期间可走、跑交替练习，使机体有一个适应的过程。

（1）慢跑健身的运动效果。慢跑运动能够有效改善由运动不足、生活安逸以及精神紧张等因素引起的"生活方式病"，对高血压病、糖尿病、动脉硬化、冠心病和肥胖症等疾病有很好的防治作用。

慢跑运动能够促进人体在大自然中摄取氧气，提高机体的新陈代谢，增进健康；到大自然中跑步还能陶冶情操，是一举多得的健身方法。

慢跑运动能够坚实人体的骨骼、关节和腿部肌肉，强健人体的心肺功能。

慢跑运动能够磨炼人的顽强意志，持之以恒地锻炼可换来健康的心态，从而能更好地迎接现代生活方式的挑战。

（2）慢跑运动处方。慢跑的运动量、运动强度和运动时间。慢跑运动中，运动量的大小主要由所进行运动的运动强度和运动时间来决定，两者以运动强度为主、以运动时间为辅；运动者应该根据自身的运动条件，选择合适的运动强度和运动距离来加以锻炼。

①常规健身跑。常规健身跑是指人们按照自身运动状况而选择的千米慢跑运动，最初先以每次1000米进行锻炼，等身体负荷完全适应运动状态后，再每周或者每两周按照定性规律每次增加1000米进行锻炼。跑速控制在每1000米8分钟以内，最终跑步距离增至5000米即可。运动者根据自身的体质可选择每日锻炼或隔日进行锻炼。

②短程健身跑。运动者从最初的50米跑起步，逐步增到400米跑，跑速不要太快，速度一般控制在100米40秒以内，平均每周测量两次。当运动距离增至1000米后，短时间内不要再次增加运动距离，开始逐渐增加跑步速度，以提高运动的强度。刚开始增加运动速度时，为巩固运动强度，可增加锻炼频率，每日一次或两日一次。

③间歇健身跑。年龄偏大或体弱的运动者更倾向于采取间歇健身跑的方式进行运动锻炼，它是一种采用行走和慢跑相结合的练习方式。初练者一般会从快走60秒或者慢跑30秒开始，反复交替进行练习来提高心脏负荷力。练习时间共计达到30分钟，以后再根据体力状况逐步增加运动量。

慢跑的技术要领。慢跑的正确姿势是上体正直并稍前倾5°左右，使头与上体成一直线，不左右摇晃，双眼平视，面部和颈部的肌肉放松。两臂摆动时，肩部要放松，上臂自然下垂，肘关节的曲度稍小于直角，两手自然半握拳，前摆时手稍向内，后摆时肘稍向外，做到"前摆不露肘，后摆不露手"。

慢跑注意事项。慢跑时要注意掌握好呼吸节奏，所谓呼吸节奏就是让呼吸和慢跑的步子频率配合好。一般常采用"222"的呼吸节奏，即"两步一吸，两步一呼"的方法，也有采用"323"或"424"呼吸节律的，并且多主张采用鼻和半张口同时呼吸的方法。掌握好呼吸节奏，跑起来就会感到轻松自如。

3. 游泳运动处方

游泳是一项可以促进身体全面发展的运动，男女老少皆宜，又不易受伤，也是一种实用的生活本领，故应该提倡从幼年就练习游泳。

游泳运动的缺点是游泳场地条件受限制，不易常年坚持锻炼。

（1）游泳健身的运动效果。游泳是一项全身运动。游泳时，水的阻力比空气阻力大820倍，不论用哪种游泳姿势，人的肢体都要不停地进行收缩和舒张，全身的肌群都会参与活动；长时间游泳可促使身体各部分关节和肌肉都得到良好的锻炼。所以，经常游泳不仅能使身材匀称、富有曲线美，而且还可以提高肌肉的力量，刚柔适中。

游泳是一种周期性运动，肌肉的紧张和放松交替进行，长时间锻炼可使肌肉变得柔软且富有弹性。

游泳的减肥效果。水的导热性比空气快28倍，由于游泳时人体的热量散发很快，所以必须尽快地补充身体所失去的热量，以抵抗冷水的刺激。在同样的时间、强度下进行运动，在水中要比在陆地上运动能消耗更多的能量。研究证明，身体肥胖者如果能够每天坚持游泳30分钟，并且不增加饮食量，完全可达到减肥的效果。

游泳运动可有效提高肺活量。当人体在水中浮动处于水平姿势时，接近于悬浮状态，胸部要受到12～15千克水压，因此必须不断加深呼吸。经过长期游泳锻炼后，呼吸肌就会变得强壮有力，从而增大呼吸差和肺活量。

游泳有利于锻炼骨髓的灵活性和柔韧性，能更好地促进骨髓的生长发育，还可以预防少年儿童佝偻病和软骨病的发生。

（2）游泳运动处方。游泳时的能量消耗很大，原因有如下几点：

水的温度越低，散热越多，能量消耗也越多。例如在12T的水中停留4分钟所散发的热量，相当于人在陆地上1小时所散发的热量。

用相同的速度、不同的游泳姿势时，自由泳的能量消耗大于蛙泳。

游泳的速度越快，受阻力越大，消耗的能量就会越多。

在制定水中游泳运动处方时，需要对陆上锻炼的运动处方的制定原则做出相应的调整。日本学者小早川智治对游泳中的最大心率与跑步的最大心率做了研究（1992），以探讨水中适当的运动强度。结果显示，水中的最大心率比陆上低11次/分钟，如果被检查者的目标心率陆上平均为151～186次/分钟，而水中为144～176次/分钟，低7～10次/分钟；再用"220-年龄"推算最大心率时，则水中的低13次/分钟，水中目标心率低7～11次/分钟。因此，陆上运动处方应用于水上时，青年人要按照各种心率值减去 12 次 / 分钟来处理。

4. 登楼梯运动处方

登楼梯运动是近年来发展最快的有氧健身运动。1977 年的研究结果表明，每天登 5 层楼梯，可以使心脏病的发病率比乘电梯的人少 25%。美国斯坦福大学于 1987 年的研究结果证实，登 1 级楼梯，可延长预测寿命 4 秒钟。研究还发现，一个人每星期登 5000 级楼梯（每日登 714 级，相当于上下 6 层楼 3 次），死亡率比那些不运动的人低 1/4 ~ 1/3。由此科学家得出结论：坚持登楼梯运动每 30 年便可延长生命 1 年。

登楼梯运动毕竟是一种比较激烈的有氧运动形式，必须具备良好的健康状态，且具有一定的训练基础。登楼梯运动并不能替代跑步和游泳等健身运动项目。

（1）登楼梯的运动效果。据统计，登楼梯时消耗的热量比静坐多 10 倍，比散步多 3 倍，比步行多 1.7 倍，比打乒乓球多 1.3 倍，比打网球多 1.5 倍，比骑自行车多 1.5 倍，比打排球多 1.4 倍。

（2）登楼梯运动处方。登楼梯运动一般有登楼梯、跑楼梯及跳台阶三种形式，可按照自己的体力进行选择。

"登楼梯机"。该机器使用起来很方便。锻炼者只需像踩自行车那样踩踏上下转动的两块踏板即可，且有先进的计算机控制程序，可随时在屏幕上显示时间、距离、步数、速度、心率、体重、热量消耗等各种参数，并且有多个难度（阻力）等级可供选择。

5. 倒走运动处方

进行倒走运动锻炼时，首先要选择平坦、安全的场地，不要在马路上进行练习，初期进行这项运动锻炼时一定要慢行，服装和鞋子要选择和散步、慢跑运动类似的装备。

由于倒走这项一反常态的锻炼方式，可以有效地刺激平时难以活动到的肌肉，平衡血液循环和肌体的状态，同时对神经衰弱、失眠、高血压等心脑血管疾病都有极好的防治作用。

6. 登山运动处方

登山运动作为体育锻炼项目，秋季是进行这项运动的最佳季节。登山运动在我国被称作"心血管体操"，它对人体可起到增加肺活量、促使脑血流量增加、血液循环系统增强、提升尿液酸度的作用。长时间、多次数的登山运动，不仅可以增强心脏和血液循环系统的功能，还能保证血糖、血压、血脂维持在正常水平，同时对人们预防骨质疏松症、促进骨骼健康具有特殊作用。

（二）高血压运动处方

实践证明，人们长期进行规律的有氧运动有以下好处：首先，骨骼肌可以得到有效锻炼，可以在很大程度上增强末梢神经血管的适应性，对作用于大脑皮层和皮质下的血管运动中枢有很好的降压作用；其次，人体经过有氧锻炼可以降低血管平滑肌对于运动的反应性，改善血液的动力学反应，提高身体的活动能力；最后，规律、合理的运动锻炼对于改善情绪，提高交际能力，增加社会活动的适应性，降低情绪波动的频率，改善不良的性格都有积极的作用。

（三）发展心肺功能的运动处方

运动锻炼目的：提高心肺功能，发展有氧耐力素质。

1. 运动项目

长距离步行、慢跑、自行车、游泳、划艇、爬楼梯等全身大肌肉的持续性活动。

2. 运动强度

（220-年龄）×（60%～80%）的目标心率。

3. 运动时间和频率

每次 20～60 分钟，每周 3～5 次。

4. 注意事项

每个人的适应水平和能承受的运动强度不同，锻炼持续的时间也应根据自身情况有所区别，对于一般适应水平低的锻炼者来说，20～30 分钟就可提高心肺适应水平；而适应水平较高的锻炼者则需要 40～60 分钟。所以，运动者可根据自身的运动水平和运动基础来调整运动的频率和强度。一般来讲，每周进行两次锻炼可以达到有效增强心肺适应能力的功能，3～5 次的运动锻炼可以使运动损伤的概率降到最低、心肺功能的适应水平达到最高。

凡是有大肌肉群参与的、慢节奏的持续性运动都可作为锻炼方式。人们可以按照自己的兴趣选择喜欢的运动，另外还要考虑可行性和安全性。运动锻炼中相对来讲不易受伤的人群就可以任意地选择运动项目，容易产生运动损伤的人群就要在选择项目时有所顾忌，一定要选择运动动作不剧烈、对身体冲击力相对小的项目进行锻炼。

（四）发展肌肉力量的运动处方

运动锻炼目的：提高肌肉力量和爆发力。

1. 运动项目

哑铃或杠铃。

2. 运动强度

选择 8～12 个主要肌肉群练习，以 8～12 最高重复次数的重量或阻力做 8～12 次/组，共做 1～2 组，组间休息时间 1～3 分钟。

3. 运动时间和频率

每次总练习时间以 20 分钟为最佳，每周 1～2 次。

4. 注意事项

每周进行 4 次锻炼是能坚持长期肌肉力量锻炼的最大频率限度。一般来说，运动者进行运动的频率为每周 1~2 次最佳，这样既能保证不产生运动损伤，还能有效增加肌肉力量，运动成果也可最大限度地体现出来。力量锻炼的间隔时间，一般以肌肉能彻底恢复的时间为参考，正常情况下，肌肉在停止锻炼后 5 秒能恢复 50%，2 分钟左右可以完全恢复，所以，为了保证运动效果，每次运动锻炼的间隔时间要控制在 2 分钟以内，每次练习总时间以 20 分钟最佳。

当运用杠铃练习时，必须有同伴帮助，以便在需要时得到保护。

（五）发展柔韧素质的运动处方

运动锻炼目的：提高柔韧性。

1. 运动项目

被动静力性伸展法或本体感受神经肌肉伸展法。

2. 运动强度

每组肌肉伸展至拉紧或有少许酸痛感觉为止。

3. 运动时间和频率

每组肌肉伸展 10~30 秒钟，大肌肉群可伸展 30 秒钟。但是每个姿势的持续时间和次数应逐渐增加，一般从 10 秒钟逐渐增加到 30 秒钟。可每天练习或在运动后练习。

4. 注意事项

进行柔韧性练习时，动作的幅度要逐渐增大，用力要柔和，以免受伤。

静力性练习一般保持 8~10 秒钟，重复 8~10 次可收到良好的效果；动力性练习一般保持在 15~25 次。还要针对身体进行全方位的运动锻炼，不管是运动前的准备活动、运动后的伸展运动还是进行关节柔韧度的练习，都要兼顾其他及全身关节柔韧性的锻炼。

五、运动中的注意事项

运动锻炼是指人们有计划、有目的地进行身体运动，从而达到强身健体、增加体能的目的，人体自身的发展要经历生长发育期、成熟期和衰退期这三个发展时期。适宜的体育锻炼对人体各个时期的生理变化都有积极影响。因此，运动锻炼贵在坚持、重在科学，要点是因人而异。

（一）运动的益处

1. 改善人体各系统的功能

第一，运动可以有效提升人体的大脑和神经系统的工作强度，能在很大程度上增加神经系统的均衡性及灵活性、增强神经细胞的持久力,从而使人体获得更多的氧气与能量的供应,大脑和神经系统相应地也能在紧张的工作后得到充分的休息和调整。

第二,系统的运动训练,能使心肺功能得到显著改善,可较大地提高肺通气量,增加心脏的脉搏排出量,提高供氧能力。

第三,运动能调整人体肌肉与脂肪的比例结构,增加机体的柔韧性、协调性,改善人体的结构比,体现人体的健美状态。

第四,运动能调整人的心理健康状况,促进人的身心健康发展,培养人们的良好意志与品质,以及坚韧不拔的意志和精神。

第五,体育运动还能调节人体的自主神经系统,有助于防止便秘、预防和控制某种类型的糖尿病、降低血压等。

2.保持位能

相对于人体自然衰老,缺乏运动才是老年人体能下降的罪魁祸首。运动促进健康是指长期、规律的运动能提升体质,增进健康。如不能坚持运动锻炼,在停止运动后,锻炼带给人体的益处很快就会消失,全身肌肉和心肌会出现软弱乏力、血压上升、脂肪继续增多的现象,对人体有益的高密度脂蛋白(HDL)胆固醇也会有不同程度的下降,甚至患心肌梗死的概率会比运动前更高。

(二)制订计划

科学、系统的锻炼计划可以克服运动的盲目性和随意性,可以更充分地利用一定时间、取得预期的效果。体育锻炼要有系统性,要从简单到复杂,逐渐加大运动负荷,有层次、有系统地进行。

简单的计划可从自身的感受做起,当锻炼后出现四肢酸痛或沉重感时,说明你制订的计划已基本到位,可继续进行;在锻炼一段时间后,体能大幅度提升,当人体可以承受更长时间的锻炼而不会感到疲劳时,表明可以再次适当地增加运动量了。如果每天的运动都能很舒适地进行,同样也会在很大程度上增加运动者进行持续锻炼的兴趣。

1.锻炼的时间

现代大多数人都希望用最少的时间获得最大的运动效益,每周坚持锻炼3次、每次坚持运动30分钟左右,就完全可以维持体能;但每周低于3次的运动或者每次低于30分钟的锻炼对健身没有意义。

人体改善体能的方式主要是来自机体肌肉疲劳的完全恢复,并不是要求运动者每天重复相同的运动动作进行锻炼。人体强大的心脏功能虽然耐得住每天运动带来的负荷,但是每天不断增加运动量却会损伤人体骨骼肌。专家在运动者进行大量运动后的当天,在显微镜下观察了肌纤维组织,发现肌纤维有微小的撕裂和出血的现象,这就科学地解释了为什么人们在进行剧烈运动后，会有肌肉疼痛的感觉，这种疼痛一般要在运动 48 小时后才能渐渐恢复。肌肉微小地拉伤愈合后，反而会变得更加强壮。所以，每周坚持锻炼 3 次，或者每运动完毕，间隔休息几天后变换运动内容接着进行锻炼，非常有助于预防肌肉的损伤。

2. 运动的强度

运动者在运动初期必须要制订严格的锻炼计划，掌握好自身合理的运动负荷，科学地加以锻炼，这样才能在运动锻炼中获得满意的运动效果。切忌在运动中无规划地盲目锻炼，兴致高时过量运动、没兴致时连续不运动，这些随心而起的运动锻炼对身体有害而无益。为了减少运动过激带来的运动损伤，运动者进行运动时首先要清楚地了解自身的负荷量，如果运动产生的负荷量超过自身的负荷量就容易引起运动损伤，负荷量过小则达不到刺激人体肌肉的程度，就不会产生良好的运动效果。因此，获得健康的体能主要取决于运动者的运动强度，而非运动周期。

3. 运动内容的选择

科学地选择体育锻炼的内容，是获得良好的体育锻炼效果的重要环节。在选择运动内容时，应注意以下几点内容：

（1）选择运动的内容应注意针对性。针对性就是要因人而异，即根据自身的爱好、身体特点、场地器材条件、学校或周围环境以及今后的需要来决定锻炼内容。人的个体之间有很大的差异，相同的年龄、相似的体格及等量的运动强度的产生的运动效果也可能大不相同。因此，在进行运动项目的选择时，一定要切合自身的实际条件，即身体负荷量的大小、年龄、性别、运动基础等。另外，还要确定自身锻炼的目的，是为强身健体、提高运动水平，还是为了更好地促进生长发育，从而配合自身的兴趣爱好来选择适宜的项目进行锻炼。对高校学生来说，应多进行一些竞技性活动和娱乐性项目，尽量多接触不同性质的运动项目，尤其是要关注新兴的运动项目，以丰富运动经历，还要多参加田径、球类、体操等传统项目，定向运动、登山运动、野外训练等新兴运动项目也可以在条件成熟的情况下适当参与。

相对于每天进行规律运动的人来讲，经常变换不同的运动项目进行锻炼可以有效地预防肌肉损伤，增强体能，促进肌肉恢复。人体在参与运动锻炼时，假如今天跑步半小时，明天骑车半小时，这种锻炼方法不会使自身产生任何的运动损伤；但是如果在运动时间相等的前提下，同一天进行两种运动项目会更容易对人体造成伤害。

（2）选择运动内容时要有各自的目的性。体育锻炼的目的不同，所采用的锻炼方法也就不同。如以健身为目的，就应该选择有氧运动，较好的有氧运动项目包括慢跑、网球、排球等；若以减轻体重为目的，则应选取摄取能量与消耗能量保持平衡甚至消耗能量大于摄取能量的运动项目，如长跑、竞走等。

（3）选择体育运动的内容时还要顾及全面发展。运动应考虑全面性，使身体的各个部位、各个系统运动技能、身体素质和基本活动能力都能得到全面的发展。

（4）运动内容应实用方便。进行体育锻炼应考虑实际条件，如场地、器材等客观条件，因时、因地进行一些实效性强而又简便易行的锻炼内容和形式。同时，也可以创造性地移植项目、创造适应客观条件的新项目。

（5）运动的内容应注意因时制宜。体育锻炼要从实际情况出发，讲求实效，不要贪多，要力求简单易行。同时，要考虑当地的季节气候情况，因时制宜。我国大部分地区一年四季气候差异较大，很多项目对气候环境有着极高的要求，这就要求练习者要掌握几种不同季节条件下可参与的运动项目，便于在不同时间段内进行不同项目的锻炼。

4.辅助锻炼

（1）热身运动。在静止肌肉中，肌血流量较小；但经热身运动后，体温上升，血管扩张，血管壁阻力减少，局部肌血流量增加，血红素和肌蛋白结合和释放氧的能力增强，神经感受器的敏感度和神经传导速度因体温升高而获得改善，关节、肌膜、韧带和其他结缔组织的伸展性也随之提升。因此热身运动可增加肌肉收缩时的速度和力量，改善肌肉的协调能力，预防或减少肌肉、肌腱、韧带的伤害。健身操就是基本的热身活动之一。

（2）伸展运动。运动锻炼后必须要进行伸展运动进行辅助，人体在刚结束运动时的肌肉发热，不会带来肌肉撕裂的可能，及时地进行伸展运动，使牵拉肌肉和肌腱拉长，拉长的肌肉在关节周围可以发挥更大的力量，有助于运动者产生理想的运动成绩（具体指跳得更高、跑得更快等）。

（3）减缓运动。在运动锻炼即将结束时切不可突然中止运动，运动者要在运动后期适量减缓运动量，慢慢结束。不然由于运动时大量地消耗能量，会造成肌肉紧张，突然停止运动后腿部肌肉就会放松，血液堆积在腿部静脉中得不到回流，大脑没有充足的供血很容易引起头晕。运动后期进行减缓运动还有助于清除身体在进行无氧锻炼时产生的大量乳酸，防止肌肉酸痛。

（三）运动中的注意事项

1.做好身体、心理准备

体育运动和其他活动不一样，在运动之前一定要先做好身体和心理准备，要了解自己的身体状况，调整好心态，最重要的是要做好吃苦的准备。

2.注意着装

在体育运动中最基本的着装要求就是要"轻便"，运动过程中尽可能不要穿得太多，以免服装太沉，影响运动能力；此外，着装重点在一个"便"上，因此要选择比较宽松或带弹力的服装，最好是运动服；不要因为服装太紧而限制了运动中关节的活动范围，影响技术水平的发挥，这样可能达不到运动的预期目的。在着装时还必须注意"由厚到薄"的原则，根据运动中身体的发热情况，可酌情脱去外套。在运动后必须及时穿上外套，以免因为运动中出汗太多而受凉。

3. 用具准备

在进行体育运动之前，要做好对运动中所需要的一些物品的准备工作，如饮料、毛巾等，为更好地进行锻炼做准备。

4. 熟悉器材、场地的情况

在运动之前要对所采用的器材和场地进行了解，并检查所要用的器材是否正常、场地是否适合及周边环境可能对运动造成的影响，以尽可能减少运动过程中意外事件的发生。

5. 关注天气情况

天气情况是能否进行运动的必要因素，良好的天气情况是正常进行运动的保证，要及时了解运动过程中的天气情况，尽量避免在高温和紫外线太强的天气下进行体育锻炼，以免在运动过程中出现中暑，因紫外线过强而造成的皮肤损伤及全身失调等现象发生。此外，还要注意下雨对运动的影响，下雨天应尽可能地选择在室内场地进行锻炼，避免因下雨造成户外场地太滑而引起意外事件的发生和因淋雨产生的疾病。在寒冷等特殊环境中进行运动时，要注意了解特殊环境中身体机能的特点，做好相应的准备工作。

6. 准备活动

在进行较剧烈的运动前，必须做好准备活动。准备活动又称运动前的"热身运动"，主要是为了预防肌肉损伤，提前提高人体中枢神经系统的兴奋性，将人体调整至积极的备战状态。进行准备活动一定要根据即将进行的运动项目的特点，有针对性地进行"热身"，再调整好其他关节的准备运动，帮助身体调整到最佳的运动状态。

7. 注意运动的量和强度

在运动过程中要注意保持运动量和强度的合理性，根据自身的体能情况制订相应的运动计划，关于运动量和强度的安排，开始不宜太大，以免造成身体损伤；也不能太小，这样达不到锻炼的效果，应选择适宜的运动量和强度进行锻炼。若出现特殊情况应及时调整运动计划，使运动量和强度与身体状态相适应，这样可以更好地起到强身健体的作用。

六、运动创伤检测和诊断的基本知识

对运动创伤的诊断是在了解伤员的病情、体征和有关医学检查结果的基础上，对损伤的部位、性质和程度进行判断和确认的过程。掌握创伤的一般物理检查方法和诊断学的基本知识,有助于对在运动中发生的急、慢性损伤进行初步判断,而对伤情的正确判断则是伤后实施现场救治和进一步处理的重要前提。

（一）采取受伤史

采取受伤史是检查者通过与病人或知情者进行交谈,了解病情的发生、发展及转归,并经过综合分析得出初步判断的诊断方法。在询问病情前,一般应先了解伤员的姓名、性别、年龄、所从事的运动项目、训练年限、运动等级和既往损伤史等情况。

1. 询问受伤当时的情况

要求了解受伤者受伤的确切日期和地点。了解是在上体育课、训练、比赛时,还是课外活动时受的伤,同时要了解受伤部位。

2. 询问受伤原因及动作

了解受伤时的训练或比赛组织安排是否恰当,运动场地是否符合安全卫生的要求,受伤动作是否符合技术规范、有无动作失误等。接触性运动要了解对方使用的动作是否合理,有无违反规则等。详细询问受伤机制对创伤性质判断和伤后训练的安排尤为重要。

3. 询问伤情

（1）疼痛。要了解伤后疼痛发生的时间,疼痛的性质（锐痛、钝痛、酸痛、针刺样痛、搏动样痛）,疼痛与运动项目和运动量的关系,疼痛是否伴有窜麻感或具有放射性。一般急性损伤如骨折、脱位等,伤后会立即出现疼痛感,疼痛剧烈。慢性损伤则疼痛较轻,但会随病情发展逐渐加重,常与运动项目和运动量有关,准备活动后疼痛会减轻,运动后会加重,经休息又会减轻。患有腰椎间盘突出症的患者,会出现疼痛伴通电样窜麻感,且沿大腿后侧向足跟或外侧放射；陈旧性损伤疼痛的发生对气候特别敏感,阴天下雨时疼痛会加重；半月板损伤或关节内游离体,在活动关节会出现有响声的疼痛,常伴关节交锁。

（2）功能。了解伤后是否有功能障碍。若有,则要了解其对运动技术妨碍的程度如何,是否有功能的完全丧失,如髌骨、软骨病患者不能半蹲；肩关节脱位者不能抬举上臂；股骨横断骨折者无法站立和行走。

4. 询问病程发展情况

需了解创伤的发生和发展过程属于急性还是慢性,受伤后的治疗方法、经过和效果,伤后训练安排内容和量,以及进行练习后患部的组织反应等。

（二）一般物理检查

运动创伤的一般物理检查方法包括望诊、闻诊、触诊、动诊和量诊。

1. 望诊

望诊又称视诊，是检查者通过眼睛观察伤员的全身和局部表现的诊断方法。对创伤病人进行望诊时，在着重注意患部的改变之外，还应观察有无全身反应。

（1）神色。通过观察伤员的面部表情，判断伤情轻重。若精力充沛、面色红润、神色无异常，一般表明病情较轻；若表情痛苦、神色萎靡、面色苍白，是伤重的表现；神志昏迷、四肢冰凉、瞳孔散大者，则多属危症。

（2）姿态。姿态异常是患者为缓解伤处的肌肉痉挛、减轻疼痛或避免再伤而采取的一种保护性体位。注意观察伤员站、坐、卧的姿势和走路的步态是否有异常，动作是否协调自如。下肢肌肉拉伤、踝、膝关节损伤常呈跛行；急性腰损伤或腰椎间盘突出者，脊柱有可能前倾、后仰或侧弯；骨折与脱位多伴有特殊的姿势和体位。

（3）患部。观察创伤局部的情况，了解患部肤色改变、肿胀、萎缩和畸形情况；注意观察皮肤有无破损，瘀血的程度，肿胀的范围是局限还是弥漫；观察有无肌肉痉挛和萎缩。肌肉痉挛为保护性反射所引起的，常见患部肌肉隆起，肌张力增高。慢性损伤常引起肌肉废用性萎缩，如膝关节半月板损伤可引起股四头肌内侧头的萎缩，股骨头骨骺损伤常引起股部和臀部的肌肉萎缩；因运动引起的神经受损也可引起肌肉萎缩，如运动员肩胛上神经受损，引起冈下肌萎缩。还应注意观察身体外部形态有无异常改变。如脊柱生理曲线有无改变，上、下肢是否等长、对称，伤处有无成角、旋转等。有些特殊畸形可作为某种损伤的诊断依据，如方肩畸形常见于肩关节脱位、银叉样畸形为桡骨远端骨折、垂腕症见于桡神经损伤、垂足症见于腓神经损伤等。

另外，某些严重的运动损伤，除局部征象外，还可能出现其他部位的合并损伤，或伴有全身症状，在望诊时应注意全面观察。

2. 闻诊

闻诊又称听诊，是检查者通过听觉获取病人身体某部或伤处发出的声音，并根据声音进行诊断的一种方法。创伤检查的听诊还包括病人自诉在受伤现场所听到的异常响声。

（1）响声。受伤瞬间听到响声，常表示有骨、肌腱、韧带、肌肉的断裂或关节脱位。活动关节听到响声，表示关节内有异物或关节附近的滑囊、腱鞘有炎症，如肩峰下滑囊炎，活动肩关节会出现响声；股骨大粗隆滑囊炎，活动髋关节时会出现响声，后者又被称为"弹响髋"。

（2）骨擦音。骨折后移动伤肢，可听到断骨间相互摩擦的粗糙声响。

3. 触诊

触诊是检查者通过手的感觉对病情进行判断的一种诊断方法。检查者通常利用指腹和掌指关节、掌节进行触诊，这是因为此处的皮肤最为敏感。触诊前应先向伤员讲清楚检查目的，充分暴露被检部位；检查者一般位于伤员右侧，在触诊的同时要注意观察其面部表情，触诊的手要缓和，力度适宜，动作轻柔缓和，一般先触伤部周围，再触伤处，按压痛点时手法不宜过重。

（1）皮肤温度。急性损伤充血期皮肤温度常会增高，局部发凉多为陈旧性损伤。

（2）压痛。用手指轻按患部，寻找压痛敏锐的部位。多数损伤的压痛点与损伤组织的解剖结构相一致，即痛点所在处为损伤组织的病变部位。压痛部位浅、范围较广泛、程度较轻者，多为软组织损伤；压痛部位深、痛点局限、呈锐痛或刺痛者多系软组织撕裂或骨折；压痛深，且向肢体远端反射者，多为神经根受压。

（3）畸形。如果畸形的程度轻但肿胀严重，望诊常不易察觉，应用触诊加以判断。如肘后脱位时需要触摸肘窝内有无滑出移位的肱骨滑车，肘后三角骨性标志是否等腰，骨折时可触摸断端是否隆起或成角。

（4）硬结、包块或摩擦感。慢性损伤是由于患部组织粘连、变性、增生、肥厚、钙化或骨化，局部常可摸到硬结或条索状物，有的则触摸皮下有摩擦感。如胫腓骨疲劳性骨膜炎，皮下可摸到单个或多个成串的结节；慢性滑囊炎或腱鞘囊肿，局部可摸到界限清楚、推之稍动、质地较硬的圆形肿物。

4. 动诊

动诊是通过患者的主动或被动活动而获得诊断信息的检查方法。由于创伤会引起组织破坏、断裂，疼痛会引起肌肉保护性痉挛，骨折后肢体的正常力学关系会改变等，这些都可能使患部的正常生理功能受限或完全丧失。因此在进行一般物理检查时，应注意肌肉、关节的被动运动和主动运动的情况，如肱二头肌断裂和肱骨骨折者时，患者不能主动屈肘；髌腱断裂、髌骨骨折或股四头肌断裂时，患者不能主动伸膝。此外，一些特殊的物理试验检查，对伤病的诊断也非常有帮助，如肌肉抗阻试验，对确诊肌肉是否损伤及其受伤的确切部位有重要的临床诊断价值。在进行有关试验法检查时，应注意方法必须准确，必要时应与健侧比较，以提高检查的准确性。

5. 量诊

量诊是通过专门的量具（如皮尺、测径规、量角器等）对损伤部位进行测量，根据测量的结果进行辅助诊断的检查方法。根据损伤的具体部位和病情，应选择合适的测量方法和器具。如四肢部位的软组织损伤、骨折和关节脱位，都有可能造成肢体的长度、围度或关节活动度发生改变，在诊断时有必要对患肢的长度、围度、生理轴线或关节的活动度（ROM）进行测量。此外，还可进行脊柱生理弯曲度或肌力的测量等。四肢部位的量诊，应注意将患侧与健侧进行比较测量，以准确判断伤情。

（三）特殊检查

常用的特殊检查方法有影像学检查（如X线、CT、核磁共振等）和关节镜检查。这些检查需要专门的医疗设备，且需要在医院由专职医生操作。鉴于上述检查对于某些运动损伤的确诊具有重要意义，因而已被广泛应用于运动创伤的临床诊断中。

1. X 线检查

X 线检查是利用 X 线所具有的穿透性、荧光作用和照相作用，通过对人体进行透视或摄片进行诊断的医学检查技术。目前广泛应用于骨折和关节脱位的诊断。在应用对比剂（气体、钡、碘）的情况下，还可进行器官结构的显影。鉴于 X 线对比重和密度相差不大的组织显像不清，故对软组织损伤的诊断价值不大。某些复杂的骨折和疲劳性骨折，早期常显像不清，在诊断时应予以注意。另外，X 线具有辐射作用，对人体有害，不宜多次重复检查。

2. CT 检查

CT 是计算机体层摄影的英文缩写，是将计算机技术应用于 X 线诊断的医学检查方法。由于该检查具有很高的密度分辨率，可显示骨、软组织和体液等各种人体的正常结构和病变情况，又能提供没有组织重叠的横断面影像，且是一种无创伤、无危险，能迅速准确地进行诊断的检查方法，故被广泛应用于各种 X 线平片无法显示的复杂部位及特殊类型的骨折、肌腱和韧带的断裂、腰椎间盘突出症、椎管狭窄症等运动创伤的诊断。

CT 检查的费用较高，对某些损伤的定性诊断缺乏特异性或有可能出现假阴性，且对于血管病变的诊断效果不如血管造影。

3. MRI 检查

MRI 是磁共振成像的缩写，又称核磁共振成像（NMRI），是利用氢原子核在磁场内共振生成影像的一种检查方法。由于 MRI 比 CT 具有更高密度的分辨率，故对软组织图像的显示效果更佳。目前不仅广泛应用于组织形态学的研究，还可通过 MRA（MR 血管造影）等技术显示器官的功能和血液动力学的改变。在运动创伤临床诊断上，主要应用于脊柱、四肢及关节病变和肌间隔综合征的诊断。

4. 关节镜检查

关节镜检查是在内窥镜基础上发展而来的一种关节诊疗技术。目前在骨科广泛应用的有膝、髋、踝、肩、腕关节镜检查，主要用于关节内疾患的诊断和治疗。

七、不同的运动项目的损伤特征

（一）运动创伤分类

1. 按创伤的病程分类

（1）急性损伤。急性损伤指组织在瞬间遭受直接或间接暴力作用而引起的损伤。此类损伤病发急，症状和组织反应明显，如处理得当，多数病程会相对较短。

（2）慢性损伤。慢性损伤包括因急性损伤处理不当迁延造成的慢性损伤，以及因局部过度使用而引起的组织细微损伤积累。前者被称为陈旧性损伤,后者又被称为"劳损"。

2. 按受伤后皮肤、黏膜的完整性分类

(1)开放性损伤。开放性损伤指皮肤或黏膜的完整性受到破坏,伤口与外界相通而造成的损伤,如擦伤、切伤、刺伤、裂伤等。

(2)闭合性损伤。闭合性损伤伤处皮肤和黏膜完整,无裂口与外界相通的损伤,如肌肉拉伤、关节韧带扭伤、挫伤等。

3. 按受伤组织的结构分类

(1)软组织损伤。软组织损伤指皮肤、黏膜、肌肉、韧带、筋膜、关节囊、滑膜、脂肪垫等组织的损伤。据北京运动医学研究所对2725例各种运动项目创伤性质的统计,此类损伤占55.66%,居各损伤的种类之首。在群众体育活动中,常见急性软组织损伤;从事专项训练的竞技运动员,则以慢性软组织损伤居多。

(2)骨与关节损伤。骨与关节损伤包括骨、关节、关节软骨、软骨盘以及骨骺的损伤。成人急性损伤多见骨折和关节脱位,儿童多见骨骺的损伤。慢性损伤则多为与专项技术特点有关的骨软骨炎、关节软骨的退行性变或创伤性骨关节病。

(3)末端病。末端病指肌腱、韧带或关节囊的纤维层在骨端的附着处(又称末端、附丽区或腱止装置)所发生的慢性劳损性组织变性。此类损伤大多因过度使用病变部位而引起,创伤的好发部位与运动技术动作对某一部位的特殊要求密切相关,如羽毛球、网球运动员长期反手击球引起的肱骨外上髁炎;跳高、篮球运动员因反复起跳所致的髌尖末端病等。

(4)神经组织损伤。神经组织损伤包括脑、脊髓和周围神经的损伤。此类损伤的发生率虽不高,但对运动员的运动能力影响甚大,如拳击运动员因大脑反复被击打,会导致日后脑功能损害,即"拳击脑";跳水运动员的脑挫裂伤等。

(5)内脏器官损伤。内脏器官损伤指因运动所致的心、肺、肝、脾、肾、膀胱、胃肠等内脏器官出现损伤。此类损伤一般为急性损伤,可由运动直接引起,如腰部受撞击致肾脏挫伤;腹部受打击致肝、脾破裂;也可与骨折合并发生,如肋骨骨折致肺脏损伤。

4. 按创伤的程度分类

(1)轻度。伤后未丧失运动能力,仍能按原计划继续训练的损伤,如擦伤。

(2)中度。丧失运动能力24小时以上,受伤后短时间(一般1~2周)内不能按原计划训练,要停止或减少活动患部或进行治疗的损伤,如肌肉拉伤。

(3)重度。伤后较长时间完全不能训练或需要住院进行治疗的损伤,如骨折。

（二）运动创伤的流行病学规律

迄今为止，我国进行过两次较大型的竞技运动员运动创伤的流行病学调查总结，分别是对1965年曲绵域的2725例运动创伤就诊病历的分析和对1990—1998年任玉衡、田得详等6810名优秀运动员进行的运动创伤流行病学调查。对于学校体育也有较多的运动创伤调查分析，但国内对于群众体育损伤的流行病学调查很少。总体上，运动创伤多数是发生在四肢的闭合性软组织损伤，程度一般较轻；重度损伤，开放性损伤，躯干、头颅及内脏器官的损伤较少；运动创伤的好发部位和性质常与运动专项的技术特点和解剖特征有关。现将运动创伤的流行病学规律进行如下归纳：

1. 运动创伤发生率

近十年来，全球创伤（含运动创伤）的发生率呈持续增长趋势。据国外统计，意外伤害与休闲体育的运动损伤之比约为6：1。目前我国尚无对群众性体育中损伤发生率的确切估计。瑞典的一份涉及4.1万人口、为期12个月的损伤调查显示，共有4926人发生损伤，其中933人为运动创伤，年患病率为2.25%；而芬兰的一项调查也显示，全国的490万人口中，每年有9万人发生各种损伤，其中13%~14%为运动损伤。学生运动创伤发生率，据国内进行的一项涉及2553名7~16岁儿童1年间的伤害调查分析，伤害发生率为38%，其中运动创伤的年患病率为4.7%；大学生运动创伤年患病率，大多调查都显示在20%~30%；而竞技运动员的创伤发生率，据国内近期对5810名运动员的创伤调查，得出年创伤率为59.4%。

2. 运动创伤人群的分布特征

不同年龄、性别和职业的人群，运动损伤的发生率会不同。

（1）年龄分布。运动创伤可发生于任何年龄段，但通常6岁以下儿童的运动损伤发生率很低，之后会随年龄的增长而增加，到30岁左右的运动创伤率则又开始降低，呈倒"J"形曲线变化。据运动创伤的年龄构成分析显示，10岁以下占3%~4%，10~19岁约占40%，20~29岁约占30%；而且青少年运动创伤多为急性损伤，年龄较大者则多为慢性损伤。

（2）性别分布。不同性别的运动创伤发生率存在着明显的差异。从儿童至青少年时期，男孩与女孩运动损伤发生率之比约3：1。通常男孩的运动创伤发生率会从儿童至青少年时期逐渐增加，至20~30岁达到高峰；而女孩的运动损伤发生率则在15岁左右达到高峰。

（3）职业分布。职业运动员运动创伤发生率高于非职业选手，且多为慢性损伤，而非职业运动员则多为急性损伤。就职业运动员而言，不同运动专项损伤发生率不尽相同，损伤特点也各有差异，即使同一运动专项，不同等级的运动员其发病率也不尽相同。通常，专项训练时间较短、运动等级较低者，运动损伤发病率较高，而高水平运动员的损伤发生率相对较低，且以慢性损伤为主。

3.运动创伤的气候特征

运动创伤可发生于任何气候中，但据国内调查显示，中小学生损伤多见于3—4月份和10—11月份。

（三）不同运动项目的损伤特征

不同的运动项目，有其各自的专项技术特点，以及对人体运动器官承载负荷有不同的要求，因此其损伤也有各自的好发部位和损伤性质。本节主要介绍田径、球类、体操等专项运动的损伤特点。

1.田径

田径运动包括竞走、跑、跳、投掷和全能等项目。运动员从事的项目不同，创伤的部位和性质也各异。据统计显示，跳高及中长跑运动中的创伤发病率较高，投掷次之。

（1）赛跑和竞走项目。赛跑运动员大、小腿肌肉拉伤和足踝部损伤较为多见。短跑运动员因经常进行足尖跑、碎步跑和后蹬跑，易引起大、小腿后群的肌肉拉伤；中长跑运动中急性损伤虽然较少，但训练中运动量过大或场地过硬时，易发生胫腓骨疲劳性骨膜炎或疲劳性骨折，其次为膝外侧滑囊炎和足踝部腱鞘炎等慢性损伤；超长距离跑和竞走则常见会阴部、尿道口及大腿根部的擦伤和足趾的挤压伤；跨栏运动员除多见大腿后群肌肉拉伤外，坐骨结节末端病、腰肌拉伤、膝踝关节损伤和擦伤也时有发生。

（2）跳跃项目。跳跃项目主要有跳高、跳远（包括三级跳远）和撑杆跳高。与跑步运动相比，上述项目在着地时，下肢所受的冲击力较大，且腰背部的屈伸动作频繁，因而下肢和腰部的损伤比较多见。跳远的助跑由于需要绝对的速度，因而在途中易发生大、小腿肌肉拉伤。此外，在落沙池时，也常见踝关节韧带损伤和足跟挫伤。跳高运动员则多见"跳跃膝"（髌腱末端病）和腰肌的急、慢性损伤。

（3）投掷项目。投掷的铁饼、标枪、铅球、链球等项目，多见上肢和腰、膝部损伤。其中标枪运动对肩、肘、膝、腰等部位的要求较高，当局部负担量过大、技术动作错误时，易引发肘关节的创伤性骨关节病（投掷肘）、肩袖肌或腰肌的拉伤、肘内侧副韧带拉伤等。此外，标枪运动员在助跑末，一腿突然制动，使髌骨的软骨与股骨相互摩擦，易引发髌骨软骨病。有调查表明，标枪运动员投掷肘的发生率几乎接近100%，其次是肩袖损伤；铅球运动员持球或用力不当，球会从指尖向后滑出，可引起掌指关节损伤，推手时身体突然倾倒可引起投掷手对侧的腰方肌拉伤；铁饼运动员因常在半蹲位支撑扭转发力，最易引发髌骨软骨病；链球运动员则常见斜方肌拉伤。

2.球类

（1）篮球。常见软组织挫伤和指、踝、膝关节的损伤。接球时动作错误，或断球时手指过于伸直紧张，易致手指挫伤，严重时可导致掌指或指间关节脱位；身体腾空后落地不稳，易引起踝关节外侧的韧带损伤；运动中膝关节突然扭曲可引起侧副韧带或半月板损伤；反复起跳和半蹲位滑步防守易致髌骨劳损；身体相互猛烈顶撞易发生软组织挫伤或皮肤撕裂伤。

（2）排球。以膝、腰、肩部损伤和扭伤、手指挫伤最为多见。职业运动员以过度训练损伤为多见，其次为陈旧性损伤；初学者在传球技术错误或球太重、气过足时，常发生手指挫伤和指关节脱位。肩部负荷过重，肩外展、外旋或屈肘过多可引起肩袖损伤和肱二头肌长头肌肌腱腱鞘炎，也常因肩部扣球姿势不正确或过劳，引起肩上神经麻痹，其发生率高达25%～30%；膝盖经常处于半蹲位起跳和移动体位，易致髌骨软骨病；扣球时间掌握不好，躯干过度后伸，常引起腰肌拉伤和棘间韧带挤压伤；扣球或拦网起跳姿势不正确，或踩在别人脚上，可发生踝关节韧带损伤；倒地扑救引起的擦伤和挫伤也时有发生。

（3）足球。足球运动是急性创伤发生率很高的项目。除一般常见的擦伤和挫伤外，严重的损伤有骨折、脱位甚至内脏器官的破裂。运动员争顶头球误撞，常引起头面部挫裂伤、鼻出血甚至脑震荡；相互踢撞或疾跑中被对方绊倒，可引起胫骨创伤性骨膜炎，大、小腿肌肉挫伤，严重时可致使肌肉断裂或引起胫腓骨或髌骨骨折；足外侧踢球易伤踝距腓前韧带，足内侧前缘踢球或相互对脚常伤及膝关节内侧副韧带、半月板及前十字韧带；守门员扑球跌倒，可发生腕舟状骨骨折，肩、肘关节脱位。足踝部长期负荷过重，易致踝关节创伤性骨关节病，又称"足球踝"，其发生率在专业运动员中约占90%。

（4）乒乓球、羽毛球。这两项运动的创伤发生率相对较低，损伤部位以腰、膝、肩、肘、手腕为多见，且多为慢性损伤。腰部的反复扭转屈伸易引发腰肌劳损（或筋膜炎）、腰椎间盘突出及腰椎椎弓崩裂、滑脱等；反手击球或反拍削球练习过多可发生肱骨外上踝炎；肩外展大力扣杀练习过多，可引起肩过度外展症候群；运动中经常做跳跃扣杀、弓步救球及快速屈膝等动作，会引起膝关节创伤性滑膜炎以及髌骨劳损。

（5）棒球、垒球。该项运动中的投手，由于反复举肩外展或绕环投球，易发生肩袖损伤、肱二头肌长头肌腱腱鞘炎及肩胛上神经损伤。运动员经常相互传接球，除易发生上述损伤外，肱骨内、外上踝炎和肘关节创伤性骨关节病也时常发生；运动员强力击球或跑垒跌倒手撑地，可致肱骨小头骨折；脚滑垒时易伤及踝关节内、外侧副韧带，严重时甚至可合并发生内、外踝骨折。

（6）高尔夫球。高尔夫球是一项危险性相对较低的运动项目，绝大多数损伤是由于反复挥杆击球所致的劳损以及技术动作错误所致的损伤，以肘、腰、手腕、肩及膝部损伤多见，其中男性以下腰痛为多见，而女性以肘部损伤为多见。初学者挥杆击球时常因杆触碰地面，此时非主导手前臂旋前，冲击力上传至肘，如此反复则易引起该肘肱骨内上髁炎，又称"高尔夫球肘"；长时间握杆击球可引起桡骨茎突腱鞘炎和屈指肌腱腱鞘炎。由于从事高尔夫运动的多为中老年人，本身已发生骨质疏松症，运动中挥杆会引起肋间肌反复收缩，亦可引起肋骨的疲劳性骨折。

（7）保龄球。保龄球运动规则较简单，负荷量也较小，损伤机会较少。常见损伤为拇指指神经损伤，又称"保龄球拇指"，主要是因投球时反复摩擦所引起的拇指尺侧指神经创伤性神经瘤；运动员助走结束急停时，前半身惯性向前，会使膝关节过度伸展，伤及滑膜、十字韧带或半月板；球出手的瞬间，一侧下肢呈弓步，身体易失去平衡，会导致踝关节外翻，发生踝关节内侧副韧带损伤。

3. 武术

武术运动是我国传统的体育项目，在我国民间有着十分广泛的群众运动基础，是国内正式体育比赛的运动项目之一。武术运动以过度使用导致的损伤最为多见。其中武术中的虚步、弓箭步、马步等动作，经常使膝关节处于半蹲位，易致髌骨软骨病；而后踢腿、腾空转体、旋子等动作常因腰部负荷增重致腰肌劳损；准备活动不足，或正压腿、正踢腿和劈叉时用力过猛，易引起肌肉拉伤，尤其是大腿后群肌和股内收肌的拉伤。

4. 举重

举重运动常见腰、膝、腕、肩、肘部的损伤。职业运动员以劳损较为多见，共分为陈旧性损伤和急性损伤。抓举、挺举时提铃翻腕，因前臂肌力不足可引起肱骨内上髁肌腱撕裂或撕脱性骨折；抓举时腰部突然背伸，常引起腰肌拉伤、棘间韧带挤压伤或椎板骨折；经常下蹲、起立和膝不当内收可引起髌骨软骨病；举杠铃时用力不当，使杠铃与胸壁碰撞，可导致胸部挫伤。

5. 柔道、摔跤

柔道、摔跤是集灵敏性、爆发力、技巧于一体的格斗类项目。职业运动员损伤以急性转慢性伤为主，多发部位依次为膝、腰、肩、踝、肘。运动过程中由于腰部反复扭转易引发腰肌肌肉筋膜炎、腰椎间盘突出；运动员徒手相搏，身体相互接触，在采用技巧用力摔倒或压倒对方时，容易发生肩、肘关节脱位；摔倒时手臂前伸着地可致腕舟状骨骨折；训练或比赛中腕关节超强度用力，可引起月骨无菌性坏死；指、腕、肘、膝和踝关节异常扭曲或静止性用力，常引起上述关节侧副韧带的损伤以及膝关节半月板损伤。

6. 水上项目

水上项目中的游泳、跳水、水球、花泳等运动，创伤的发生率相对较低。常见发生损伤的部位依次为腰、膝、肩和肘，损伤性质以慢性劳损最为多见。初学游泳者易发生的严重危害是溺水。

水上项目中的划船运动，是一种以赛艇、皮划艇为载体，运动员双手抢桨划动，使船艇前进的运动项目。该专项技术要求运动员在拉桨时既要有力度，又要兼备绝对的速度和耐力，因而对运动员腰部和下肢的肌肉力量要求较高。其运动创伤的发生以慢性劳损为主，其中以腰部的急性扭伤、腰肌劳损及腰椎间盘突出最为多见，膝部和小腿的损伤次之。有关调查表明，赛艇运动员腰伤的发病率高于皮划艇运动员，女运动员高于男运动员，轻量级高于重量级。

7. 自行车

场地或公路自行车运动，常见的急性损伤有擦伤、裂伤、脑震荡、锁骨骨折及肩锁关节脱位。常因骑行时"尾随挡风"，致使运动员因相互距离太近而被撞倒；或因场地不平，公路上车辆、行人太多，使车辆颠簸或被撞。此外，车的质量不好，如脱胎、掉链、断把等，也可能在运动中发生意外而导致急性损伤。慢性损伤常见的有腰肌劳损、尺神经麻痹（手豆骨部在车把上压迫过久）、腓神经麻痹等，多因运动中身体长期固定于一种特定的姿势体位，以及车座大小、高低不适宜或座、把间距调适小；女运动员因长期骑行，可引起一侧或两侧的大阴唇水肿或会阴部的擦伤；而颈部长时间处于屈曲的姿势，会使颈项部的肌肉和韧带过度疲劳，再加上颈椎长期的运动力线改变和正常生理曲线的变化等原因，久而久之可引起颈椎病和颈椎间盘损伤。

八、运动损伤的防治及其处理方法

（一）常见的轻度运动损伤急救与处理

1. 常见轻度运动损伤

大多数常见的运动损伤不需要专家的帮助也能治愈。

在运动中，身体任何一个部位都有受伤的可能，也许是因为直接受到重击，也许是因为过度拉伸，也许是因为某特定部位的反复运动。

大约80%的运动损伤是软组织受损，如肌肉、肌腱、韧带和关节，只有大约20%是骨折或内伤。常见的有肌肉拉伤、关节韧带扭伤、肌肉挫伤等。

（1）肌肉拉伤。肌肉拉伤是在外力直接或间接的作用下，肌肉过度主动收缩或被动拉长所引起的损伤。肌肉拉伤在大学生体育运动损伤中占有较大的比例。

肌肉拉伤的诊断。肌肉拉伤受伤部位的表现是发硬和疼痛，用手触摸、用力收缩或被动拉长时疼痛加剧，此症状为轻度拉伤；受伤部位有大量肌纤维断裂，感到刀割一样的疼痛，属中度拉伤；受伤者当时就听到或感到有断裂声，局部明显肿胀，皮下瘀血严重，肌肉功能出现严重障碍，基本上不能再活动，则属重度肌肉拉伤。

肌肉拉伤的处理方法。肌肉轻度拉伤或伴有部分肌纤维撕裂，首先应进行冷敷，局部加压包扎。冷敷方法可采用冷水浸泡或冷毛巾敷，如有条件也可用氯乙烷喷射受伤部位。休息时应尽量抬高受伤部位，疼痛严重者可服用止疼药。在损伤24～48小时后，可采用理疗、热敷、按摩或药物治疗的方法。肌肉大部分或完全断裂者，在加压包扎后，应立即送往医院治疗；受伤后，为防止肌肉萎缩，应进行功能恢复性锻炼，锻炼时的负荷力度应掌握好，切忌因强力再次造成损伤。

（2）关节韧带扭伤。关节韧带扭伤主要是由间接外力的作用，使关节活动超出正常的生理范围而造成的一种闭合性运动损伤。根据作用力大小的不同，可能造成关节韧带单纯扭伤、部分撕裂或完全断裂，有些还可能并发骨折及半月板损伤。在大学生体育锻炼中，最常见的是踝关节、膝关节、腕关节扭伤，其次是掌指、腰等关节的韧带扭伤。

关节韧带扭伤的症状。受伤后局部疼痛、肿胀，肌肉主动收缩时疼痛加剧，有皮下出血者可见青紫区；伤及关节滑膜或韧带断裂时，关节发生肿胀，局部压痛，牵引受伤的韧带时疼痛感觉加重；韧带完全撕裂时，关节有不稳或松动感，关节功能明显出现障碍。

关节韧带扭伤的处理。关节扭伤后若处理不当或过早进行活动，会使急性损伤变成慢性损伤，产生关节囊增生、关节肿大、经常疼痛。因此，受伤后应及时采用正确的方法进行处理。关节韧带扭伤或部分韧带纤维断裂者，可按软组织损伤处理，伤后即刻冷敷，加压包扎，抬高伤肢并休息，此种方法有止血、止痛及防止或减轻肿胀的作用；于2天之后，拆除包扎固定。根据伤情，可采取中药外敷、痛点药物注射、针灸、按摩等方法。对于伤情较重及韧带完全撕裂者，经急救处理后应立即送往医院治疗。

（3）肌肉挫伤。肌肉挫伤主要是由于外力直接打击身体的某个部位而造成的运动损伤。

①肌肉挫伤的症状：挫伤的一般征象有疼痛、内出血和肿胀。因出血程度和深浅不同有着不同的征象，如皮肤本身出血成瘀点，皮内及皮下出血成瘀斑，皮下组织中出现局部性血肿。大多数伤后出血可由自身逐渐吸收消散，少数病例有继发感染化脓的情况；肌肉挫伤可继发骨化肌炎；严重挫伤时会妨碍血液循环，可引起局部肌肉缺血性挛缩，早期症状是肢体末端青紫、肿胀、麻木、发凉，出现运动障碍。

②肌肉挫伤的处理：运动者在进行运动锻炼时一旦出现肌肉挫伤的状况，要第一时间采用冷敷和加压包扎的方法以便及时止血，损伤超过48小时以后即可采取理疗、热敷、按摩等手段进行康复治疗。根据伤者的实际情况可先卧床休息，必要时抬高患肢进行缓解；假如患者疼痛难忍，可临时采用注射和口服止痛药的方法进行止痛。

内脏器官出现挫伤状况时，伤者如出现休克现象，应首先让伤员平卧或侧卧，方便溢出呕吐物，以免引起二次窒息；对于休克的伤员还要给其加盖大衣或者棉被注意及时保暖；除了现场急救措施要到位，还要迅速组织人员护送伤员至就近医院接受专业救治。

2. 运动损伤后的治疗

（1）按摩。运动后常见的恢复方法就是按摩，但是运动者进行不适当的运动项目而造成损伤后，不可立即进行按摩，一定要在损伤 48 小时后，再采用按摩的方法进行恢复。此法主要是为了消除肌肉痉挛，促使血液正常流经受伤的肌肉组织，以缓解运动疲劳。

（2）运动。伤者在康复初期即使采用了最合理、最正确的康复措施，想要彻底恢复运动损伤还需要好几周的时间。经过治疗，如果伤者的症状不见缓解，依然出现僵硬、红肿、持续疼痛的状况，一定要及时地找运动医学专家进行进一步的诊治。对于处在恢复初期的伤者，采用水疗方法恢复健康也是不错的选择，水中的浮力可以适当地减轻地心引力对伤者的患部的作用，减轻疼痛，失误率很低；同时还有助于伤者进行自主恢复运动或者来自按摩师的被动恢复运动。

（3）物理疗法。对于大部分运动损伤的伤者来讲，通常单纯的休息根本解决不了伤病问题。根据损伤的情况适时地采用运动理疗综合法进行恢复治疗，可以快速地减轻疼痛感、控制损伤处的发炎组织、缓解肌肉损伤、加快运动损伤的恢复。

（4）激光疗法。低密度的激光光束可以减轻疼痛、消炎和消肿，有助于治愈受伤的组织。它可促进血液流通，减少前列腺素的产生。前列腺素是一种运动受伤后会引起疼痛和炎症的化学物质。

使用前应先用消过毒的棉花清理皮肤表层的油脂，以增强激光的穿透力；然后把探针轻轻地放在受伤处，以便激光可以集中射入受伤部位；为了避免激光伤及眼部，应戴上护目镜。

（5）热处理。热水袋、远红外线灯、短波电热器及其他任何形式的热源器都可以用来缓解肌肉痉挛、减轻疼痛、促进血液流过受伤部位。但受伤之后 2 天才能使用该疗法，因为血管需要时间愈合，否则会加剧出血或红肿。

（6）超声波。电流通过一块晶体而产生的高频声波可用来治疗许多形式的运动损伤。通过超声波可消炎，促进血液循环，止痛、消肿，快速治愈患处；可把乳胶涂抹在患处增强传导率，还要经常移动超声波仪器以免过热而烫伤皮肤。

（7）非类固醇药物。非类固醇消炎药经常用来治疗意外伤痛。临床研究表明，这类药物比其他的止痛药更能有效地减轻疼痛。非类固醇消炎药的代表是阿司匹林和布洛芬。这类药可以阻止引起疼痛和炎症的前列腺素的产生。由于一受伤就能产生前列腺素，所以伤后应尽快服用，服用越快，疗效越好。

（8）电波干扰处理。这种电疗法是通过两种电流触及受伤组织，用吸盘把 2 根或 4 根电极棒固定在皮肤上。两种电流互相产生的干扰可以缓解疼痛及肌肉痉挛。这种疗法有助于消肿、消炎，促进血液循环，快速治愈患处。

（9）类固醇注射。受伤处炎症不消、疼痛不除，就可能要注射可的松。注射前，应先对皮肤表面进行消毒，局部麻醉。通常麻醉药和类固醇可以用同一个针筒注射。

注射类固醇以后，至少需要休息2天，麻醉消退后，疼痛会稍有增加。一般来说，类固醇要5天以后才能完全见效，然后需再补打一针。

3. 损伤后的康复运动与恢复

（1）损伤后的康复运动。疼痛和红肿减轻，移动伤部不会使疼痛加剧时，便可以做一些轻微的运动。如伤部进一步好转，可增大运动范围、增加重复次数及运动时间。同时医生或理疗师会建议你做如下康复运动：

①恢复灵活和柔韧性的伸展运动。

②恢复患部肌肉力量的增强运动。

③恢复平衡与协调的运动。

④恢复体能的健身运动。

（2）掌握恢复期。重新开始日常活动前能完成下列测试，就可以恢复日常训练。

①伤部可自由移动而不引起疼痛和僵硬。

②伸拉周围肌肉而无痛感。

③平衡和协调能力恢复正常。

④做阻拦运动时不疼痛。

⑤运动时或运动后不疼痛，不僵硬，不红肿。

（二）运动创伤现场急救

因运动创伤而引起的出血常有发生。开放性损伤所致的出血一般较容易判断，而闭合性损伤所致的内出血，尤其是体腔内出血，则容易被忽视。当急性出血达到总血量的20%时，伤员会出现头晕、口渴、面色苍白、心慌、气促、全身乏力等一系列急性贫血的症状；当出血量达到全血总量的25%～30%时，就会引起休克，进而危及生命。另外，在运动现场发生的难以控制的出血，还会给伤员本人及其围观者带来不良的心理影响。因此，运动中一旦出现出血现象，应立即在现场采取有效的止血措施。

1. 出血的分类

血液从损伤的血管或心脏流出的现象称为出血。按出血部位可分为外出血和内血。外出血是指血液从伤口处流向体外的出血，这种出血比较直观，出血量也较容易估计；内出血是指体表没有伤口，血液从损伤的血管流向组织间隙（如皮下组织、肌肉间隙等）、体腔（如颅腔、胸腔、腹腔等）或管腔（如呼吸道、消化道等）的出血，这种出血不易被发现，若处理不及时，易发展成大量的内出血，引起失血性休克，甚至导致死亡。

按受损的血管不同，出血又分为动脉出血、静脉出血、毛细血管出血和混合出血。动脉出血的血色鲜红，常见呈喷泉状、间歇性地从伤口射出。由于动脉出血的流速快、流量大，若为大动脉出血，止血不及时可迅速引起死亡。静脉出血的血色暗红，持续性地从伤口涌出，其出血速度虽相对较缓慢，但大的静脉血管出血（如大隐静脉、颈静脉等），如若不及时止血，仍会有生命危险。毛细血管出血多见于皮肤表层擦伤，呈点状渗出，正常人一般可自行止血。因运动损伤引起的出血，少有单一血管的出血，多为动、静脉混合性出血。

2. 止血的方法

轻微出血的处理方法：用清水及肥皂，彻底洗净急救员的双手。用普通中性肥皂及凉开水或自来水、生理食盐水等以伤口为中心，呈环形向四周冲洗，彻底洗净伤口。必要时可用消毒纱布块或干净布块覆盖保护伤口，然后用绷带包扎或用胶布固定。如果伤口已有感染症状（局部的症状如肿胀、发红、疼痛、化脓、发热，全身的症状如发烧、淋巴结肿大等），应即刻到医院进行治疗，预防破伤风的感染。

严重出血时应立刻设法止血，预防休克。首先应使患者静卧，将出血部位抬高，露出伤口；伤口的血液凝块不要除去，覆盖伤口可预防污染。患者清醒时，可给其饮料等以供身体所需的液体。但出现呕吐的创伤者、头部及胸腹有严重创伤的伤者、需手术的患者和昏迷不醒的伤者，不可给予饮料。

如果伤口内有异物或突出的断骨，应先用无菌纱布盖住伤口，以较大的环形垫置于伤口四周，以便止血。若有断肢，应立即找到，并以无菌纱布包裹，置塑胶袋内，于塑胶袋外放冰块（温度保持4℃），随同病人送往医院缝合。还要随时观察及记录伤患的呼吸、脉搏、肤色、体温及意识状况，并报告给医生。尽快将伤患送往医院，最好能在伤后6～8小时内送往医院进行治疗。

（1）直接加压止血法。此方法是指直接用手或在用敷料覆盖后再用手压迫出血部位的止血方法。止血效果直观，是一种快速有效的现场止血法。但面积大的损伤，难以止血。开放性损伤，最好用消毒纱巾覆盖伤口后使用此法，否则容易引起伤口的感染。

（2）间接指压法。此方法是指用手指将身体浅部的动脉压在相应的骨面，暂时中断血流，以止住该动脉供血部位出血的止血方法。此法适用于动脉出血时的急救。

①额颞部出血：在耳屏前方用拇指摸到颞浅动脉的搏动后，将该动脉压向颞骨骨面。额部血管交通支较多，若单侧压迫止血效果不好，可同时压迫对侧相应的血管。

②面部出血：在下颌角前约1.5厘米处用拇指摸到面动脉的搏动后，将该动脉压向下颌骨。面部血管交通支亦较多，因此采用双侧压迫法止血效果会更好。

③肩部、腋窝、上臂出血：在锁骨上方、胸锁乳突肌外缘摸到锁骨下动脉搏动后，将该动脉向下、后、内压向第一肋骨。

④前臂出血：在肱二头肌内缘中点摸到肱动脉搏动后，将该动脉压向肱骨干。

⑤手指出血：在第一指骨根部两侧摸到指动脉搏动后，将该动脉压向第一指骨。

⑥大、小腿出血：在腹股沟中点摸到股动脉搏动后，用双拇指、掌跟或拳将该动

脉压向耻骨上支。

⑦足背出血：在足背横纹中点的上方摸到胫前动脉搏动后，将该动脉压向胫骨远端，若摸不到此动脉搏动，也可在足背摸到足背动脉将其压向距骨。

⑧足底出血：在内踝与跟骨之间摸到胫动脉搏动后，将该动脉压向跟骨。

（3）加压包扎法。这是指在对出血部位施加一定压力的情况下进行包扎的方法。此法简单、有效，是急性闭合性软组织损伤最常用的一种止血方法。但注意在出现外出血时，应先对伤口进行必要的消毒，或用消毒敷料覆盖后，再用绷带进行加压包扎。

（4）止血点止血法。用手指或手掌压住伤口近心端骨面上的血管，可减少流血量，同时在伤口的正上面，仍采用直接加压法止血。常用的四肢止血点为肱动脉、股动脉。

（5）止血带止血法。这是指用止血带对出血伤口近心端的肢体进行捆扎的止血方法。常用的止血带有橡胶管、橡皮带及充气止血带等。急救时如无现成的止血带，也可用布条、尼龙长丝袜等替代。此法止血效果虽好，但易造成远端肢体的缺血性坏死，因此只能在采用其他方法无法止住的严重出血时才可使用。上止血带时，止血带与皮肤之间应垫有毛巾或衣物，以免直接捆绑造成局部皮肤的损伤。捆扎的压力应恰当，过松达不到止血效果，过紧易导致远端肢体的缺血性坏死，一般可通过观察远端肢体颜色的变化加以判断：若上止血带后，肢体呈蜡白色则表示压力恰当；如果呈紫红色则表示压力不当，需要重新捆扎。上止血带后应定期松绑，一般上肢每隔10分钟、下肢每隔20分钟放开止血带一次，以避免发生肢体坏死。远途运送病人时，应在止血带上标明捆绑的时间，以方便护送人员途中松绑。

当四肢动脉大出血，采用其他方法不能止血并且危及生命时，才可使用止血带。因止血带易造成肢体残废，故使用时要特别小心。

止血带可用三角巾、领带、长袜等代替，切忌使用细绳类，以免伤及皮肤和内层组织（止血带的宽度约为5厘米）。止血带要放在伤口上方（近心端处），若伤口靠近关节，则置放在关节上方稍远处。使用止血带后，应即刻将伤者送往医院，除非有医生指示或已送达医院，否则不能松开止血带。用止血带的部位要露在外面，并标明使用止血带的时间、部位；随时观察伤处和伤者的生命迹象。

（6）鼻出血止血法。鼻出血在体育运动如柔道、摔跤、散打、拳击和部分球类运动当中经常出现，是激烈对抗时的外力所致。具体止血方法如下：

①保持患者安静坐下，将头部稍微往前倾（因为走动、谈话、发笑或擤鼻子都可能加剧流鼻血或使已经停止的流血继续流）。

②以拇指或食指压下鼻甲5~10分钟或采用纱布加压止血。

③松开衣领，令患者张口呼吸。

④于额部、鼻部冷敷。

⑤如短时间内无法止血，应送往医院。

⑥若怀疑因高血压或颅底骨折引起鼻出血，应立即送医院。

（7）内出血止血法。

①隐藏于体内的内出血：如颅内出血、肠胃出血流入腹腔等。

②后来显现出的内出血：如血液自耳或鼻道、阴道流出，自嘴流出，自肺部咳出。

③急救的目的是使病人立即获得医治，并防止病人休克。

④不可由口给予任何饮料或食物。

⑤使伤患者完全休息，松开颈部、胸部、腰部束缚过紧的衣服。

⑥按出血部位的不同，采取适当的姿势。

⑦继续小心观察患者的意识、呼吸、脉搏、体温等生命迹象。

（8）冷敷止血法。冰袋外敷或冷雾剂喷雾，常用于浅表部位闭合性软组织损伤的止血，通常与加压包扎同时使用。

（9）填充止血法。填充止血法是指用消毒棉球或纱布垫填充伤部的压迫止血方法，常用于鼻部外伤所引起的出血。使用前若先用 0.1% 的肾上腺素浸湿后再行充填，止血效果会更好；另外注意填充物应塞紧，若充填后止血效果不佳，或因鼻骨骨折引起的出血，应立即送往医院进行处理。

（三）心肺复苏术

运动中发生溺水、严重的颅脑损伤、大出血或一些有潜在性心脏病的人在进行剧烈运动时，都有可能出现呼吸和心跳的骤停。人体对缺氧的耐受能力很差，如完全缺氧达到10分钟，人体重要器官在组织学上的死亡将不可逆转；而脑细胞对缺氧尤为敏感，一般脑部停止供血 4~6 分钟，大脑就会发生严重的损害。故一旦呼吸、心跳骤停，应在运动现场立即施救，以避免全身各组织器官因缺血缺氧而发生永久性的功能损害，甚至死亡。帮助患者恢复自主呼吸和心跳的急救技术称为心肺复苏术。口对口人工呼吸和胸外心脏按压是现场急救呼吸、心跳骤停者最简便而有效的处理措施。它是采用人工的方式维持体内的血液循环和气体交换，以保证人体最基本的血氧供给，为自主呼吸和心跳的恢复或进一步的医疗救治创造必要的条件。

1. 呼吸、心跳骤停的现场判断

运动中发生损伤的病人突然出现昏迷不醒，应立即触摸颈动脉或股动脉，若搏动消失，同时伴有呼吸停止、瞳孔散大等征象，即可做出心跳骤停的诊断，并应立即进行心肺复苏的急救。用手放在病人的鼻孔前没有呼出的气体或用一根较细的纤毛置于鼻前，见不到摆动，即可判断病人的呼吸停止。虽然心电图检查对心脏骤停的诊断至关重要，但在运动现场实施有一定的困难，所以一旦检查发现大动脉的搏动停止，应当争分夺秒迅速进行抢救，绝不可有丝毫时间上的延误。在实施心肺复苏术的同时，应积极组织运送或呼叫"120"前来救治。

2. 现场心肺复苏的方法

（1）心肺复苏的步骤。检查受伤者有无知觉。轻拍受伤者肩部并大声呼叫他"睁开眼睛"，如无反应则高声求援并维持伤者呼吸道通畅，利用压额提下巴的方法使呼吸道保持畅通。

①检查呼吸3~5秒。耳朵靠近患者口、鼻，听有无呼吸声，眼睛看受伤者胸部有无起伏，脸颊靠近受伤者口、鼻，以感觉患者有无呼吸气息。如受伤者有呼吸则维持其呼吸道通畅并随时观察呼吸状况等候救助；如受伤者没有呼吸则应连续施行人工呼吸，以每次1.5~2秒的时间将空气吹入患者肺中连续2次，吹气时观察胸部是否有起伏并听一听或感觉有无呼吸气息，以确定吹气是否有效。吹气受阻时，重新对呼吸道进行畅通以后再吹气，吹气仍受阻则实行异物梗塞处理。

②检查有无脉搏（5~10秒）。将提下巴那只手的食、中指轻放于颈动脉上探测受伤者有无脉搏（5~10秒）。如有脉搏无呼吸则进行人工呼吸，如无脉搏则进行下一步骤。

③实施心外按摩。找到正确的心外按摩位置并实施心外按摩，以每分钟80~100次的速率，执行15次的心外按摩。同时口里数着1、2、3……10、11、12、13、14、15，以数次数来控制速率，念第1个字时下压，第2字时放松，即下压与放松的时间各占一半。

④进行口对口人工呼吸。成人每5秒钟1次（1分钟12次），小孩每4秒钟1次（1分钟15次）。在患者恢复自主呼吸前，要持续吹，绝不放弃救助，直至医生到达现场（很多人经过几小时的人工呼吸，才能复苏）。口对口人工呼吸的禁忌：口腔有严重受伤；口唇周围有灼伤；下颌骨折；有传染病；口唇残留毒物。

（2）注意事项

在给伤者进行心肺功能复苏时，不可以断断续续、时进时停，一旦开始救助就要连续进行，即使是在送医的途中也不可中断救治，直至伤员恢复自主呼吸和心跳正常或者确定伤员救治无效。在进行胸外心脏按压时，应掌握适宜的按压节奏，着力点应始终保持在胸骨上，手臂勿左右摆动，肘关节不能屈伸，按压力度应适中，下压时既要有一定的冲击力，又不能用力过大、过猛，以免引起肋骨或肋软骨骨折。

3. 复苏效果的判断

复苏有效，患者的口唇、甲床转为红润，扩散的瞳孔逐渐缩小，最终恢复自主心跳，呼吸恢复，神志清醒，意识清晰。复苏失败，患者死亡，则出现呼吸停止、心跳停止、瞳孔扩大、对光反射和角膜反射消失。若只出现以上征象中的1个或2个，被称为"假死"，表示患者经抢救，仍有生还的可能。倘若四个征象同时出现或用手捏眼球无任何反应，则为"真死"，此时才可放弃急救。为慎重起见，一般对死亡确切的判断应由专业人员做出。

（四）休克及其现场处理

休克是指人体遭受体内外各种强烈有害因素刺激后所发生的严重全身性综合征，如不及时纠正，会导致死亡。在运动损伤中，一旦发现有发生休克的可能，要积极预防；如已发生休克，则应立即进行抢救。

1. 休克的常见原因和机制

失血、脱水、大量血浆渗出使血容量急剧减少、严重感染、中毒、过敏、创伤和心血管疾病等多种原因，都会导致休克。运动创伤所致的休克多因大失血和剧烈疼痛引起。休克在临床上以急性周围循环衰竭为特征，有效循环血量锐减是该综合征中的主要矛盾。由于有效循环血量呈绝对或相对地减少，导致微循环灌注不足，会使全身各组织器官出现缺血缺氧现象，最终使机体出现一系列代谢紊乱和功能障碍问题，严重者甚至可能引起死亡。无论何种休克，发展到一定程度，其临床表现、病理生理过程和预后都是一致的。与运动创伤密切相关的休克有下列两种。

（1）失血性休克。急剧的大量出血，是运动损伤后发生休克的常见原因。严重的软组织挫伤，如肝、脾破裂，多发性骨折，骨盆骨折或股骨干骨折，骨折后合并大血管损伤等，这些通常都伴有较多的失血。一个正常的健康的成人，每公斤体重平均血量约为75毫升（肌肉发达的运动员约为90毫升），总血量4000～5000毫升。当一次急性失血量不超过总血量的1/4（约1000毫升）时，机体可通过神经体液的调节和代偿机制，将血压维持在基本正常的水平；如果出血量达全身血液总量的1/3（1500毫升）或以上，机体代偿失衡、有效循环血量骤减，就会导致微循环灌注严重不足而发生休克。

（2）创伤性休克。严重创伤除引起大量的失血外，还会发生剧烈的疼痛。这一强烈的痛觉刺激传至大脑皮层，可反射性地引起中枢抑制，致使血管广泛扩张，大量血液淤滞在扩张了的周围血管，使有效循环血量相对不足，从而引起全身各组织器官缺血缺氧，引发休克。脊柱骨折可引起脊髓损伤，后者可阻断血管运动中枢与周围血管之间的联系，从而使血管扩张，使有效循环血量骤减，引起休克。

如果在发生休克的同时，伴有呼吸道梗阻、循环机能障碍、组织大量坏死、长时间使用止血带突然松解、疲劳、饥饿、寒冷甚至精神过度紧张等情况，都可能加快休克的病理进程。

2. 休克的征象

根据休克的病理发展过程，可将其分为早期（代偿期）和晚期（失代偿期）。

休克早期，由于机体的代偿作用，患者中枢神经系统的兴奋性提高，表现为烦躁、面色苍白、手足湿冷、心率加快、气促等，这时的血压可能为正常或稍高，脉压降低（低于30毫米汞柱）。此时期时间较短，易被忽略，却是抢救休克的关键时期，如果处理得当，休克可以很快得到阻止；若处理不当，则会进入休克晚期。

休克晚期，机体的代偿能力逐步下降，患者表现为神志淡漠、反应迟钝，口唇及肢端发紫、四肢冰冷，脉搏细速，血压持续下降，收缩压降至80毫米汞柱以下，脉压减小至20毫米汞柱或以下，并可出现进行性呼吸困难或咳出粉红色泡沫样痰等。如果病情进一步恶化，则会表现为神志模糊甚至昏迷，脏器功能衰竭，心跳、呼吸停止，最终死亡。

休克的严重程度，目前判断标准尚未统一。临床上多根据血压、脉搏及末梢缺氧的情况来判定休克的程度：收缩压在90～100毫米汞柱，脉率为100～120次/分钟，为轻度休克；收缩压在70～80毫米汞柱为中度休克；若收缩压低于70毫米汞柱甚至测不到，脉率为120～140次/分钟，则为重度休克。此外，还要看病人原来的血压水平，并结合临床症状进行判断。如高血压病人，若血压下降20%以上，即应考虑有休克发生。

3. 运动休克的处理方法

第一，控制或消除引起休克的原因，如出血时，立刻止血；骨折时，固定肢体。

第二，姿势。让患者平躺，下肢抬高20～30厘米。但有头部外伤、呼吸困难或抬高下肢会令病人痛苦时，则禁止抬高下肢。

第三，保暖。以毛毯包裹患者，但勿使患者过热。因热量能使皮肤血管扩张，增加其血液容量，致使循环于身体各重要器官的血量更感不足，造成更严重的后果。

第四，饮料。休克患者最急需补充的就是水分，但是患者头部、腹部受到重创、陷入昏迷时，则不可以为患者提供任何饮品。

第五，其他注意事项。安慰患者，并消除他的焦虑情绪。如无必要，切勿移动患者，以免加重伤势。

第六，尽快将患者送往医院。

（五）常见的骨骼运动损伤急救与处理

骨的完整性遭受破坏或骨的连续性被中断称为骨折。在运动损伤中，骨折并不常见，但是一旦发生，多为严重损伤，应在受伤现场立即展开急救。

1. 骨折的原因

（1）直接暴力。骨折发生在暴力直接作用的部位，如体操运动员动作失误，胸部撞击在器械上导致的肋骨骨折，膝关节跪地引起的髌骨骨折等。

（2）间接暴力。骨折发生在暴力作用点以外的部位，常由传导、杠杆、旋转等作用引起，如快速跑动时不慎跌倒手撑地导致的锁骨骨折、桡骨远端骨折或肱骨踝上骨折等。

（3）肌肉猛烈牵拉。肌肉突然猛烈收缩，可将肌肉附着处的骨块撕脱。如标枪运动员出枪瞬间猛力屈腕爆发用力或跌倒时屈肘前臂外展手撑地，都可因前臂屈肌群的猛烈收缩或被动牵拉而导致该肌腱止点处的肱骨内上髁发生撕脱性骨折。

（4）应力作用。应力是指来自支撑面的反作用力。运动中，某些专项的技术特点往往使应力过分集中于骨骼的某一部位，若该部位在运动中长期过度地被使用，最终有可能引发骨折。此类骨折被称为应力性骨折或疲劳性骨折，如发生于从事跑、跳项目运动员的胫腓骨疲劳性骨折，发生于竞走运动员的第一、第二跖骨的疲劳性骨折等。

除上述原因之外，骨体本身的疾病也可引起骨折，如骨结核、骨肿瘤等，即使遭受的只是轻微外力，都有可能引起骨折。此类骨折又称为病理性骨折，在运动员中甚少发生。

2. 骨折的分类

（1）根据骨折是否与外界相通分类

①闭合性骨折：骨折处皮肤完整，骨折端不与外界相通。此为运动中最常见的骨折类型。

②开放性骨折：骨折附近的皮肤或黏膜破裂，骨折端与外界相通。此类骨折若处理不当，容易引起感染，因此处理时应小心谨慎。

（2）根据骨折的程度及形态分类

①不完全骨折：骨的完整性和连续性仅有部分中断的骨折。

a. 裂缝骨折：像瓷器上的裂纹，常见于颅骨、肩胛骨等处骨折。

b. 青枝骨折：骨组织虽断裂，但骨皮质的连续性仍完好的骨折。与青嫩的树枝被折时的情况相似，故又被称为"绿枝骨折"或"柳枝骨折"，多发生于儿童身上。

②完全骨折：完全骨折一般是指创伤比较严重的骨折现象，骨骼的完整性和连续性遭到完全破坏，管状骨形成连续两个以上的多个骨折段。医学上根据骨折线的方向又把完全骨折分为横行骨折、螺旋性骨折和粉碎性骨折等多种骨折。

完全性骨折经过治疗复位后，受到外界科学的外固定后不再发生移位和变动的骨折，在医学上称之为稳定骨折；像青枝骨折、嵌插骨折等类型的骨折，经过诊断复位后依然会有移位可能性的骨折，被称作不稳定骨折，如螺旋形骨折或者粉碎性骨折等。

3. 骨折的征象

（1）全身表现

①休克：一般人体遭受重大创伤时，如多发性骨折、脊椎骨折或者严重的开放性骨折等，伤者会因为大面积的软组织损伤、出血量大、内脏损伤以及剧烈的疼痛出现短暂的休克状况。

②体温升高：在通常情况下，人体出现骨折状况时，体温会有不同程度的升高，一般骨折体温变化的幅度不大，一旦发生严重的骨骼损伤（股骨骨折、盆骨骨折等），身体会出现大量出血的状况，血肿被体内吸收时，会伴有体温升高的状况，但是最高也不会超过38度。如果遭遇开放式骨折伤势，在体温升高时一定做好防御措施预防合并感染。

（2）局部表现

一般表现：①疼痛：骨折时骨膜下血肿或同时发生的软组织损伤，都可牵扯神经或使其受损，引起疼痛。在移动肢体时疼痛会加剧，经正确固定后疼痛即可减轻甚至逐渐消失。②瘀血肿胀：皆因骨折时周围软组织同时受损，引起出血和组织液渗出所致。身体表浅部位的骨折，在受伤1~2天后，溢出的血液因血红蛋白分解，会变为紫青或黄色的皮下瘀斑。深部骨折出现的血肿常不易察觉，应更加警惕。③功能障碍或完全丧失：骨折后由于肢体内部支架的断裂和疼痛引起的肌肉保护性痉挛，常使受伤部位出现功能的部分障碍或完全丧失；但有的嵌插骨折、裂缝骨折、前臂或小腿中承力相对较小的尺骨和腓骨骨折，有可能功能受限不明显。④压痛：检查者用手指按压骨折断端，有敏锐的压痛感。⑤震痛（纵向叩击痛）：检查者沿断骨的长轴纵向挤压或叩击，骨折处出现明显的疼痛。

震痛是骨折所具有的特殊征象，亦是骨折的常规检查方法之一。其他常见的检查方法包括X线检查，其最大优点是可见骨折线。由于骨折后所出现的许多征象易与急性软组织损伤的炎症反应相混淆，所以，任何骨折都须经X线的检查后方可确诊。

完全性骨折的特殊体征：①畸形：骨折后断端发生移位，使受伤部位的形状发生改变，常见有成角、缩蹬、变长或旋转畸形；②假关节活动：没有关节的部位骨折后出现类似关节的活动，多见于股骨、肱骨、指骨、趾骨骨折，前臂尺、桡骨和小腿胫、腓骨的双骨折；③骨擦音或骨擦感：在移动伤肢时，能听到或感觉到断骨间互相摩擦所发出的粗糙音响或骨擦感。以上体征只要发现其中之一，即可确诊为完全性骨折；但需要注意的是，有的完全性骨折，并不一定有这些体征，如嵌插骨折。另外假关节活动及骨擦音只有在检查伤员或移动伤肢时偶尔可见，绝不可故意摇动伤肢使其发生，以防锐利的骨折端移位，损伤周围的血管、神经等组织或使嵌插骨折松脱而移位。

骨折的X线检查：骨折的诊断主要依靠受伤史、体征和X线检查，后者对于骨折的确诊具有重要价值。X线检查还能发现一般检查难以发现的损伤及移位，如不完全骨折、体内深部骨折、脱位时伴有的撕脱性骨折等。有些部位需要加拍特定位置或与健侧相应部位对比的X线片，如舟状骨骨折应加拍斜位片，儿童、少年的骺板分离常需拍健侧X线片，用以对比来进行确诊。

（3）骨折的并发症

有些伤员在发生骨折的同时，还可能伴有全身或局部的并发症，常见的并发症有休克、感染、内脏损伤、重要动脉损伤、缺血性肌挛缩、脊髓损伤、周围神经损伤、创伤性关节炎等。有的并发症有可能在短时间内危及伤员的性命，必须优先紧急处理，如休克、大动脉的破裂等；另一些则须与骨折同时或延后处理。骨折后对伤员进行及时、正确的救治，可以最大限度地预防并发症的发生。

4.运动骨折救助过程中夹板的使用方法

（1）常用夹板的规格

①手指用：长 10 厘米，宽 1.5 厘米，厚 0.5 厘米。

②前臂用：长 40 厘米，宽 5.5 厘米，厚 0.5 厘米。

③上臂用：长 40 厘米，宽 5.5 厘米，厚 0.5 厘米。

④下肢用：长 90 厘米，宽 13.5 厘米，厚 0.8 厘米。

（2）选择夹板的条件

①牢固、不易弯折的夹板。

②切忌使用粗糙不平、不清洁的夹板。

③长度必须超过骨折部位上下两端的关节。

④代用夹板：紧急运用时，可用硬纸板、报纸、杂志、树枝、拐杖、直木条、卷轴、毡子、枕头、门板（脊椎骨折用）等代用品。

（3）常用的夹板固定法。对所有骨折或疑似骨折患者，均应视为骨折的伤患固定处理，并须及时送往医院，以便进行进一步诊治。常见的骨折部位有手指、上臂、前臂、膝盖、大腿、脚或趾、小腿和脊椎骨。常见骨折部位的固定方法如下：

①上臂骨折固定：可将一块长度超过肘、肩关节的夹板放在上臂外侧，随后用两块三角巾或绷带在骨折处上、下端固定，屈前臂，悬吊于胸前。在没有夹板的情况下，可用三角巾先将上臂固定于胸壁，再将前臂悬吊于胸前。

②前臂骨折固定：可将一块长度超过肘、腕关节的夹板放在前臂背侧，然后用三角巾或绷带、布条固定后悬吊于胸前。

③大腿骨折固定：可将一块长度上至腋下、下达足根的夹板放在大腿外侧，用六块三角巾或绷带、布条分别在踝关节、膝关节下、骨折处上、下端、腰部、胸部绑夹板。在没有夹板的情况下，可利用侧健肢进行固定，将两侧下肢并列，在并列肢体的骨突、关节间隙中垫上软物，然后用三角巾或绷带分别在踝关节处、膝关节上、下处、髋关节处将两下肢绑紧。

④小腿骨折固定：用两块长夹板分别在骨折上、下端，踝关节、膝关节上绑紧夹板。如没有夹板，可利用健肢固定，方法见大腿骨折固定法。

（六）运动损伤的一般处理

在运动损伤发生后，对其处理是否及时、正确，针对损伤康复的训练是否合理、恰当，不仅直接影响运动员创伤愈合的程度和速度，还与伤后正式恢复训练的情况，甚至与运动员的运动寿命息息相关。鉴于在运动损伤的各类病种中以软组织损伤，尤其是闭合性软组织损伤最为多见，本部分主要介绍急、慢性闭合性软组织损伤的处理原则和一般处理方法，以及伤后康复训练的原则和需要注意的问题。

1. 开放性软组织损伤的处理

开放性软组织损伤是指皮肤或黏膜破裂，伤口直接与外界相通的软组织损伤。在体育教学与训练中，常因运动者身体之间的猛烈碰撞或身体受到场地、服装、器材等外部机械作用致伤。常见的有擦伤、刺伤、切伤和撕裂伤，如击剑、标枪、飞镖等运动中发生的刺伤；篮球、足球运动中发生的眉弓、头皮或小腿撕裂伤；武术双人对练时引起的刀切伤。至于运动中跌倒时身体与粗糙的地面相接触或身体与器械、服装摩擦所致的擦伤就更加多见。

发生开放性软组织损伤后，轻者皮肤或黏膜破裂，重者不仅皮下组织撕裂，还可能引起该处的肌肉、肌腱、神经、血管等组织出现合并损伤。伤口不但有出血和溶液渗出，而且与外界相通，容易造成感染。因此，开放性软组织损伤的处理原则应以止血、清洁并保护伤口、预防和治疗感染为主。

（1）擦伤。擦伤是指身体与粗糙的物体相互摩擦所引起的皮肤表层的损伤。擦伤时皮肤表层剥脱，创面见点状溶血、渗液。若身体某部位在裸露的情况下被不洁的物体擦伤，伤口处还可能黏附有灰沙、泥土等不洁物质，则易发生感染。感染的伤口创面可见脓性分泌物或形成脓痂覆盖在创面上。

①处理方法：根据擦伤所在的部位、面积大小与深浅，以及伤口是否被污染等情况的不同，处理的方法也应有所不同。伤口面积小而浅且无污染时，在用生理盐水清洁伤处后可直接涂以皮肤外用消毒剂。

常用的皮肤外用消毒剂有：红药水（2%红汞溶液）、碘酒（2%碘酊溶液）、0.1%新洁而灭液等。伤口面积大而深且有污染时，应先用碘酒对伤口周围的皮肤进行消毒，再用75%的酒精脱碘，然后用生理盐水清洁创面。若伤口黏附有沙石、煤渣等难以清除的不洁物质，必要时应在1%普鲁卡因的局部麻醉下，用毛刷将其彻底清除；在清理创面后，用0.1%雷夫奴尔液湿纱布覆盖，再进行包扎。伤口日后是否会感染，与伤口的清洁程度直接相关，因此清创的环节应认真仔细。关节部位的擦伤在对伤口进行清洗、消毒后，宜用凡士林油纱布覆盖或涂抹消炎软膏，再用消毒敷料进行包扎。伤口化脓时，在对伤口周围皮肤进行常规消毒后，先用消毒镊子揭除脓痂，用双氧水（2%过氧化氢液）彻底清洗伤口，再按有感染的伤口处理。

②注意事项：面部擦伤最好用0.1%新洁而灭液，以免因使用其他药物致面部遗留色素沉着。红药水和碘酒不宜同时在同一部位使用，因为这两种药物混合可生成一种叫作碘化汞的化合物，后者不仅失去了上述两药所各自具有的抑菌和杀菌的作用，还有微毒，对伤口有刺激作用，不利于伤口的愈合。紫药水是以往经常使用于皮肤、黏膜损伤的外用消毒剂，鉴于近期有研究指出紫药水有致癌的作用，因此对此药物的使用应更加慎重。除关节部位外，一般小而浅的擦伤应尽可能地用暴露疗法，以利于创面的干燥结痂和愈合。而关节部位由于经常活动易致伤口燥裂，为避免继发关节内

感染，擦伤时最好不要使用暴露疗法。

（2）刺伤、切伤和裂伤。刺伤和切伤是指被利器刺入或切割所引起的皮肤和皮下组织的损伤。裂伤是指身体某部受到钝性暴力作用所引起的皮肤和皮下组织的撕裂伤。刺伤伤口小而深，可引起深部组织器官的损伤；若被不洁的利器刺入，易合并细菌的感染，而其中以破伤风杆菌的感染对人体生命安全的威胁最大。切伤的伤口规则且呈直线，出血多。若暴力作用大，切口深，可伤及皮下的肌肉、肌腱、神经、血管等组织，甚至引起骨折。裂伤多见于身体相互接触的球类运动或器械运动，其中以头面部裂伤发生率最高（可达61%），眉弓、颧弓、下颌、头皮、小腿等都是常见的裂伤部位；裂伤伤口的边缘多不整齐，创面皮开肉绽，出血多，组织破坏较为严重。

①处理方法：若是伤口小，污染轻的切伤和裂伤，应先用碘酒和75%的酒精消毒伤口周围皮肤，再用生理盐水清洁创面，最后用止血贴加压粘贴；伤口大而深、出血严重时，应采用间接指压法或止血带法在现场先紧急止血，同时用消毒敷料覆盖伤口，加压包扎后，及时送往医院进行清创、缝合、消炎等处理。

刺伤由于创面小而深，其创道会很快被血凝块封合，一般可在常规消毒伤口及伤口周围皮肤后，用消毒敷料覆盖伤口，再加压包扎。伤员应在24小时内常规注射破伤风抗毒素1500～3000国际单位，以预防有可能引起的破伤风感染。必要时还需要口服或注射抗生素以预防细菌感染。

②注意事项：无论刺伤、切伤或裂伤，若病人出血多或伴有休克，都应先紧急止血或采取抗休克措施，然后再处理伤口。若因止血需要必须使用止血带，应注意注明止血时间的标识，在运送途中每半小时松开一次，以免因捆绑时间过久，致使远端肢体缺血引起坏死。凡被刺入或切割深者，应注意仔细检查伤处，以确定有无合并损伤。无论有无合并损伤，凡伤情严重者，应立即送往医院进行诊治。被不洁利器切割或裂伤伤口疑有污染时，也要预防破伤风感染。在注射破伤风抗毒素前，应先进行皮试，无不良反应方可使用。

2. 闭合性软组织损伤的处理

闭合性软组织损伤是指皮肤或黏膜保持完整，伤口与外界不相通的软组织损伤。在体育教学和运动训练中发生的损伤，大多属于闭合性软组织损伤（约占运动损伤总发病率的70%），常见的有挫伤、肌肉拉伤、关节韧带损伤、滑囊炎、滑膜炎、腱鞘炎、肌腱炎和腱围炎等。学习并掌握该类伤痛的处理原则和正确的处理方法，对于伤员伤口的愈合和运动能力的恢复是十分重要的。

（1）急性损伤。急性损伤大多是由一次强度较大的直接或间接外力所引起的组织损害，其临床表现特点为发病急、病程短、病理变化和症状反应明显。根据急性软组织损伤的病情发展过程，可将其处理过程分为早、中、后三个阶段。

（2）慢性损伤。慢性损伤多由急性损伤久治不愈迁延而成或局部长期负荷过重、组织细微损伤积累所致。前者为陈旧性损伤，后者又称劳损。慢性损伤早期多无自觉症状或仅有酸困不适感，故常被患者忽视；待出现疼痛，组织肥厚、变硬等征象，病情已进入中期；晚期则会因损伤的局部血管损害严重，疼痛加重，还会出现局部发凉、温度下降等现象。

慢性损伤的处理原则主要是改善伤部的血液循环，促进组织的新陈代谢，合理安排局部负荷量。处理方法与急性闭合性软组织损伤的中、后期基本相同。

第七章 体育教学改革实践创新

第一节 体育教学评价的改革策略

一、基于 DEA 模型的高校体育教学评价改革

(一) 体育教学评价和 DEA 模型的基本概念

1. 体育教学评价的概念

"评价"一词，在《辞海》中的解释为衡量人或事物的价值。价值是指一种事物能够满足另一种事物的某种需要的属性，换言之，一种事物能满足某种需要的属性即为该事物的价值。"教学评价"这一术语的概念较多，但有一个相对比较全面的概念，并且众多学者基本上都是在此基础上进行深入理解：教学评价是指在教学过程中依据教学目标，有计划、有目的地观察、测定教师和学生学习的种种变化，根据这些变化对照教学目标、教学计划、教学效果、学生的学习质量及个性发展水平，运用科学的方法做出价值判断，进而调整、优化教学进程，促进学生达成教学目标的教学实践活动。由众学者的观点来看，可以把教育评价的概念归结为依据一定的标准，在系统、全面地收集、整理和运用教育信息的基础上，对教育活动的过程和结果进行价值判断，以做出相应改善和调整来促进教育活动的过程。体育教学评价被看作教育评价的重要组成部分，并且是教育领域中一般评价活动的一种具体体现。

2. DEA 的概念

数据包络分析（Data Envelopment Analysis，DEA），是数学运筹学、数理经济学、管理科学和计算机科学的一个新的交叉学科。它是查恩斯和库伯等人于 1978 年开始创建的，并被命名为 DEA；第一个模型是 CCR 模型。随后，1984 年，Banker 等人从公理化的模式出发给出了另一个 DEA 模型——BCC 模型。最为经典的模型有 CCR，BCC，FG，ST。简而言之，DEA 模型就是通过把搜集的评价指标的实际数据输入软件包，然后模型自动生成一个最优的临界值，并把每个被评价对象与最优的临界值的距离计算出来，从而根据每个被评价对象与最优临界值的差距来判定其优劣，也就是最终的

评价结果——相对有效性。

（二）当今我国高校体育教学评价改革的动因分析

1. 国家政策的支持

2017年颁布的《国家教育事业发展"十三五"规划》明确指出："高等教育要深化本科教育教学改革，改进教学评价机制和学生考核机制。"从这一文件中，我们可以看出国家对教育改革的殷切期盼与支持，并且高等教育主要用来培养高质量人才，教学评价作为教学过程的最后一个部分，不仅对教学质量进行评价，同时对整个教学过程的提高具有促进作用。

2. 新时代的要求和召唤

这个新时代，是承前启后、继往开来、在新的历史条件下继续夺取中国特色社会主义伟大胜利的时代。同理，当今时代的主要旋律就是进行改革和创新，因此在教育领域，我们也要继往开来、不断开拓创新。只有这样，才能适用新时代，才能取得教育事业伟大征程的胜利。

3. 现有的体育教学评价机制存在问题

事物的发展是一个曲折的进程，总是在发现问题、解决问题的过程中得到发展。当我们发现问题后，若能及时解决，必能取得质的进步。在本研究中的第二部分，已经对我国高校体育教学评价的现状进行了论述，也归纳总结出我国高校体育教学评价存在着四个方面的问题：对体育教学评价的重视程度不高、评价主体比较单一、评价方法欠缺科学性和评价的内容不够全面。这一系列显露出来的问题说明高校的体育教学评价机制急需解决。因此，现有的体育教学评价机制存在问题是我国高校体育教学评价改革的动因之一。

（三）DEA模型用于高校体育教学评价的可行性分析

DEA方法与传统体育教学评价方法的相同点：其一，都是为了进行相对有效性评价，提高各单位（教师、学生、企业、学校等）的积极性。其二，都是为了优化，即通过评价，发现各决策单元的现状及不足，从而找到改进措施。其三，都是评价具有多个投入和多个产出的复杂系统。

DEA方法与传统体育教学评价方法的不同点：一是传统的体育教学评价方法需要对各指标进行权重的赋值，然后才能得出评价结果；然而，DEA方法不需要任何权重假设，而是把搜集的决策单元的输入和输出原始数据输入软件包，软件包中的模型可以直接求出最优的权重，并确定出了生产前沿面，排除了很多主观因素，具有很强的客观性。二是传统的体育教学评价方法对各评价指标判断后，要进行大量的统计、计算工作，才可以得出评价结果；然而，DEA方法把投入指标和输出指标的数据输入软件包后，就可以直接明了地显示出来各决策单元的相对效率是否有效，即可以省略烦琐的计算、分析过程，直接看出各决策单元需要优化的指标。

从现有的体育教学评价方法及发展趋势分析：变革课程评价是打通中国基础教育课程改革"瓶颈"的关键，丰富发达的评价理论必将推动评价实践的发展。体育教学评价的价值取向由"目标取向"走向"过程取向"和"主体取向"。而且体育教学评价方法已经由质性评价取代量性评价走向质性评价与量性评价的完美结合。普通高校的体育教学评价方法的改革趋势是人性化和客观性。

从 DEA 方法的功能分析，此方法来进行体育教学的评价比较合适。DEA 在避免主观因素、简化算法、减少误差等方面具有很大的优势。从体育教学评价的过程来看，体育教学评价的整体趋势是既需要定性评价，也需要定量评价，但是体育教学本身就是一个复杂的过程，如果采用现有的评价方法或多或少地会掺杂主观因素，从而导致评价结果的不真实。DEA 的核心思想是将各决策单元与所估计的生产前沿面进行对比，识别出低效率决策单元，并显示出每个决策单元的效率值，本质是判断决策单元是否位于生产前沿面上。从 DEA 操作角度来看，此类软件包（已经有 DEAP2.1 版本）操作简单，只需预先进行建模，把各决策单元做好标记，然后把收集的投入和输出数据输入模型，就可以直接得到评价结果。

二、"以生为本"的公共体育教育评价改革策略

（一）开展"以生为本"的公共;体育教育评价的重要意义

1. 为公共体育评价提供了正确的指导思想

对于高校体育教学活动来说，如何能够进行合理、科学的评价是体育改革过程中最难的问题。而"以生为本"的理念是能够有效解决此问题的重要方式，为促进高校公共体育教育的可持续发展提供了正确的指导思想。

2. 确定了公共体育评价的改革目标

根据多年体育改革实践过程可知，高校公共体育教育的指导思想已经从传统的"增强体质"升华到目前的"健康第一"，这标志着目前对国内高校公共体育改革更接近体育发展的本质。"健康第一"的基本出发点是要坚持"以生为本"，是体育教学过程坚持落实科学发展观的具体体现。由此可知，"以生为本"的科学发展观为高校公共体育教学评价改革指明了方向，确定了改革的基本目标。

3. 加快了公共体育评价改革的步伐

对高校公共体育教学评价进行改革，是为了推动高校体育事业持续健康发展。我国体育教育改革之所以能够顺利开展，表现出良好的发展势头，关键在于"以生为本"理念的提出。同时，在高校公共体育评价中坚持"以生为本"，建立全新的评价体系，

既能够有效推动体育事业的可持续发展，也是落实和贯彻科学发展观的重要体现。

4. 落实科学发展观的重要体现

国家要实现可持续发展，必须全面落实科学发展观。科学发展观的基本要求是将以人为本贯彻到社会生活的各个方面和各项工作中，从具体实事、小事做起。在渗透到高校公共体育教学评价中，就是要坚持"以生为本"，建立全面、合理的全新公共体育评价体育，推动体育事业健康稳定发展。

（二）现行公共体育教学评价"以生为本"缺失的具体表现

1. 公共体育教学评价体系价值取向"以生为本"的缺失

目前，公共体育教学评价体系价值过度重视体育教育评价管理功能，忽略对学生发展功能的评价，使体育教育评价成为教育管理的工具。传统教学评价体系过度重视教育的目标导向，忽略了对学生真正需要的评价，导致学生学习积极性和兴趣难以被激发出来。如果让学生带着沉重的心理负担去学习，极大压抑了学生的激情和创造性。

2. 公共体育教学评价内容"以生为本"的缺失

由于受传统体育教学模式的影响，国内体育教学内容通常以技术教学为主，通常采用竞技运动的教材体系，竞技内容在评价时所占成分重，比重高。目前，高校公共体育对学生的评价通常包括下述几方面：平时成绩、理论成绩和技术成绩，三者的分值分布比例分别为20%、20%及60%。由此可知，对于学生的评价主要是定量评价，技术评价比重很大，虽然进行了多次体育教学改革，然而这种评价方式仍然一成不变。由于评价过度重视技术动作的标准性、规范性和质量性，由于不同同学体育素质的差异，部分同学难以有效掌握和完成标准动作，这就导致部分学生对体育课失去兴趣，甚至出现了厌烦的现象。

3. 公共体育教学评价方法"以生为本"的缺失

随着"健康第一"教学理念的提出，越来越多的人认可这种教学理念，并积极对体育教学活动的各项内容进行改革，如体育教学方法、教学内容及评价体系等。然而现实中体育教学实践改革与"健康第一"教育理念仍然存在较大差别。大学生经过小学、初中、高中等时期的传统体育教育，没有形成对体育课强身健体及人文精神的追求，反而发展出一定程度的厌学及担忧心理。然而在各类大型比赛中，大学生在电视屏幕前狂热与体育教学过程中的严肃形成了明显的反差。究其原因，关键在于目前高校公共体育教学仍然围绕体育考核进行，学生也是为了成绩合理而被动学习。公共体育教学评价内容的不科学、不合理极大地打击了学生参与体育运动的积极性和兴趣，学生对体育的狂热和激情在"应试"模式中消失殆尽。由于目前国内公共体育教育评价仍然是采用应试教育的定量评价方法，表面看十分公平，但是评价方法单一，难以有效反映学生的真实情况。尤其是对学生心理、态度、方法及创新能力等都缺乏翔实的判定。

4. 公共体育教学评价主体"以生为本"的缺失

教学评价的主体通常包括两层意义：第一，体育教学课堂的主体性。传统的体育课堂评价主体过于注重教师课堂效果的评价，对学生的评价往往忽略。"以生为本"的体育教学评价应该充分重视学生主体，确定对应的主体性的课堂评价标准，要同时重视师生双方的共同活动，摒弃传统教学评价仅注重教师的偏向性。第二，体育教学评价的主体性。传统评价模式对学生的评价通常由体育教师一人说了算，学生没有任何自主性，只能被动地接受教师的评价结果，也没有参与评价的权利，一直都处于十分被动的地位。

5. 公共体育教学评价标准"以生为本"的缺失

传统的公共体育教学评价通常采用统一的评价标准，以标准化要求作为评价学生体育课的唯一手段。采取这种评价标准，限制了公共体育多样化的发展，必然会影响学生的发展，压制了学生个性的发展。同时，这种统一标准评价模式注重的多是结果，忽略了学生在公共体育学习过程中的基础特长和努力的过程，极大地打击了学生学习的积极性。

（三）"以生为本"公共体育教学评价改革策略

1. 公共体育评价价值取向

人本化公共体育教育评价的内容和标准属于集体行为，与体育主管部门和领导者的意识具有十分重要的关系，教师和学生通常仅是教学目标的执行者。因此，公共体育教学评价的内容和标准的设置要符合学生的实际，相关部门和领导者在制定评价体系时，一定要认真组织，深入研究。在新的"以生为本"的理念下，教学评价必须要重视学生的主体，不能走过场、流于形式。

2. 公共体育教育评价内容全面化

在对公共体育教育进行评价时，在坚持"以生为本"评价时，也要重视对教师和学校的评价，实现评价内容多元化。对于学生的评价，不仅要评价学生体育技能的掌握情况，也要评价学生通过体育课的学习，体育理念、综合素质的变化情况。评价时要尊重学生的个性，充分体现公共体育教学"以生为本"的基本理念，以便能够从学生受教育的各个方面全面对学生进行评价。除此之外，还要对学校和教师进行评价，对于教师的评价，既要评价教师的体育教学效果，还要评价教师的体育理念和体育素质；对于学校的评价，既要评价学校的体育硬件设置，也要重视软件建设，特别是对学校为学生提供的体育氛围等。

3. 公共体育教育评价方法多样化

公共体育教学的评价方法多样化，要坚持"以生为本"，要能够根据学生的个体差异、兴趣及风格等采取多元化的评价。注重不同学生之间的个体差异，改变传统的单一考试及评价标准评价学生，应该根据具体的评价目标、内容等针对学生的具体情况选择成长记录、活动报告等评价方法，同时有效地将这些评价方法结合起来，取长补短，统筹运用。具体来说，可采取下述几种评价方法：第一，自我评价与他人评价相结合的评价方法；第二，终结性评价与形成性评价相结合的评价方法；第三，定性评价与定量评价性结合的评价方法。

4. 公共体育教育评价主体多元化

目前，对于公共体育教育评价都是以教师为主的单一性主体，这种评价方式相对片面，难以真实客观地评价学生的体育成绩。由于教师是管理者，学生是被动地接受知识，因此在体育教学评价中没有主动权，只能被动地接受教师的评价结果。基于此，应该让学生参与到评价中来，通过学生参与评价提高学生的主体地位，通过学生的自我评价和互评，不仅能让学生深入了解自己的学习情况，还能促进师生的交流与沟通，形成民主、平等的评价关系，既确保了评价的合理性、真实性，也能使学生从心理认同评价结果。

5. 公共体育教育评价标准多元化

对于每个学生来说，由于成长的环境、背景、个性特长、兴趣爱好等方面存在一定的差异，公共体育教学采用单一的评价标准难以客观、全面地评价每个学生，因此，采取多元化标准对公共体育教学效果进行评价更完善、更科学。制定的评价标准要充分考虑学生的个性，体现以生为本的教育理念。除此之外，还要充分考虑公共体育评价标准设计的公平性、规范性、可操作性及不同学生个体差异的适用性等，建立合理、完善的评价标准，以使公共体育评价结果具有更好的可信度和公平度。

第二节　体育教学改革的创新路径

一、终身体育理念下的体育教学改革创新

（一）落实高校"终身体育"必须坚持"以人为本"为指导思想

"以人为本"的指导思想是科学发展观，是教育工作理念的实质和核心，也是大学贯彻教育工作指导思想必须发展的思想和核心。调查显示，高校里绝大多数学生喜欢各种运动，但不喜欢上体育课。这种现象充分反映了高校学体育教学的现状是与学生的日常生活背道而驰的。

体育作为人类社会活动的一种形式，它应该是有趣、有用和有效的社会活动。快乐的体育活动所得到的体验应该是深刻的，因为大多数体育活动都能激发人们的兴趣。

通常对某种活动感兴趣的人们可以形成相对稳定的心理倾向，因此可以主动调整自己的主观能动性、创造力和毅力，这对养成良好的运动习惯至关重要，也就是俗话所说的"习惯成自然"。一旦体育成为人们生活中不可或缺的重要组成部分，它就可以陪伴他们一生。

体育学校中强调"以人为本"有两层含义：一方面高校体育教育的主要目标是帮助学生健康成长，而最终目标就是让学生成为才华横溢的社会栋梁之人才，并让他们过上人生后50年的健康生活。另一方面做好体育教育必须充分调动学生的积极性与主动性，努力提升学生在大学体育学习中对自己的要求，掌握1~2种运动技能，形成良好的运动习惯，将"终身体育"融入学生的心中。高校以人为本的体育思想是在充分尊重和肯定人性和对人的潜在智慧的信念的基础上，以调动人的积极因素，充分激发人们的创造力。

以人为本的教育理念是以学生为动力，为学生在校园积极营造良好的体育文化环境，对每个学生的个体差异应做到充分尊重，针对学生的个性发展做到重点强调，促使学生体验到生活中的价值同生活中的幸福，培养学生成为一个完整的人。这种教育理念应该源于学生的真实生活，满足他们对健身和娱乐的渴望，调节生活节奏，信任并依赖学生。学生不仅是体育教育的对象，也是体育教育的起点和目的，所以必须更合理地把体育同整个终身教育联系在一起，应努力使其与发展智慧、高尚的品质、行为的艺术和良好的社交等更密切地维系起来。弘扬"以人为本"的体育理念是现代高等教育的核心价值所在，也是对不同层次学生的内部需求进行满足。

（二）落实高校"终身体育"实践和行动的具体措施与方案

1. 体育课程建设应当着重突出学生主体性

课程改革是当前高校体育改革的出发点和目标。为尽快落实"终身体育"的教育目标，有必要改革现有过时的课程目标，改变体育课教育现状，即改变学生现在不了解、不想学、不喜欢学习的现状，逐步接受"终身体育观"作为自己学习的指导思想。学生在学校教育的不同阶段接受不同程度的教育，但其自身的主体性始终未曾改变，学生必然是学习的主体，在体育课教学过程中，学生在教师的辅助下，依旧维持自身是体育学习和实践的探索者和发现者的身份，这也是主体地位能够稳固的内在依据。

体育课程教学过程中发挥学生的主体地位，必然要发动学生的能动性、创造性以及独特性等主体性的品质。努力创建以学生为主体、为中心的课程体系，积极拓展校外体育课程资源，完善志愿体育计划和体系。使学生充分认识大学体育与终身体育之间的联系，并建立尽可能多的师生学习模式，让学生至少掌握两种运动技能并加以激发。当学生主体价值被持续关注时，其体育潜能才能被持续开发和利用，个性才能得到全面发展。这样才能培养学生的热情和创造力，养成良好的锻炼习惯，过上健康优质的生活。

2. 体育教学内容要逐步健身与娱乐化

如今尽管许多高校在理论上已经了解了终身体育的重要性，有些高校甚至通过改革形成了更好的课程，但一些高校正在强调完全按照竞技体育的要求运营这些课程。学生的日常健身和娱乐计划之间存在很大差距。因此，在高校体育课教学过程中，兴趣教育应是重中之重。因为高校体育课教学的主要目标就是促进学生养成正确的体育观念，培养他们高品位的体育爱好。

高校体育教学应从实际的情况出发，合理安排部分学生感兴趣的休闲运动，如武术、气功、瑜伽和其他传统体育运动，因为这些项目不需要很多空间和资金投入。此外，各高校还应对一些专用运动场设施及现代时尚运动内容进行一些必要投资，如网球、家用健身器材、攀岩和悬挂式滑梯等，以适应不同爱好和不同性格的年龄人群。这样就能较为充分地满足不同生活水平和不同爱好的学生从事体育锻炼和健身，在运动锻炼中通过出汗实现健身目的，获得幸福感。

3. 体育课项目选择应多样化

目前，高校体育课程的教学内容比较单调，缺乏个性化和多样化。各学校通常根据竞技体育进行组织，并根据竞技体育的结构内容进行排列。我国尽管进行了多年的体育教学改革，但并未发生根本性的重大变化。高校体育课教育内容与中、小学基本类同甚至是重复。因此，有必要根据各学校的体育设施和学生的实际情况创造条件，并制订各种教育计划以满足不同学生群体的需求。比如，可以要求学生根据自己的兴趣和爱好，从大学的第一年开始，在每学期选择一个适合自己的运动项目。这样几年后，他们就可以较为熟练地掌握1～2种体育锻炼具体方法与技能，养成爱好并增加对运动的兴趣，直至形成持久与良好的运动习惯。此外，多样化的项目环境可以为学生提供更多的锻炼选择，极大地增加他们学习的热情，充分尊重和发展他们的个性。随着时间的流逝，"要我学"就会变成"我要学"，自觉锻炼的心理倾向会越来越强，这对学生终身体育锻炼的发展有积极影响。

4. 体育课程评价方式要多元化

目前，高校对体育课的评价大多采用最终成绩作为对学生的主要评价方法。这种评价学生成绩的内容和方法，重点是偏向的，所以是落后的。此评价的缺点主要是由于评估与课时同步结束，无法在教学过程中提供及时有效的反馈，也无法帮助师生按时提高教学效果。所以，高校体育课程评价应当是定性评价和定量评价相结合。体育教学作为一项复杂的教育活动，具有许多方面的不确定因素。例如，学生的态度、身体素质、心理素质和其他指标不能通过定量方法来确定。所以，他们能够完成的体育锻炼强度和运动负荷是不尽相同的。体育课教学中如果忽略这些定性指标，则体育教学评价是不完整和不够科学的，所以有必要将自我评价与其他评价相结合。

一般传统的学生评价主要由教师来进行，但从现代教育的角度来看，学生的自尊心也是不可忽视的重要因素。学生对自我的评价更能提供有效的信息，这也应该是大学体育教学目标的要求。此外，还应将统一性评价和多样性评价进行必要的整合。统一评价是对学生的知识、技能和身体能力的统一评价，而评价的多样性始于学习者的发展兴趣，同一学习目标可以在不同时间以不同的方式进行评价，最后应将成果评价与过程评价有机整合起来。由于学生家庭背景、心理水平和身体素质等不同，不可能要求所有学生都达到相同的锻炼效果，所以在最终评价结果时应更加注意运动过程的评价以及运动的客观效果，相应软化对运动成绩的评价。这样就能测试学生是否可以通过运动从原来的基础上得到发展和提高。这是"以人为本"的体育理念要达到的最高境界和水平。

5.高校体育课教学还应积极探索"俱乐部"式教学模式

体育课的"俱乐部"教学模式是我国高校体育课程改革新形势下诞生的一种符合时代发展的全新的体育授课方式。在高校体育课教学中，运用"俱乐部"式教学模式，符合现代高校体育课程教学方向，同时可以贴合社会实际的需要，完善主体的需求，同不断进步的社会发展形势接轨，这将会产生极大的社会经济效益。高校必修体育课的消失并不意味着这些学校不关注体育运动，只是变得不再强迫学生参加"填鸭式教学"这类体育课，让对某些体育项目感兴趣的学生参加与学校俱乐部有关的活动，这样有才华的学生将在俱乐部中脱颖而出，并有机会参加较高水平的体育比赛。

"俱乐部"式教学模式是众多的体育教学模式中的一种，其本质的发展方向依然是为大学生体质健康的提升做保障，同时兼顾大学生体育文化素养的培养，以达到终身体育锻炼思想在大学生群体内部的根植与生长。高校体育课教学中运用"俱乐部"式教学方式，并运用此学习模式让学生可以根据自己的爱好选择课程，这也是对"以人为本"教育理念的最好诠释。它有助于建立学生的信心，最大化他们的个性，释放他们的潜力，增强他们对运动的热情，并倡导"健康第一"。

6.大力提倡和加强体育课程的网络教学法

直至今日，人们充分认识到了网络教学的重要性。时代在前进、科技在进步、网络在高速发展。互联网普及时代在搞好面对面体育教学的同时，体育课程教学还要充分利用网络资源，展示网络科技的魅力。例如，通过在网上公开授课内容和电子教案，使学生能够及时了解课程的进展情况，并进行有针对性的预习，达到教师和学生间的互动教学。此外，通过播放教学幻灯片还能将复杂技术充分分解，使学生对体育教学产生更加浓厚的兴趣。

二、素质教育视野下的体育教学改革的路径

（一）树立素质教育观念

在素质教育视野下，学校要加强学生的素质教育，将学生对体育的热情放到体育教学中，让学生在大学中有充分的时间进行体育学习。教师在教学过程中要积极调动学生的积极性，使学生对体育产生浓厚的兴趣，这就需要体育老师能够认真教学，手把手地来指导学生，对学生进行相关知识的传授，同时要监督学生进行体育训练。大学也应该改变原先分数至上的观念，重视学生的体育教育，这样才能培养全面型人才，从而促进我国体育事业的发展。

（二）改变传统的教育方式

大学要进行体育改革必须改变教师的传统教育模式，教师要根据学生自身的特点进行教学，不能仅将传统的知识传授给学生。在教学的过程中，教师要找到适合的教学方法，为学生传授知识的同时交给学生体育精神，这会极大地提升学生对体育的热爱，教师也可以通过分组训练的方式来培养学生的团队精神，合作意识。新的体育教学模式要求教师认真教学，将体育与实际相结合，使学生认识到体育的重要性。

（三）营造良好的课堂氛围

在传统的体育教学过程中，教师一味地传授体育知识使课堂上毫无生机，而现在需要合适的教育方式使学生可以有很高的兴致来进行体育学习，这不仅可以使学生学到体育知识，也会使学生对体育的兴趣提升。教师在上课前可以进行适当的符合体育的趣味活动，使学生在上课开始就沉浸在这门课程中。教师在体育的教学过程中，也要进行相关知识的提问，这可以使学生在课前以及课后学习相关的知识。在教学的过程教师也可以考虑通过幽默的方式来活跃课堂氛围，在轻松的环境下学生的学习和接受能力都比较高，这不仅可以使学生感受到体育的魅力，还可以使自己的身体素质得到提升。

三、新媒体信息时代下新型高校体育教学改革

（一）新媒体在高校体育教学中的作用

目前，我国高校体育教学方式和理论教学基础大多数都是参考国外一些著名教育家的相关理论。在教学过程中，占据主导地位的是教师，学生都是被动地接受知识，学习热情基本上是被压制着的，缺乏学习主动性和积极性。新媒体的教学方式主要以信息技术为引导，可以根据学生的实际学习情况来开发与之相对应的教学内容。目前，

高校运用新媒体的频率越来越高，开始注重健康第一的指导思想，开始从学生的兴趣入手，全方位提升体育教学质量。

1. 传播体育文化知识

校园传媒有着自己独特的传播方式，可以通过校报、校园广播、校园电视等传播手段全方位、多角度地向师生传送最新的体育热点资讯和体育文化知识，提高了体育教学效果，使学生能够在第一时间掌握最新的体育资讯，丰富了学生的体育知识和体育技能。

2. 传承体育文化

新媒体是传播先进文化最重要的载体，可以通过各种媒介对学生进行体育文化宣传和渗透，还可以播放一系列的视频短片，使学生能够充分了解校园体育文化，扩大校园体育文化的影响力，激发学生进行体育锻炼的热情。

3. 弘扬体育精神

通过新媒体播放我国运动健儿在运动场上的精彩瞬间，可以激发学生的民族自豪感和爱国热情，引导他们树立正确的世界观、人生观、价值观，形成良好的体育道德风尚。

（二）新媒体时代高校体育教学面临的问题

1. 新媒体教学的优势得不到充分发挥

高校的体育教学基本上都是课外的互动教学，课内的理论教学课程较少。教师很少有机会利用网络资源对学生进行教学，甚至没有教师使用新媒体进行教学，新媒体教学的优势没有得到充分发挥。

2. 体育教学资源较少

我国网络体育课程的起步较晚，教学条件仍处于发展的初级阶段，对于开发体育多媒体网络科技业务的要求也比较高，导致我国现阶段的网络体育教学资源较少，教学效果不理想。

（三）利用新媒体推动高校体育教学改革的策略

1. 改变陈旧的教学模式

目前，我国越来越重视高校的体育教学，以保证学生的身心健康。因此，对教学手段、教学理论、教学内容、教学方式都进行了全面改革，将新的理论和实践方法应用到体育教学当中，以促进高校体育教学的长远发展。首先，教师可以在课堂上利用多媒体设备生动形象地展示出各项体育运动的发展历程。其次，通过微信公众平台加强教师和学生之间的交流，学生可以将自己感兴趣的学习内容传达给教师，使教师在授课过程中更具有针对性。最后，利用多媒体平台对学生进行考核和评价，考察学生的体育能力，发现动作不规范时，教师要及时纠正，并向学生讲解正确的锻炼方法。

2.营造积极的校园体育文化氛围

校园传媒掌握着学校的舆论导向，可以利用校园传媒营造一个良好的校园体育文化氛围，要将体育文化放在校园文化宣传的主要位置。高校要关注一些国际性的体育赛事，可以利用多媒体设备对赛事进行转播，让学生在亲切、轻松、和谐的氛围中对赛事展开讨论。同时，不断宣传正面信息，舆论干预必须做到及时、有效，让学生在校园中能够充分感受到体育文化氛围。

第三节 体育教学改革的策略分析

一、体育教学方法改革策略

（一）及时更新教学内容，强调"精""实""新"

高职院校在体育教育专业的教学内容上要做到与时俱进，并针对自身教学实践的不足之处进行及时完善、补充，这样才能提高整体的教学效果。教学内容的更新可以分成三个部分进行。

首先是"精"，所谓的"精"就是把体育教育专业课程中的一些内容进行精简、合并，以此来提高教学效果。例如，把一些原本是必修课程里的内容（如体育学）和选修教材中的体育史进行整合，这样既可以避免教学内容的重复，还能够为其他专业课程的学习提供更多的空间。此外，也可以将一些普遍性的运动项目精缩，如在进行篮球或排球课程教学时可以调整教学时长，让学生把课余时间利用起来进行训练。

其次是"实"，即针对高职院校的具体情况，融入一些地方特色性的课程。例如，地处河南或河北地区的院校，可以把一些课程的课时比例进行适当性调整（增加武术类课程的课时），对于地处南方区域的院校可增设一些水上运动内容，以满足学生的学习需要。

最后是"新"。"新"就是在教学中融入一些新兴的运动项目，如把街舞、跑酷或者滑板等街头运动项目引入教学内容中，这些项目的引入对学生今后的就业或者发展意义重大。

（二）改变传统的教学策略，重视体育教学的科学性

落实教学改革的目的就是优化整体的教学效果，强化学生的综合能力，为国家与社会培养专业能力强、身体素质好的体育人才。而要实现这个目标就要把以下几个环

节的工作落实到位。

首先，高职院校对现有的入门要求进行酌情提高，并运用科学的方式优化生源质量。学校在进行招生的过程中要考虑自身的实际情况，优先选择那些具有潜质的学生，在迎合市场的同时要重视生源质量，为培养合格体育教育人才做好充分准备。

其次，运用科学的方式提高教师的职业素养和专业能力。校方在人才引进上除了设定严要求、高标准之外，还要运用"请进＋走出"的培养机制，再配合公平、公正、合理的奖惩机制来全面性强化教师的职业素养和专业水平。

最后，在具体的教学实践中要采取针对性、科学性的思维方式，加大社会体育指导员以及体育运动相关的志愿者的培养力度。这样既能够解决当前中小学体育教师力量不足的问题，还可以完善现有的专业人才培训机制。如果条件允许，教师可以在教学过程中增加一些体育情感的内容。例如，可以引导学生在现有的运动基础上加入自身感兴趣的内容，这样既能够调动学生的学习热情，强化学生的体育求知欲，还可以培养学生终身运动的意识。但值得注意的是，教师在进行体育情感培养的过程中，要严格按照因材施教的教学态度，确保学生能够具备2~3项运动技能。

（三）体现学生的主体性，个人能力与实践锻炼两手抓

和高职院校其他专业的学生相比，体育教育专业的学生除了要具备扎实的理论课程之外，还要拥有良好的实践能力。要实现这个目标，首先要把学生在课堂教学中的主体性体现出来。传统的体育教学中，教师通常是采用"照本宣科"的方式完成教学活动，学生依据教师的要求和示范动作进行练习，整个课堂沉闷、无趣，学生无法将自身的主体性和自主意识体现出来，只能沿着教师的教学思路走。虽然这样的方式对提高学生的专业成绩会起到一定的作用，但对学生的个性发展和创造意识的培养是极为不利的，有一些学生甚至在学习过程中产生了厌学的念头。为了避免出现此类情况，教师在进行教学活动的过程中要重视学生的主体性，把课堂的主动权交由学生掌握。

在后续的体育教育课程或者其他的教学活动中，学生就能够顺利地激发出自主意识和参与意识，让原本被动的学习模式转化为主动式学习。

其次，教师除了要做好专业领域内的基础教育工作之外，还要重视学生个人能力的培养。通过一些针对性的方式发掘出学生的个人潜力，再把学生的能力融入整体的专业教学活动中，这样就可以确保学生将学到的专业知识和体育技能顺利地向综合素质方向进行转变并且内化。最后是增加体育教学中的实践锻炼内容，能够让体育教育专业的学生切实体验不同教学环境中的具体情况，并从中发现自身的不足之处并进行自我完善，全面提高学生的专业素养和专业水平。

二、"互联网+"体育教学改革策略

(一)"互联网+"对高校体育教学所起到的作用和影响意义

在开展实际教学活动中,以往教学模式及教学方法都是相对较为有限的,存在时间、空间的限制,而在"互联网+"模式之下则不会存在这种限制及实际问题,将整体课程规模和影响力进行了一定程度的拓宽、扩大,也让教育逐渐走向全面化、多元化和开放化。以往教学形态是受限于时间和空间的,在不同时间、空间范围之内所开展相关教学活动,因此教学活动的效率、效果也相对较为有限。

在现如今互联网高度发达并不断发展的今天,有关教学不再仅仅局限于课堂,可以拓展到线上和线下,同时,以往交流模式效果和效率较差,尤其学生学习过程中都是由教师讲解并进行自行理解和练习,现如今互联网十分发达的今天,这样的情况不利于学生更好地进行学习和思考,对于学生思维能力和交流能力的发展来说也会存在着一定程度的阻碍和不良影响。而通过"互联网+"则可以较好地改变这种不足,改变以往交流方式,线上交流更加开放和多元,学生与教师之间地位更加平等,在不断互换交流的过程中学生知识含量就有所提高。

除此之外,相关方法、模式及环境也对其自身教学理念方面带来了很大程度影响,需要积极认识并修正以往教学理念方面的不足之处,才可以更好地提高最终教学质量和教学效果。总体来说,相关大环境及技术视域之下,高校体育教育也需要走向开放化、多元化,需要积极做出有效的教学改革,才可以更好地提高最终教学效果及人才培养的综合质量,提升最终教学与教育的成效,让体育教育在新时代背景下高等人才培养的过程中发挥自身的价值和意义,提高最终教育与教学的成效。

(二)高校体育教学改革策略分析

1.构建体育教学信息化平台

高校体育教育在新时代背景下需要做出积极有效的改变,特别是现阶段"互联网+"发展十分迅速,所起到的作用和价值也相对较为明显,具体教学及相关操作过程中,需要积极进行信息化平台的建设与构建,从而形成良好的线上相关教学管理模式,提高最终管理及教学工作的实际成效与最终效果。教学活动管理现如今需要逐渐走向多元化和全面化,特别是在实际教学等各方面,需要充分认识到相关技术的价值和意义,有效进行实际性应用,进而提高最终管理与教学的效果。在这一过程中,体育教学信息化管理平台所起到的作用十分突出,平台具体在操作过程中可以包括校园体育资讯、在线知识教学、课外体育锻炼签到与记录、社团管理和体育场馆及用地预约、测试数据管理等多方面。

以往教学活动中渗透性相对较差，自身多元化特点也不够明显，很大程度上影响了最终教学与教育的效果情况，不利于最终普遍性教学质量的提高。而在进行教学改革的过程中，采取这样一个平台之后管理合理性及综合性效果就可以得到明显的提高，规避了以往常见教学活动与管理成效方面的问题，带来一个较为积极的影响作用。

以往开展教学活动过程中进行场地的安排和管理难免会出现冲突，其根本原因在于，当出现课程安排变动等情况时，后续安排就会面临一个较大的问题，而相关场地安排方面的问题也会接踵而至。这些问题并不罕见，而利用相关平台开展管理，则可以一定程度上避免出现冲突等问题，提高教学管理的效率和效果。

由此可见，相关平台塑造与构建是教学改革过程中相对基础、相对关键的一部分内容，所起到价值和意义也相对较为突出一些。通过有关平台能够实现有效管理，并优化最终管理效果和管理综合成效。

2. 实现立体化混合教学模式的应用

传统体育教学模式中具备一定的单调性，尤其不够关注学生的学习过程，仅仅关注教学过程，而对学生的练习等方面仅会关注有关指标，缺乏应有的实际性和全面性，导致很多教学问题的出现，而利用"互联网+"相关模式之后，可以更好地实现立体化混合教学模式应用，并积极关注学生学习兴趣，培养正确的运动习惯，对其成人成才乃至终身发展提供一定程度的支撑和支持。

体育教育与德育之间有着密切联系，而以往教学过程中缺乏对学生自主性、主体性方面的关注，导致整体教育和教学缺乏应有的全面化和实际性，给教学效果带来很大的问题。而通过线上线下的联系之后，实现立体化混合教学模式应用，就可以利用线上平台辅助学生进行学习，激发学生的学习兴趣，并让教学形式灵活多变起来，优化与提高最终教学质量和教学成效。而在教学过程中，程序也可以得到一定程度改变，可以将以往先教后学的方法转为一个先学后教的模式，课前组织有序目标性自学，课上积极针对问题进行教学，课后则在线上持续跟进。由此可见，相关教学模式所起到价值和意义也相对较为明显。

3. 多元化评价体系

在现阶段高校体育教学过程中，利用"互联网+"可以更好地进行多元化的评价，从而辅助评价指标和评价体系更加科学合理，优化最终效果和最终评价成效，辅助学生对现有体育方面的知识和技能进行一定程度的掌握。最终评价的有效性直接反映着学生现有的能力等情况，因此客观评价所起到的作用十分明显，需要结合实际情况有效进行评价，从而从运动习惯、运动能力等多方面进行多元化评价，并系统进行评价数据的处理和对比。

第四节 体育教学的创新实践路径

一、高等体育院校创新创业教育发展趋势

近年来，我国产业结构不断调整与升级，促使第三产业得以迅速发展，以服务业尤为突出。体育产业作为新时代新兴服务行业，其发展趋势日新月异，呈现出旺盛的生命力，给予体育类大学生就业取向由传统就业方式向多元化从业转化的发展格局，更多符合社会需求的体育服务岗位需要具有创新创业素质的体育专业大学生去开拓创业。现阶段，高等体育院校教育仍以注重学生体育理论知识和专业技能培养为主，重视提高学生的专项社会服务水平，而忽略在教育过程中对学生创新创业思维的嵌入，造成学生普遍缺乏创业需要的基本素养和能力，严重制约与影响高等体育院校学生的创新创业选择。

目前高等体育院校创新创业教育的数量尤为广泛，但质量相对滞后。第一，相比其他学科，教学师资是影响其质量的主要因素，特别是专任教师的缺乏，已成为其学科建设的主要阻碍。

第二，保障机制缺乏，特别是提高教育质量的激励机制和政策保障尤为突出，部分学校甚至没有与之相匹配的专项资金。

第三，创新创业教育课程体系不够完善。这类问题不仅是高等体育院校创新创业教育的独有问题，也是现阶段高校创新创业教育的共性问题。课程体系不完善，课程教材未能与专项相匹配，是我国高校创新创业教育发展的瓶颈。

第四，缺乏系统性、科学性的创新创业服务平台，必然导致相应的政策与制度在实际落实时并不能通过系统、科学的统筹与安排，其效果大打折扣。

第五，校企合作深度不够。创新创业教育从理论学习到项目申请、落地，中间历经的所有环节必须由学校知晓，经市场检验，故要求在创新创业人才培养过程中必须融入校企协作的理念。而在教育实际中，极少有学校能形成校企联动培养的协作机制。

诚然，问题是目标实现的方向指引，透过现象看本质，不难发现，我国高等体育院校创新创业教育起步晚，但后劲足，特别是全国体育类创新创业大赛的成功举办以及体育产业在我国的迅速发展，给予高等体育院校创新创业教育发展极大的动力，而现代信息技术的快速发展及其与社会各界融合发展的成功案例又给予其多样化的发展途径。

二、"互联网+"背景下体育院校创新创业教育产教融合路径的内容体系

（一）"互联网+"背景下体育院校创新创业教育产教融合路径的理论基础

深化高等体育院校创新创业教育改革，整体设计需基于体育服务与体育教育的产教融合进一步深化，需符合服务国家和区域体育产业创新发展战略。因此，高等体育院校创新创业教育产教融合路径要理清体育类创新创业人才培养的内涵特质，以"立德树人"为根本任务，重点加强满足体育产业发展现实需求的体育服务人才培养。另外，通过校企联动，构建基于"互联网+"背景下高等体育院校创新创业教育产教融合的校企协同机制，形成协同推进高等体育院校创新创业服务型人才的联合培养。以此，结合现代化信息技术，创新高校创新创业教育路径，促使企业需求和学生发展需求的有效融会。

同时，树立产教融合的创新创业人才培养理念，构建高等体育院校创新创业教学、实践和科研的有融通机制，实现以人才培养为中心，促进学生全面发展。此外，面向社会的体育服务需求实际，搭建提高学生创新创业能力的互联网平台和项目载体，提高学生信息整合与自主学习能力，引导学生形成一种新的学习方式。

高等体育院校创新创业教育产教融合即将体育产业与创新创业教育密切结合，相互支持、相互促进，使创新创业教育成为人才培养、科学研究、产业服务为一体的产业性经营实体，形成学校与企业互为联动的教育模式。通过学校进一步对接体育产业需求，主动树立融入业界的理念，树立合作共赢的导向意识，并在管理体制、运行机制及资源配置上加快调整，把深化产教融合路径转化为自身调整发展的内在需求。高等体育院校推进产教融合没有统一固定的模式，其最重要的是要根据体育产业需求实际培养人才，面向解决企业和社会实际问题提高其创新能力和服务水平。

（二）"互联网+"背景下体育院校创新创业教育产教融合路径的内容设置

基于"互联网+"的时代背景，拓展高等体育院校创新创业教育路径，深化高等体育院校创新创业教育改革的时代视角，健全高等体育院校高校创新创业教育运行机制，建立以学生发展为核心，以满足体育产业社会服务为目标，以"立德树人"为根本的高等体育院校创新创业教育的时代路径。其内容涵盖师资队伍建设、创新创业科研服务、学生创新创业能力发展、网络平台建设、教育活动标准化、成果转化六大模块，并以内容模块为导向，构建了以互联网为工具的"企业需求导向+学生专业发展导向"

和"社会需求导向+学生专项实践导向"相融汇以及"互联网+学校教育+学生实践"相融合的高等体育院校创新创业教育路径。该路径中其六大内容模块既独立发展，又在信息技术的支持下实现信息共享，完成内容建设的互为补充。另外，在路径运行时，通过企业、社会与学生的互为融合，集互联网、教育与实践的互为融合，促进高等体育院校创新创业教育路径不仅满足产教融合的社会发展需求，并在信息技术的支持下不断优化升级。

企业与社会需求导向与学生个人发展在网络技术的支持下成互为融汇形式，亦是本研究对体育高校创新创业教育路径的深化改革。首先，通过创新创业与学校专项教育，使学生具备体育产业的基本社会服务能力。通过充分发挥其体育社会服务能力，并由企业和社会市场进行进一步检验，高等体育院校创新创业教育立足于服务体育产业创新驱动需求和服务经济社会发展。主动面向市场需求，由检验结果让学校教育在人才培养结构、质量和水平上主动进行优化调整。另外，创新创业教育的实质是人才驱动，高等体育院校要通过深化创新创业教育教学改革，创新教育路径，使之现代化、科学化，完善创新创业教育体系，促进体育类创新人才的培养质量。

三、"互联网+"背景下高等体育院校创新创业教育的产教融合路径运行策略

高等体育院校创新创业教育随着体育产业的发展正处在快速发展期，为促进教学质量的稳步提高，创新人才培养与体育产业需求的有效衔接，其创新创业教育必须加强推动"互联网+"的课程建设机制，结合产教融合路径，优化创新创业教育的资源配置与信息共享。利用互联网技术加强高校之间、校企之间的联动合作，学生、学校与社会之间的资源互通，建立共建共享共赢的高等体育院校创新创业教育信息平台，不断提升创新创业教育质量，拓展创新创业教育路径。

（一）提高站位，优化创新创业教育理论

创新创业是体育产业社会化发展的重要举措，是健康中国的时代主题。高校重视创新创业教育，主动满足体育社会服务需求，不断深化创新创业教育改革，加强体育创新创业人才培养，要积极转变创新创业教育理念，以符合社会发展的时代要求。创新创业教育具有较强的理论性，而体育社会服务强调社会服务的实践性，必须依托产教融合而不断提高学生的社会服务能力和见识。传统高等体育院校的创新创业教育是以教师为中心，明显不适于对学生能力发展的动态监控和个性化教育。结合"互联网+"的高等体育院校创新创业教育，贯穿于产教融合路径全过程，坚持以问题为导向，以能力发展为目标，以信息共享为途径，不断优化创新创业教育路径，树立基于信息技术的产教融合教育理念。

（二）资源整合，联动创新创业教育信息

体育产业于我国的发展起步晚，资源零散，专业程度不高，正因如此，体育产业在我国的发展速度相对滞后，也对我国体育专业人才培养提出更高要求。互联网的兴起极大促进了社会各行各业的互联互通，通过"互联网+高等体育院校创新创业教育"，实现高等体育院校创新创业教育的产教融合及由大数据精准分析课程体系及教学内容与学生现实需求的契合度。"互联网+教育"的产教融合路径将创新创业教育融入学科专业建设之中，融入人才培养全过程，充分利用现代信息技术，充分整合学校之间、校企之间、学生与学校和企业之间的动态信息与现实需求，实现以问题为导向的教学、学习与实践互为联动。从教学角度，合理把控学生学习状态，适时调整满足社会需求的教学方向，不断产出体育产业所需的创新创业人才。从企业角度，提出适合企业发展的人才类型，为学校教育方向调整提供依据。从学生角度，适时发现优质学习资源，实现基于信息技术的多元化学习。可见，通过"互联网+教育"的产教融合路径可有效整合社会、企业、学校、学生等各类信息与资源，实现产、学、研协同创新，为高等体育院校创新创业教育和国家创新驱动发展战略助力。

（三）尊重规律，构建创新创业教育课程模块

体育专业大学生创新创业能力的培养必须以循序渐进为原则，以理论教学为基础，以实践教学为重心，通过信息技术工具，整合高等体育院校创新创业教育课程资源和教学实践平台，结合产业发展需求，提供教学引导方向。基于此，将创新创业教育课程模块化。本研究创新创业教育课程模块适宜遵循有序推进教育规律为基础，形成循序渐进式的高等体育院校创新创业教育课程体系。其模块设置包括队伍建设、创先创业科研服务、学生创新创业能力发展、网络平台建设、教育活动标准化、成果转化六大模块。本课程模块体系的循序渐进主要体现在教育过程随学生年级变化的层次性。首先是基础层次，即创新创业教育的基础课程，主要面向低年级学生，以培养学生创新创业意识为主要目标，结合信息技术对学生数据的过程评估，发现学生创新创业潜力。其次是提高层次，主要面向对创新创业具有较强意愿和较高潜力的学生，以培养学生创业知识、创业技巧和创业技能为目标。最后是实践层次，加强学生创新创业实践与理论相结合，以培养学生体育社会服务能力为目标，提供体育产业服务需求，由网络平台提供创新创业环境，实现产教融合的创新创业教育路径。

（四）互联互通，把控创新创业教育过程

以互联网为工具，可把学校、企业、社会与学生在创新创业教育过程中有效链接，形成高等体育院校创新创业教育的网络动态系统。在教育资源上，学校之间、校企之间、师生之间实现联动互通，实时共享。在教学活动上，通过课前课后、线上线下、校内

校外的师生互动，各高校的课程资源能够得到充分利用。另外，通过互联网教学拉近了教学对象与教师的距离，拓宽产教融合的发展路径。在课程建设上，以互联网为媒介的创新创业课程建设，其目标更加契合体育产业的社会需求，课程内容更加符合学生能力发展需要，课程建设对象更加多元化，形成跨学校、跨行业、跨地域、跨学科、跨专业的创新创业教育课程建设和培育模式，极大提高了体育类创新创业教育课程的质量。

四、"互联网+"背景下高等体育院校创新创业教育的产教融合路径

（一）创新创业教育工作精细化

互联网的广泛应用提高了信息交流的实效性，资源使用的便捷性。当代高校学生属于互联网应用的"原住民"，善于利用网络辅助学习。诚然，"互联网+"背景下高等体育院校创新创业教育符合时下社会发展趋势。学校体育充分认识这一现状，努力开发"互联网+教育"的教学模式，建立以互联网为支撑的高校创新创业教育网络平台，实现对教学过程的课程建设、考核评价、过程监控、创业服务等内容精细化管理。另外，将体育产业行情动态纳入教育平台，通过对行业需求的分类管理，提供学生实践创业的行业发展实时动态，为其创业方向选择提供现实依据。通过积极推送创业教育、创业服务等实时资讯，开辟线上与线下相结合的创新创业教育产教融合的精细化服务路径。

（二）创新创业教学目标专一化

体育教学通常是以强化学生运动技能，加强基础专业知识为主要目标，在不同专业中运动技术与专业理论的比重各不相同，其教学目标又呈现多样化，势必影响学生创新创业能力。本研究在互联网支持下，整合体育产业实时动态，共享创新创业教学资源，提供创新创业实践网络平台，贯彻以创新创业能力培养为中心的教学策略，坚持把学生创新创业能力培养作为教学目标，坚持以创新创业所需的心理品质、创业意识和创业能力教学主线，兼顾体育专项技术和专业理论，根据学龄按层次开展教学活动，使创新创业教学目标不断集中统一。同时，"互联网+"背景下高等体育院校创新创业教育的产教融合路径也彰显了学生创新创业能力培养教学要求，突出了探究思考、自主学习和主动实践的现代教育特征。

（三）创新创业教育与实践链式服务

"互联网+"背景下的高等体育院校创新创业教育产教融合路径提供学生创新创业学习与创新创业实践以链式服务，将创新创业教育划分为理论学习、创新创业孵化

和创新创业转化三个阶段。在理论学习阶段，通过对学生创业能力的初始评估，提供创新创业能力发展的个性化教学方案，实现教学过程的因材施教。在孵化阶段，通过大数据匹配技术，先完成项目自动筛选，再由指导教师精选契合体育产业发展动态的创新创业项目进入孵化阶段。在筛选过程中通过竞争激发学生的创作热情，同时选拔适合进入创新创业培养链的优秀项目进行培养。而在转化阶段，通过校企联动，将创新创业项目投入市场化自主运营，在企业的指导下，由市场检验创新创业的可行性。经过一系列的创新创业能力链式培养，实现对学生创新创业能力渐进式提高。而在其中取得成功创新创业的案例又可反馈于创新创业教育，进一步引导创新创业的教育方向选择。

参考文献

[1] 贡娟,李晓红.试论构建高校体育教学创新体系[J].体育科学,2000,20(3):22-24.

[2] 汪正毅,陈丽珠,金宗强.21世纪我国高校体育教学改革方向研究[J].北京体育大学学报,2002,25(2):225-227.

[3] 刘志敏.对我国普通高校体育教学俱乐部的比较研究[J].北京体育大学学报,2001,24(4):505-507.

[4] 张继生,杨麟.高校体育教学评价的现状及改进方法[J].武汉体育学院学报,2009,40(7):80-81.

[5] 甄子会.影响我国高校体育教学发展的因素及对策分析[J].体育与科学,2010,31(1):109-112.

[6] 周云飞.高校体育教学推行俱乐部模式的思考[J].上海体育学院学报,2004,28(3):92-94.

[7] 程杰.我国高校体育教学现状及改革设想[J].上海体育学院学报,1999(3):79-82.

[8] 雷继红,贾进社.我国高校体育教学模式现状及其发展趋势[J].西安体育学院学报,2006,23(3):109-111.

[9] 许方龙,宾洲.高校体育教学中开展野外生存教育的可行性[J].上海体育学院学报,2003,27(5):95-96.

[10] 许砚田,毛坤,邢庆和.高校体育教学模式的探讨[J].北京体育大学学报,2001,24(4):508-510.

[11] 谢静月.普通高校体育教学模式的现状及对策分析[J].成都体育学院学报,2007,33(4):107-109.

[12] 陈小蓉.普通高校体育教学改革的理论思考[J].体育学刊,1995(4):41-43.

[13] 马金凤.我国高校体育教学改革探讨[J].山东体育学院学报,2014,30(2):105-109.

[14] 牛振喜.高校体育教学管理[J].体育学刊,1997(3):65-66.

[15] 沈梅.高校体育教学管理系统设计与实现[J].武汉体育学院学报,2004,38(3):

167-169.

[16] 毛红英，李梅娟，邓逢明 . 21 世纪高校体育教学管理研究 [J]. 皖西学院学报，2005，21（5）：136-138.

[17] 黄振豪 . 在高校体育教学训练中实施素质教育的几点对策 [J]. 体育师友，2005（3）：17-18.

[18] 吴飞燕 . 高校体育教学训练中常见运动损伤的特点及预防 [J]. 宁夏医科大学学报，2003，25（5）：390-390.

[19] 马玲，周斌 . 浅谈在高校体育教学训练中兴趣的培养 [J]. 课程教育研究，2015（33）：215-216.

[20] 刘杰 . 高校体育教学训练的探究和改革 [J]. 科技、经济、市场，2015（10）：232-232.